U0548753

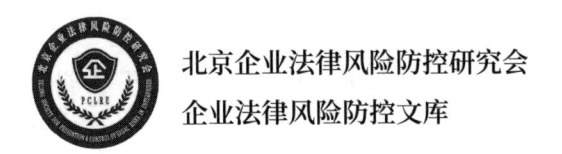

北京企业法律风险防控研究会
企业法律风险防控文库

电子商务领域常见罪名

刑事法律风险识别与合规

张元龙／著

知识产权出版社
全国百佳图书出版单位
—北京—

图书在版编目（CIP）数据

电子商务领域常见罪名刑事法律风险识别与合规 / 张元龙著. —北京：知识产权出版社，2024.6

ISBN 978-7-5130-9283-8

Ⅰ.①电… Ⅱ.①张… Ⅲ.①电子商务—法规—研究—中国 Ⅳ.① D922.294

中国国家版本馆 CIP 数据核字（2024）第 030362 号

内容提要

电子商务在我国得到迅猛发展，使用网络创新商业模式的企业越来越多，运营模式层出不穷。然而，许多企业在运用电商模式时对法律风险，尤其是刑事法律风险尺度把握不够，稍有不慎就可能"跌入"犯罪雷区。本书从电子商务本身出发，分析电商运营中存在的主要问题，并详细论述涉及的各大罪名的构成要件、风险识别合规，以期能为电商企业防范常见刑事犯罪风险和合规建设提供些许借鉴。

本书适合电商企业、个人及律师参考阅读。

责任编辑：龚 卫 李 叶	责任印制：刘译文
封面设计：杨杨工作室·张冀	

电子商务领域常见罪名刑事法律风险识别与合规
DIANZI SHANGWU LINGYU CHANGJIAN ZUIMING XINGSHI FALÜ FENGXIAN SHIBIE YU HEGUI

张元龙 著

出版发行	知识产权出版社 有限责任公司	网 址	http://www.ipph.cn
电 话	010-82004826		http://www.laichushu.com
社 址	北京市海淀区气象路 50 号院	邮 编	100081
责编电话	010-82000860 转 8745	责编邮箱	laichushu@cnipr.com
发行电话	010-82000860 转 8101	发行传真	010-82000893
印 刷	三河市国英印务有限公司	经 销	新华书店、各大网上书店及相关专业书店
开 本	720mm×1000mm 1/16	印 张	17.5
版 次	2024 年 6 月第 1 版	印 次	2024 年 6 月第 1 次印刷
字 数	269 千字	定 价	96.00 元

ISBN 978-7-5130-9283-8

出版权专有　侵权必究

如有印装质量问题，本社负责调换。

企业法律风险防控文库
编 委 会

主　　编 彭新林　张远煌

编委会成员（以姓氏拼音为序）

　　　　韩　轶　李红波　唐亚南　田宏杰

　　　　王贞会　杨　超　袁　彬　张　荆

　　　　张　润　张燕龙　张元龙　周振杰

企业法律风险防控文库
总　序

　　社会主义市场经济本质上是法治经济，企业作为重要的市场主体，在自身的发展过程中防控内外法律风险、提升合规经营管理水平是应有之义。随着我国经济快速发展和综合国力不断增强，借着"一带一路"倡议的东风，越来越多的中国企业"走出去"，为世界发展带来新的机遇。同时，我们也要看到，"世界面临百年未有之大变局，变局中危和机同生并存"，未来经济运行将呈现"总体平稳、稳中有变、变中有忧"的态势。如果企业对于法律风险尤其是刑事法律风险估计不足或处理不当，不仅会给企业带来经济上的损失，甚至出现破产倒闭的窘境，还可能会对产业甚至社会发展造成重大影响。在法律服务与法治保障方面，企业经营过程中由于外部的法治保障有待改善、内部的法律风险防控能力较为薄弱，致使法律风险尤其是刑事法律风险趋于多发、频发，严重影响了企业的高质量发展与企业家的创业创新活力，这也是企业发展法治保障领域亟待加强研究并需要切实解决的重大现实问题。由此可见，企业要想立于不败之地，就必须要有积极的法律风险防控意识，建立健全法律风险防控体系。

　　有效防控法律风险是提升企业获得感、幸福感、安全感的重要途径，而有效防控法律风险的根本之道在于企业合规经营。《明史·杂俎》中"畏法度者最快乐"的历史典故，揭示了遵守法度、坚守"底线"才能知所敬畏、真正快乐的深刻道理，这对当下企业的法律风险防控和健康发展不无启示意义。企业只有牢固树立合规经营意识，有效防控法律风险，在法治轨道上行稳致远，方能筑牢发展基石，实现高质量发展。现代企业的竞争，不仅仅是产品、服务质量及技术实力的竞争，更是合规能力和法律风险防控能力的竞争。坚持合规经营，有效防控法律风险尤其是刑事法律风险，日益成为企业健康发展的"刚需"，更是创造价值和增强获得感、幸福感、安全感的"不二法门"。这既是促进企业转型升级、推动国家治理能力提升的现实需要，也是新时代企业长远发展之道。

北京企业法律风险防控研究会（以下简称"研究会"）是由北京市法学会业务主管、北京市民政局核准登记的非营利性社团研究会，也是全国首家核准登记的以企业法律风险防控为主要研究领域的省级法学社团。研究会成立于2019年，是在2018年11月习近平总书记主持召开民营企业座谈会，以及时任中国法学会会长的王乐泉同志主持召开五省法学会专题座谈会时明确提出"有条件的地方可以建立专门解决民营企业法律问题的研究会"的时代背景下，在中共北京市委政法委员会、北京市法学会的大力支持下，由北京师范大学刑事法律科学研究院作为牵头发起单位，联合中央民族大学法学院、北京师范大学中国企业家犯罪预防研究中心、扬子江药业集团北京海燕药业有限公司等单位共同发起成立的，研究会成员覆盖首都法学界、法律界、企业界、经济界、新闻媒体界、相关职能部门和行业协会。研究会在紧紧围绕首都经济社会发展大局开展企业法律风险防控学术研究与社会服务，为首都高质量发展、法治化营商环境建设贡献力量的同时，也将积极组织跨区域学术研讨和交流，在促进企业法律风险防控法学研究与法治实践方面发挥辐射全国的引领性、建设性作用。

为达上述目标，2024年初春研究会换届伊始，我们就从满足企业多元化的法律风险防控需求入手，充分发挥研究会专业、人才和资源优势，着手谋划"企业法律风险防控文库"，希冀以文库的形式推动企业法律风险防控领域研究成果汇聚并转化应用，为优化法治化营商环境、实现高质量发展提供理论支撑和智力支持。"企业法律风险防控文库"作为研究会创办并重点打造的系列著作项目，计划出版国内外企业法律风险防控领域有新意、有分量、有质量的著作与译作。著译者以本会会员、理事为主，并向法学法律界专家、企业家等开放，旨在繁荣、深化和开拓企业法律风险防控领域的法学

总　序

研究和法治实践，积累企业法律风险防控方面的研究成果，为推进企业法律风险防控法治理论、制度和实践创新，为提高企业法律风险防控能力和水平作出积极贡献。

北京企业法律风险防控研究会会长
"企业法律风险防控"文库总主编
（签名） 教授
谨识于甲辰年初春

本书序

张元龙律师继出版《经济犯罪有效辩护实务经验谈》(2018)、《组织、领导传销活动罪精准、有效辩护论》(2019)之后,今年又有一部新作《电子商务领域常见罪名刑事法律风险识别与合规》即将付梓。看来,这三年疫情也没能阻挡这位知名律师的办案劲头和出书热情。据我所知,现今很多律师都是在匡扶正义和忙于挣钱之间踌躇前行,还有心思撰文写书者,虽非凤毛麟角,但确实少之又少,张元龙可谓执业律师中的多产作者。

互联网的蓬勃兴起为电子商务提供了发展契机和广阔平台,网络技术迭代的加速更为电商的不断创新提供无限可能。与此同时,因互联网而被放大的巨额商业利益,诱惑着众多电商企业经营者克服对法律风险的恐惧,摇摆在犯罪的边缘。在这场逐利的狂欢中,不少电商企业不幸绊倒在日益严密的法网之中。本书分析的一些真实案例,足可以管窥冰山一角。

企业家尤其是民营企业家是律师的重要客户群。网络电商如何在经营中取财有道又避免掉落各种陷阱,离不开律师的帮助。近些年,企业刑事合规成为法学界一个炙手可热的话题,对此反响热烈的首先是律师界,线上线下的各种讨论至今热度不减。更为难能可贵的是检察机关也对此作出了积极回应,并主动通过改革试点逐步摸索出检察建议与合规考察相结合的企业合规不起诉制度,体现了检察机关立足于服务和保障经济社会高质量发展,积极贯彻落实"少捕慎诉慎押"刑事司法政策。

张元龙律师在本书中将他在办理电商企业涉罪案件的实战经验和心得体会进行深入浅出的条分缕析,既有利于企业做好刑事法律风险识别与合规措施,也为律师同行对电商企业的相关法律服务提供有益借鉴,同时也与检察机关的合规不起诉制度改革形成一种积极的法治合力探索。本书的价值不在于刑事法学理论的深入研究，而是对相关律师实务经验的总结提炼。开卷有益，值得一读。

陈泽宪

2024 年 3 月于北京

前　言

2016—2018年，笔者所在团队承办了多起民营企业涉嫌犯罪的案件。这些案件都具有相当的代表性，这些企业在经营中涉嫌违法犯罪，但负责人毫无知觉，直到被公安机关一夜之间毁灭性查处。这类案件都是企业基于当时的市场环境下，借助电子商务经营模式，使企业步入发展盛大，并具有较大发展空间时期，而触及违法与犯罪却浑然不知。其中，最具代表性的有广东佛山"人某某惠案"和广西玉林"斑某拉案"。

广东佛山"人某某惠"公司成立于2011年，运营于北京市。2015年，经佛山市某区当地招商部门邀请，全公司搬迁至佛山市经营。公司主营业务为日常生活用品零售，搭建电子商务销售平台。该公司进入佛山后大力开发电子商务平台，搭建了"易乐购"日用百货平台，经人推荐引用了社交电商领域常用的代理商模式，并在线下开设直营或加盟的销售门店。公司经营一路向好，全国代理商覆盖10多个省份，共100多家。2018年年初，在广州"云联惠"案发后，"人某某惠"公司遭到佛山市公安机关的查处。公安机关认为其涉嫌传销活动，涉案金额高达12亿元。

广西桂林"斑某拉"公司于2015年由董事长余某某创立。公司初期在桂林经营，后随着产品好用，经营规模扩充，该公司在南宁、广州、香港注册"斑某拉"美容化妆品公司，这些公司相互具有关联性，都是主营化妆品生产和销售的企业。董事长余某某从事美容行业10多年，加上自己的经营头脑，经常在广州国际美博会进货，在较长时间经营中发现一款比较适合女性去除脸上斑痘的美容产品，经过长时间多家美容院试用深受女性爱美人士喜爱。由此，该款产品迅速在三年时间由全国各地代理商推销至全国各地，共有20多个省份建立代理模式，销售额多达43亿元。2018年，该公司开始转型步入电子商务类型，走上市之路，结果遭到玉林公安机关查处，公司和代理商的所有账户被查封、财产遭冻结，企业立刻破产倒闭。

这两家公司成立之初运营模式是完全的传统经营，随着公司借助并采用电子商务模式，通过网络应用代理商连锁并形成计酬连接关系的模式，公司销售业绩大量提升，但这种销售模式被认为涉嫌组织、领导传销活动，而负责人也涉嫌组织、领导传销活动罪受到刑事责任追究。

当然，时至今日，笔者仍然认为当时公安机关不该过早过速地查处这些企业，而应该先由行政机关调查和处罚，给企业改过自新的机会，之后如果不纠正再进行刑事查处。笔者为此写过多篇文章呼吁，加上行业内多位律师、法学教授共同关注与呼吁，在历经疫情后，国家对企业经营中试错的容忍程度有了改善，企业涉嫌组织、领导传销活动罪的案件大幅降低。

广东佛山"人某某惠案"和广西玉林"斑某拉案"，以及笔者办理的其他多宗电商领域涉嫌犯罪案件，都有一个共同特点，企业负责人对电子商务本身无清楚的认知，对于企业涉嫌的法律风险，尤其刑事法律风险无认识，更无提前防范风险的能力。

一、企业对电子商务本身缺乏了解

2010年是我国推行和普及3G网络的元年。3G网络的推广和移动智能手机的普及，对我国及世界移动通信发展都有重要影响。那时，移动智能手机逐步进入千家万户，越来越多的人开始拥有和使用智能手机。移动终端的硬件条件与软件开发技术也逐渐发展成熟，一些网络平台开始出现，并显现出惊人的管理、运营和结算能力。在这样的背景下，很多企业因线下经营竞争激烈与较为困难，开始寻求线上的运营市场。

当时，一些线下难以实际完成的管理方式，通过网络和线上却可以实现，并显示出惊人的营销与管理、结算、记忆能力。这是史无前例的，谁也不能预料到网络发达后的线上组织及管理能力会如此的方便、快捷。

"人某某惠"公司与广西桂林"斑某拉"公司均借鉴了线上电子商务类型运营管理模式。加上，公司负责人本身具有一定的管理经验和营销组织能力和大家普遍认可的人品，公司运营能力得以大幅提升，两家公司在短短的几年时间里，生产和销售规模达到前所未有的业绩。

但是，两家公司负责人对于照搬的线上运营模式没有清晰的法律认识。他们对于线上运营的电子商务模式属于何种类型、有什么关联关系、计酬原理和会触犯法律上的规定，是没有任何认识的。实际上，笔者了解的其他很多公司的负责人也是如此。在当时的环境下，电商网络还是处于一个实际探索与践行阶段，还没有一个权威机构或学术团队对电商运营模式、分类及社会利弊有定论。

二、企业对电商网络行为缺乏认识

2015—2019 年是电商网络领域最为混乱的时期，也是电商领域涉嫌犯罪数量最高的时期。据悉，2018 第一季度，全国公安机关共查处非法集资、传销、非法经营等涉众型经济犯罪案件近 1.9 万起，查处了"善某金融""云某惠""联某金融"等一大批涉及人数众多的重特大案件，涉案金额达 4100 亿元。从这组数据可以看出，2018 年是电子商务领域犯罪的高峰时期。

电商网络犯罪案件涉及面广、影响范围大、波及人数多、对人们的影响程度深，且案件事实和定性争议也大，人们参与讨论程度也高，有很多学者和专家写文评论。此时，陈瑞华教授公开提出企业应建立自己的合规体系，我们的司法应给企业合规的机会；北京师范大学张远煌教授此前几年就召集设立了中国企业家犯罪预防研究会，并且每年都有涉及企业犯罪的报告发布，并在企业预防犯罪方面有深度研究。笔者因办理了"人某某惠案""斑某拉案""云联惠案"，也写过有关企业防范传销风险方面的文章，加上学者的共同呼吁，人们法律意识的提升，电商网络犯罪得到一定遏制。

2019 年下半年，公安机关打击此类犯罪变得谨慎，发布的统计数据也变少了。2020 年疫情暴发，电商企业组织人员聚集活动减少，公安机关查处和打击电商网络犯罪案件数量明显减少，通过媒体公开报道的案例也明显减少。

从我们办理的案件来看，大多数犯罪嫌疑人或被告人在案发时对企业涉嫌犯罪是不知情的。多数的企业负责人是为了把企业做大、做强、做到上市才借助电商网络，没有意识到自己的行为构成犯罪。有的借用第三方公司已经开发好的平台，如"斑某拉"美容化妆品公司；有的自己聘请网络工程师开发软件，形成系统管理和经营，如佛山"人某某惠"公司。这两家公司负责人自始至终都不知道自己涉嫌犯罪活动，一直都是以公司业绩做大、做强为主要目的。据公司员工反映，"斑某拉"公司负责人余某某是很包容、大气、友善的人物，她将公司大多数收益分配给了代理商和员工，自己从来没从事过什么传销活动，至案发时主观上仍不知道企业已经触及犯罪。

三、企业对电商网络行为涉嫌犯罪缺乏认知

2015—2018 年，电商网络领域之所以会出现如此高的违法与犯罪率，笔者认为有以下三方面原因：一是电子商务领域作为新境地，先行先试，对行为效果和影响大家都持观望态度；二是政府监管存在困难、具有滞后性；三是事后打击下猛药，加上个别地方存在趋利执法情况，打擦边球，对于本可以通过行政调查和处罚的案件采取立案侦查。

一般而言，转到电商领域的企业其经营行为本身没有变化，只是运用了网络后企业经营得到了加速与促进。因此，为了防止企业跌入到犯罪中，企业经营者及管理人员亟须学习和补充电商网络领域涉及犯罪的知识，从而防范企业步入刑事犯罪中。

当然，我们也不排除有的创业人员或企业经营者成立公司的目的就是应用电商网络模式赚取更多的钱财，甚至是骗取钱财，企业经营只是个幌子，明知违法犯罪依然不悔改。

但是，这样的人毕竟是少数。从我们办理的案件来看，犯罪嫌疑人或被告人开始为创业而来，一心一意把企业做大做强，而非图一时的暴利。他们通常拥有较高的文化与素养，为人处事及人品被同事和广大消费者称赞。

电信网络诈骗是有意实施的侵害他人财产的犯罪行为，而企业经营因一定的背景与时代特征因借助网络跌入犯罪中，具有可纠正性和挽救性，不能"一棒子"打死，应该通过行政手段引导企业步入合规之路。这正是新时期党和政府平等保护民营企业家权益的要求。

为了引导企业应用电商网络模式走向稳健、规范、合法运营之路，为给司法机关惩治犯罪、打击真正故意犯罪分子提供参照依据，为了电商网络领

前 言

域市场的平稳、健康、有序发展，笔者写了本书，书中难免有错误和不规范之处，恳请读者批评指正。

张元龙

2024 年 1 月 20 日于广州

目录
CONTENT

第一章　电子商务及其发展类型、状态 / 001

　　第一节　电子商务概述 / 001

　　第二节　社交电商概述 / 007

　　第三节　微商概述 / 019

　　第四节　电商直播带货概述 / 030

　　第五节　跨境电商概述 / 037

第二章　电商运营中存在的主要问题 / 053

　　第一节　电商运营中的问题概述 / 053

　　第二节　社交电商运营中存在的问题 / 054

　　第三节　微商运营中存在的问题 / 058

　　第四节　电商直播带货运营中存在的问题 / 061

　　第五节　跨境电商运营中存在的问题 / 064

第三章　电商领域犯罪的基本情况 / 068

　　第一节　电商领域犯罪概述 / 068

　　第二节　电商领域犯罪分类及常见罪名 / 072

第四章　组织、领导传销活动罪构成要件、风险识别与合规 / 079

第一节　组织、领导传销活动罪概念及特征 / 080

第二节　组织、领导传销活动罪构成要件 / 082

第三节　组织、领导传销活动罪实务常见争议焦点 / 088

第四节　组织、领导传销活动罪风险识别 / 096

第五节　社交电商、微商营销合规 / 103

第六节　司法实务案例展示与评析 / 111

第五章　非法吸收公众存款罪构成要件、风险识别与合规 / 115

第一节　非法吸收公众存款罪概念及特征 / 116

第二节　非法吸收公众存款罪构成要件 / 117

第三节　非法吸收公众存款罪实务常见争议 / 122

第四节　非法吸收公众存款罪风险识别与合规 / 126

第五节　社交电商、微商经营合规 / 130

第六节　司法实务案例展示与评析 / 133

第六章　集资诈骗罪构成要件、风险识别与合规 / 137

第一节　集资诈骗罪概念及特征 / 138

第二节　集资诈骗罪构成要件 / 138

第三节　集资诈骗罪实务常见争议焦点 / 142

第四节　集资诈骗罪风险识别 / 145

第五节　社交电商、微商经营合规 / 150

第六节　司法实务案例展示与评析 / 152

第七章　非法经营罪构成要件、风险识别与合规 / 156

第一节　非法经营罪概念及特征 / 156

第二节　非法经营罪构成要件 / 158

第三节　非法经营罪实务常见争议焦点 / 163

第四节　非法经营罪风险识别 / 165
第五节　微商、直播带货经营合规 / 173
第六节　司法实务案例展示与评析 / 174

第八章　虚假广告罪构成要件、风险识别与合规 / 178

第一节　虚假广告罪概念及特征 / 178
第二节　虚假广告罪构成要件 / 180
第三节　司法实务常见争议焦点 / 184
第四节　虚假广告罪风险识别 / 186
第五节　司法实务案例展示与评析 / 197

第九章　生产、销售假冒伪劣产品罪构成要件、风险识别与合规 / 200

第一节　生产、销售假冒伪劣产品罪概念及特征 / 200
第二节　生产、销售假冒伪劣产品罪构成要件 / 201
第三节　生产、销售假冒伪劣产品罪实务常见争议焦点 / 203
第四节　生产、销售伪劣产品罪风险识别 / 205
第五节　微商、直播带货、跨境电商经营合规 / 207
第六节　司法实务案例展示与评析 / 210

第十章　侵犯公民个人信息罪构成要件、风险识别与合规 / 213

第一节　侵犯公民个人信息罪的概念 / 213
第二节　侵犯公民个人信息罪构成要件 / 214
第三节　侵犯公民个人信息罪实务常见争议焦点 / 218
第四节　侵犯公民个人信息罪风险识别 / 222
第五节　微商、社交电商、直播带货、跨境电商经营合规 / 223
第六节　司法实务案例展示与评析 / 226

第十一章　跨境电商涉走私犯罪的构成、风险防范与合规 / 232

第一节　跨境电商走私犯罪构成要件的规范评析 / 232

第二节　跨境电商走私的行为方式 / 237

第三节　跨境电商领域走私犯罪蔓延发展的原因 / 241

第四节　跨境电商领域走私犯罪防治对策 / 243

第五节　跨境电商企业的合规方案指引 / 245

第六节　司法实务案例展示与评析 / 246

后　　记 / 254

参考文献 / 256

第一章 电子商务及其发展类型、状态

第一节 电子商务概述

比较传统的电子商务，是依托于台式电脑 PC 端进行的连接和线上交易活动。随着国家 3G、4G 网络的铺开，线上传输硬件条件和软件开发技术的越趋成熟，人与人之间通过线上联系和交易的电子商务得到迅猛发展。尤其在 2013 年以后，随着移动智能手机进入千家万户，电子商务的发展更是进入崭新的阶段。

一、电子商务的概念

电子商务，就是对传统商业交易活动的线上化。这是比较通俗的定义。有一些学者从不同的角度对电子商务下定义。无论从何种角度总结和定义，都离不开将传统交易活动搬运至线上完成之内容。因此，概括而言，电子商务是指以信息网络技术为手段，以商品交易或服务提供为中心的线上商业活动。另外，电子商务还可以理解为在互联网上、公司内部网和增值网上以电子方式开展商品交易或服务的行为。

广义上看，一切利用电子技术渠道进行的交易，都属于电子商务的范畴。人们能够通过网页/服务器等方式，使贸易双方即便未曾谋面，也能完成信息交换，实现商品买卖、在线服务等商务活动。这种交易包括通过数字化手段帮助线上商务高效、快捷完成中介活动，如供应链管理、电子货币、网络宣传营销等。

狭义上看，电子商务就是传统商业活动各个环节的信息化、网络化、数字化。2019年1月1日实施的《中华人民共和国电子商务法》（以下简称《电子商务法》）第二条以立法形式确定了电子商务狭义之定义："本法所称电子商务，是指通过互联网等信息网络销售商品或者提供服务的经营活动。"

按交易主体来分类，电子商务可分为以下三类。❶

（一）企业与企业之间的电子商务（Business to Business，B2B）

目前，在市场上应用最为普遍的电子商务模式，就是企业和企业之间利用网络进行的电子商务活动，也就是B2B。首先，企业可以是生产企业，如海尔集团、戴尔公司等，它们与下游原材料或零配件供应商应之间进行线上交易，也可以和上游销售商、批发商进行电子线上交易；其次，也可能是下游供应商、原材料商及物流运输商等之间利用网络平台开展电子商务活动；最后，企业向销售平台企业进行采购的电子商务活动，如某公司利用阿里巴巴平台购买宝洁公司的产品等。

（二）企业和个人用户间的电子商务（Business to Consumer，B2C）

这是基于公司与私人个人用户间实现货物及商品买卖或提供服务的电商模式，这种模式，也是在中国首先出现的电子商务模式。企业通过建立自己的网站，一端为企业提供的商品进行宣传、展示及销售；另一端建立消费者进入的通道，撮合双方线上完成交易的模式。这种模式销售的商品几乎包括所有的品类。当然，它们也可提供各类在线服务，如远程教育、在线医疗等。

目前典型的B2C网站有京东、唯品会、天猫、亚马逊、当当网等。

（三）个人和个人之间的电子商务（Consumer to Consumer，C2C）

这是个人之间由于消费的需要通过电子商务实现商品交换的模式。该模式让个人销售所拥有的闲置物资，也可以促使个人在网络平台上开创网店。目前较为典型的C2C网站有"闲鱼"。

随着科学技术的进一步发展，电子商务在运营上呈现出越来越细化的趋势。电子商务在精细化运营的理念下，垂直型电商平台出现不同类型却又有

---

❶ 白东蕊，岳云康.电子商务概论[M].4版.北京：人民邮电出版社，2019.

较多相同性、专业性较高的模式，而细化下的市场更容易满足不同消费者的消费体验及差异化的需求。

二、电子商务的特征

电子商务虽然本质上是商品交易或服务提供，但其借助电子技术，加上电子技术低成本、高效、瞬间连接及开放性等特点，赋予自身新的价值。它不断发展和变革了商品生产、营销与管理行为，同时影响了整个社会的经济形态。综合来看，电子商务具有以下一些特征。

（一）全球性

我们知道，互联网本身是一个没有边界的传输体。互联网具备的全球化和非中心化的特征，使得依附于互联网的电商也具备了全球化、去中心化的特点。❶ 区别于一般线下交易，电商突破了地域性的束缚，让相隔千里的双方仍然可以通过电子技术进行信息交流，达成某种交易或建立交易的合意。这种特性使商业交往不再受时空的限制，为商家提供了更多的机会。企业可以向世界各地客户展示自家商品性能及效果，以获取交易机会。消费者则不再受地域限制，可以通过网上实现货比三家，买到自己心仪的产品。互联网正是如此消减了商家与消费者之间的信息差。

（二）无形性

随着互联网运行的拓宽与加速、软件技术的完善，在互联网上进行数字化产品与业务传输越来越普遍。但数字化传输是利用各种各样的媒体，如数字、音频与图片实现的，这种载体在互联网传输过程中主要以数据代码的形态存在，因而是看不见、无形态的。以 E-mail 为例，邮件先要被网络划分为数以百亿计的数据包，之后再根据 TCP/IP 协议经过各种各样的网络途径，传送到下一个目标服务器并重新组合转发给接收人，这些都是瞬间实现的。这也使得很多内容产业选择依托电商平台以获得更大的交易量，对冲内容创作的成本。例如，书籍、音乐等产品，人们在购买时并非意在实物中的纸或者 CD 光盘，而希望获取里面的具体内容，满足某种精神上的享受，纸和 CD 光

---

❶ 罗佩华，魏彦珩. 电子商务法律法规 [M]. 3 版. 北京：清华大学出版社，2019.

盘不过是内容的载体。

（三）匿名性

电商全球性和无形性的特征，使得电商交易双方无须表明自己的身份与所在位置，而这些也丝毫不影响买卖双方交易的正常进行，但匿名性在为人们提供交易便利的同时，也为对行为主体的法律规制带来困难。

传统交易中多为面对面的交易，买卖双方对于所交易的货物认知程度一般较高，交易对象的身份也比较清楚，相对来说，对交易内容有着较为明确的认识。

在电商交易中，匿名性让人们可以在完全不知道交易对象身份的情况下完成交易。这存在一定的弊端，如易发生诈骗行为，也会给法律监管带来较大的挑战。人们可以通过隐匿身份进行某种被明文禁止的规定，降低被发现、惩罚的概率，这也变相鼓励人们通过电商来完成某些不法交易。因此，近年来网络诈骗等犯罪层出不穷，电商成为重灾区。

（四）无纸化

电商主要利用互联网上的数据传输来完成的，不必用纸质记录。这也是现代电商的特点。在电商中，通信代码代替了大量的纸质贸易资料，用户传递或接受电子信息。无纸化产生的积极影响是使电子信息传输打破了纸质的束缚，其不足之处在于传统的法律是以规范的"有纸交易"为出发点，因此，对于无纸化运营的电商有很多规制上的难题。

（五）快速演进

互联网是一个新生事物。我国从正式出现互联网到现在，也才30年。在这30年时间里，产业不断升级，更新迭代迅速。电商从依附于传统商务，到独立于传统商务，再到如今开始为各行各业的发展赋能，这期间不仅促成大量企业崛起，也重塑了我国的市场经济生态。它以前所未有的速度和无法预料的方式快速演进，不断地促生新的网络发展模式，改善和影响着人们的生活方式。

电商具备的以上特性是传统商务运营无法比拟的。

三、电子商务的发展

很多企业借助于电商实现了新的发展。而以互联网为依托的电商自身也经历了培育期、发展期和引领期三个发展阶段。

（一）培育期（1999—2005 年）

这一阶段处于我国互联网早期，基本没有固定的运营模式，每个创业者都按自己的需求应用网络。这一阶段也是电商从生疏到逐渐成型的时期。

2000 年我国公开的数据表明，中国的网民数量仅 1000 万。人们利用网络的方式主要还是收发电子邮件和浏览资讯，网民数量有限，网络市场也未形成。这个时期，存在的电商以 PC 端网站为主，有以下几种模式。

① 以沃尔玛为主的零售商自营网站。该类网站的特点是自己本身就是商品的提供者，电商还保留在一种宣传的途径，只是把传统线下的宣传搬到线上而已。

② 以新浪、网易为主的门户信息网站。这类网站主要通过为消费者提供信息浏览和服务，以保证网站对用户的黏性，宗旨是流量至上。当流量到了一定程度，就可以打广告。

③ 以易趣、亚马逊为主的电商综合平台。这类电商平台开始往成型的电商发展，为消费者提供了一个可以完成所有商品类别交易的平台。该类型平台开始转向专注做电商市场。

④ 以黄页为主的信息展示平台。该类平台本身不提供交易场所，仅为静态的信息展示，为消费者提供信息支持。

（二）发展期（2005—2015 年）

这一阶段的网民规模快速增长，互联网经济特征开始显现，人口红利全面绽放。中国的电商应用成熟程度聚集，人们对电商的应用在深度、广度和强度上不断提升，电商的资本、技术都全面革新。

在传播广度上，电商的应用不断丰富、渗透范围不断扩大。B2C 的企业出现了天猫、京东、苏宁易购、小米商城等平台，B2B 有找钢网、慧聪网、红领集团等企业，团购信息有美团、糯米、去哪儿网、拉手网、58 同城等。

在技术上，增加了在线支付技术与物流信息技术，产生了电商服务行业。电商平台成了一种全面的新业态，通过发展电商贸易业务、在线支付、物流配送等基础服务业和延伸业务形成了日益完善的电商生态系统。例如，"阿里巴巴"于2004年宣布了支付宝战略，以信任为业务基础，为淘宝开通了支付功能。而后2005年，淘宝又与圆通速递公司达成快递供应商合同，之后又与中通快递股份有限公司、申通快递股份有限公司、上海韵达货运有限公司等签订合作协议，从而建立了电商生态系统。

这一阶段的主要特征为电商生态系统形成并全面升级，各行业已经初尝电商的红利，该领域竞争强度日益增加，部分未达成生态系统的企业面临前所未有的压力，如拍拍网、凡客诚品等曾经红极一时，但由于缺乏持续创新，在竞争中逐渐丧失领先优势而黯淡下去。

（三）引领期（2015—2019年）

这一阶段电商开始走向分支化、精细化的运营道路，分支中由共性的领域形成了新的群体。例如，以内容和社交为主导，并逐渐开始向工业、农业领域延伸与拓展。在社交领域，有美团、拼多多、微信、小红书等平台；在内容创作领域，有今日头条、抖音、快手等平台；在交通出行领域有瓜子二手车、滴滴出行、12306、货拉拉等平台；在农业、工业上，出现了找油网、大丰收等平台。

截至目前，电商发展格局仍然是以社会化电商（即社交电商）、微商、电商直播带货占据市场主导地位。

① 社交电商，是指将关注、分享、沟通、讨论、互动等社交化的元素应用于电商交易过程。从消费者的角度来看，消费者既体现了购买前的店铺选择、商品比较等，又体现在购物过程中通过IM、论坛等与电商企业间的交流与互动，也体现在购买商品后消费评价及购物分享等；从企业的角度看，通过社交化工具的应用及与社交化媒体、网络的合作，完成企业营销、推广和商品的最终销售。社交电商的基础在于分享经济，其本质在于依托社交链条的裂变式效应扩大用户规模和转化机会。目前，社交电商做得最大的为拼多多、云集等平台。

② 微商，是社交电商的升级版。微商是指人们利用微信群或朋友圈，通

过特定的人际关系，以人为中心，社交为纽带，销售商品或提供服务。微商所提供的服务或商品一般是人们需求量比较大的服装、日用品、化妆品、保健品等。一些传统生产型企业也开始运用微商从事商品销售，如亚洲斑某拉美容养生机构有限公司生产的"斑某拉"系列化妆品，广州欧束生物科技有限公司生产的化妆品。

③ 电商直播带货，是指将有出售价值的内容，通过品牌所有人、电商平台及各种资源的整合性视频传播，精准触达目标用户，从而实现购买转化。

其运营逻辑在于传统商家通过满减、买赠、折扣等手段获取流量的方式，已经越来越难行得通。随着5G网络的铺开、移动智能手机的普及化，视频通道更加顺畅。因此，通过形象代言人、现场演说等视频直播，用核心的有需求价值的内容影响消费者，让客户通过视频直观感受商家所介绍的商品。

传统货架式电商的整体逻辑为，用户根据需求上网搜索自己需要购买的产品，下单订货，交易完成。而电商直播带货可为商家提出需求，内容制作者进行创作后，将内容发布在平台上，内容平台根据大数据算法进行定向推荐，让用户知道自己需要购买什么。分析2014—2017年的移动搜索使用趋势可知，年轻人逐渐不喜欢使用搜索引擎功能。

因此，从电商的发展历程来看，我们应当看到它是创新性较强、流动性较快、驱动性较高的行业。电商企业也具有较高的不确定性，时刻处于动态竞争的过程中。电商企业发展过程中不断地为传统行业赋能、提升经济活力、推动产业升级转型等，对新时期市场经济发展起到了巨大的作用。

第二节　社交电商概述

我国电商经历了培育期、发展期、引领期这三个高速发展阶段，逐步进入到相对稳定的时期。随着电商行业的不断发展和对电商从业者需求的日益增加，电商和实体企业融合发展不断加快，催生出了一些新的电商模式。同时，各模式间相互交织却又彼此独立，侧重点和商业逻辑各有不同。

一、社交电商的概念

社交电商作为一个新兴行业，其发迹于 2015 年，此后 5 年中高速发展。据统计，2015 年社交电商占整个互联网购物市场的比重仅为 0.1%，但到了 2018 年，该比重上升到了 7.8%，三年内增长了 7.7%。最近几年，社交电商成为风口行业。❶

那么，社交电商的概念如何界定？是什么原因使社交电商在短短几年内快速发展？资本为何纷纷涌入该行业？

社交电商起源于传统电商平台的发展困境。传统电商经过了 20 多年的高速发展，到了 2015 年其增长率已经趋于平稳，以天猫、京东为例，其平台用户增速已经低于 20%，进一步拓展用户群体的难度日益加大，传统电商平台的发展陷入困境。究其原因，一方面，传统电商领域内已经形成了"赢者通吃"的局面。天猫、京东两大巨头掌握着中国 80% 以上的电商用户，形成了巨大的长尾效应，提高了中、小平台入场的门槛；另一方面，电商市场经过 20 多年的创新、发展，其市场潜力开始初步见底，用户规模也已经接近极限，红利将尽。传统电商的增速放缓，亟待可以开发出新的市场发力点。

由此，社交电商应运而生。《2017 中国社交电商大数据白皮书》指出，社交电商作为一种新兴的电商，其以社交关系为基础，以人与人之间的信任为核心，将社交平台作为工具，并将社交化元素贯穿消费始终。社交电商利用平台的分享功能促进用户之间的交流，进而激发用户的购买欲望，同时通过用户在本平台内积累的大量数据等来降低用户的购买难度，是电商与社交平台相互影响、相互作用下的产物。

社交电商的优势在于去中心化且场景丰富。社交电商可以利用人们对熟人的信任降低对品牌成熟度的要求。在传播方式上，社交电商不再依托于某个中心点持续发力，而是将用户由购买者转化为推荐者，最大限度地开发用户价值，形成裂变反应，降低引流成本，将用户变为企业产品的最大宣传者。社交电商可以形成多维度交互式的产业链，解决了传统电商中产业链条庞杂、效率较低的问题。同时根据大数据技术进一步细化用户特征和需求，

---

❶ 中国社交电商行业发展现状分析 [EB/OL].（2019-09-09）[2024-03-01]. https://www.sohu.com/a/339529508_243993.

进行精准营销，甚至实现零库存分销、C2B定制等服务，进一步释放生产力，为企业创造巨大的经济价值。

社交电商的劣势在于容易滑向违法犯罪边缘。社交电商发挥功效的前提是企业对消费者的组织能力，若不能提供足够的动力将消费者动员起来，为其提供服务和产品，则所获利益无法覆盖前期投入的成本。流量只有在到达一定的规模后才有变现的可能。因此，社交电商的门槛不在于技术壁垒，而在于企业的商业模式是否能够给予参与者足够的奖励，将其从消费者转化为消费链条中的一环。但是，商业模式并不受知识产权的保护，易被效仿，致使企业之间难以形成竞争壁垒。随着行业竞争的加剧，社交流量的投入带来的边际效应越来越低，单层的、闭环的奖励模式所能发挥的功效越来越有限。部分企业为了获取巨额流量，将消费者动员起来，呈现出"剑走偏锋"的趋势。社交电商的运营模式也在不断发展，部分模式已经具有触犯涉众型经济犯罪的风险，应当引起注意。

二、社交电商的特征

在传统电商中，消费者的购物逻辑往往是，先存在某种购物需求，已经具有了购物目标，而后通过电商平台进行信息检索，寻找符合自己需求的商品。人们通过主动搜索，多渠道对比产品价格、质量，通过销量、评价、价格排序等信息进行购物选择。在这种购物方式下，"搜索"排名将对消费者最后购买何种商品有至关重要的影响。由于流量已经尽数向头部企业流去，大量中小企业被淹没在了大量的数据中，完全丧失了竞争优势，因此淘宝、京东等平台的商家存在大量刷单、求好评的不良现象。在这套商务模式中，消费者的角色更多是产品的观望者或使用者，对商品的分享意愿不强。

而社交电商的优势在于能够利用"长尾"理论，为上述的中小企业宣传自家商品提供平台。在传统电商中，流量全部向头部企业汇聚，呈现出中心化的特征。中小商户受限于自身资源与体量的限制，难以突围获得流量。

因此，能否打造一个去中心化的销售模式成为中小型商户能否逆风翻盘的关键。在社交电商模式下，一方面，公司开始注重研发个人的社区网站，期望能够将产品借助用户个人的社交圈进行推广，把各个社区节点打造成一个单独的、能够进行交换的流量入口，以此规避传统电商模式下中心化的竞争劣势。另一方面，社交电商由于尝试利用一定的消费、分享奖励将用户转化为销售者，宣传模式并非以企业为中心，而是将用户的社交圈武装为宣传据点。因此，在传播过程中，用户个体也在一定程度上用其自身的信誉为商品的质量背书，这种推荐方式在一定程度上弱化了宣传中对品牌效应的依赖。只要产品质量过硬，就容易口口相传，这使得社交电商拥有较大的发展空间。

区别于传统电商，在社交电商模式下，消费者并非基于自身的计划而进行消费，而是在社交活动中注意到了商品的分享，产生了非计划性的消费冲动，同时基于对某段社交关系的信任，进行快速购买及消费。

社交电商模式的成败主要取决于三个阶段。

① 拉新阶段。这一阶段是平台吸引用户的阶段。平台通过企业的产品质量、销售模式吸引客户，让客户关注平台并驻足。此阶段也是促使社交电商模式取得成功、用户裂变铺开的前提和基础阶段。能否取得满意的市场效果，对销售模式、产品质量等方面都有着较大考验。

② 转化阶段。该阶段是指在企业前期已经初步具备一定规模的用户后，由于这些用户通常是由优惠活动或者宣传推广吸引来的初期用户，对企业的销售模式及产品质量尚未有明确的印象，需要基于一定的优惠政策，发掘用户的潜在需求，转化社交关系。一方面可以通过挖掘用户的社交关系提高用户转化率，另一方面可以通过大数据等技术手段将用户标签化，从而进行精细化运营。

③ 留存阶段。该阶段用户既是购买者，也是推荐者，在裂变反应中，尽可能实现更多的用户留存。

由此可以看出，在上述三个阶段中，社交电商经营模式的主要优势在于灵活地运用了用户的社交关系，为企业宣传发挥功效。无论是拉新、转化或是留存，区别于传统电商，完成这些环节只能靠企业通过大量资源投入创造品牌价值，提高研发成本打造产品质量。

在社交电商领域，因为部分中小企业无法完全借助上述手段实现突破，所以将目光转换为如何将与客户的社交关系转变为企业品牌的依托。社交电商就是借助社交关系实现从拉新到留存全过程降本增效。

三、社交电商的主要模式

目前，我国社交电商主要有以下三种模式。

（一）拼购型社交电商

拼购型社交电商的主要盈利模式是聚集两人以上，以社区共享的方法共同获得价格优惠，即当用户通过共享的方法组团完成消费后，团内成员都可以通过比原本单人购买时更加优惠的价格获得商品。这种运营模式对潜在用户进行了深度挖掘。在传统电商中，买卖关系往往依靠买方主动探索才能达成买卖合意，而拼购型社交电商通过价格优惠促使这部分用户主动对需要购买的产品进行分享，将拼团信息传播在社交圈中，挖掘了一定的潜在用户。在拼团信息传播的过程中，信息的接收方也可能重新开团，形成了信息裂变，使产品信息的传播次数呈现指数增长。

这种模式下的引流成本较低，表现为价格优惠，且引流成本可以转嫁给商家。拼购型社交电商的信息传播效率远高于传统电商，容易发生裂变反应，获得巨大流量。规模化的订单相比于零散而言，往往可以摊平企业的生产经营成本，因此商家会为了流量而让渡一定的商品价格。平台可以通过协商使商家承诺让利，从而让商家承担这部分引流成本。

从市场定位上看，由于这种商业模式发生裂变的主要方式是通过分享、传播拼团信息以换取价格优惠，因此能够吸引的主要人群为价格敏感型消费。该模式客户特征如下。

① 闲暇时间相对较多。在拼购类社交电商的拼团信息分享过程中，优惠力度往往与拼团难度成正比，需要消费者投入大量的时间、精力去动员自己的社交圈。由于所购商品可能亦非刚需，拼团行为也只能产生有限价格优惠，因此需要占用消费者较多闲暇时间。

② 对商品价格敏感。拼购型社交电商未改变消费的本质，分享拼团信息只是获取更低价格的一种途径，因此，所能调动的群体为在消费中对价格较为敏感的消费者。从市场定位上看，拼购型社交电商是在京东、淘宝等头部平台已经占据一、二线城市的主流市场后，所进行的一场市场下沉革命。以拼购型社交电商目前的主要代表拼多多为例，其用户更加集中于三线及以下

城市，该部分城市用户占据拼多多全部用户的46.2%，其成功在于形成了差异化竞争，目前三线及以下城市电商市场仍具有较大的增长空间。

③品牌认知度。拼购型商品品牌认知度相对较低，用户对品牌的要求也较低。因此，在购物时，用户更倾向于选择性价比高的商品，而不是品牌。

从营销模式上看，拼购型社交电商主要的经营方向在于搭建新型的电商平台，而非作为企业销售产品。首先，拼购型社交电商完成初期用户裂变的方式，一方面是通过消费者分享拼团信息进行扩散，另一方面是通过和手机生产商、综艺节目等进行合作，进行早期推广；其次，拼购型社交电商为了让用户深度参与其优惠活动，将许多购物优惠包装为游戏奖励，提升了购物的趣味性，引导用户进行信息传播的同时增强用户黏性；最后，在此类App的产品设计界面上，往往不存在购物车，搜索引擎也不会放在明显的位置，取而代之的是充满刺激性的优惠界面，一切设计都是为了使用户产生消费冲动，进行信息分享。这种营销模式相对于传统电商的优势在于将原本的消费者组织起来，使其成为自身宣传、销售中的一环。劣势在于企业构建平台、运营及后续的维护要耗费一定的成本，承担一定的法律风险。

综上，我们可以看出，拼购型社交电商的主要优势在于利用价格优惠完成市场下沉，其商业逻辑为通过社交分享的方式降低了企业运营中原本需要投入的营销成本，探寻到了一种低成本、高效率的营销方式，继而吸引了大量的企业加入平台，提供优惠以获取大量的订单，以此摊平仓储物流等成本。当企业的运营成本降低后，所能、所愿提供给消费者的价格优惠又会进一步得到提升，在消费者中引起更大的裂变反应，形成了闭环的正反馈。

（二）会员型社交电商

会员型社交电商（S2B2C模式）参与主体主要由三方组成，其中S为供应链平台（Supply chain platform），B为店主（Business），C为消费者（Consumer），这套商业模式区别于传统的B2B或者B2C模式在于商家和商家、商家和消费者之间的关系在传统模式下是割裂的，而在S2B2C中，供应链平台与店主是协同配合，一起为消费者提供服务，供应链平台与店主的关系既不是传统的管理关系，也不是相对的合作关系，是介于两者之间的协同关系。

要厘清该模式下供应链平台、店主、消费者之间的关系，需要从现有营销模式中这三个群体的不足与劣势谈起。

经过互联网技术的洗礼，人们对信息的运用到达了历史的顶峰。可以说，信息的获取程度决定了商业模式的发展阶段。技术的进步不仅提升了生产端的生产效率，还丰富了企业和消费者进行交互的场景，让许多无法实现的销售模式成为可能。因此，生产和销售体系的分工和侧重越发明显，形成了 B2B、B2C 的商业模式。而在 S2B2C 的电商模式中，企业将自己的定位从 B2C 中的大 B，转化为了 S2B2C 里面的供应链平台。发生这样转化的原因是，尽管很多人从思想上可以接受网络技术所产生的新商业模式的理念，但绝大多数大 B 很难实现"大中台，小前端"的商业组织模式，原本的管理结构很难产生变化。在 B2C 中的大 B 由于组织架构的僵化，往往都是统一品牌、统一服务、统一标准，在对外宣传模式上是中心化的。此外，传统电商中的小 b 由于资源和规模的限制，往往在营造社区、销售产品的过程中所能发挥的作用有限，且考虑到可能存在的法律风险，准入门槛较高，无法使其充分地发挥作用。

因此，如果企业希望通过社交电商促使传统意义中的小店主转化为自己销售链条上的一环，培育出自己的社群，则需要调整自己的角色定位，从传统意义的大 B 转化为数字化供应链平台，为小 b 赋能，双方共同服务消费者。小 b 虽然在标准化、工业化等方面不足，但其特有的优势在于，可以深耕消费者之间的关系。相对于企业而言，小 b 与消费者之间的情感距离更加靠近，容易形成以自己为中心的社群。而企业作为为小 b 赋能的数字化供应链平台，尝试去开发的用户并非自身的流量，而是将小 b 的流量转化为自己的流量，如主播的粉丝、用户的亲朋好友等，可以迅速完成用户裂变，运营起自己的社区。对于消费者而言，其与小 b 之间的关系主要以情感连接为基础，双方属于深度互动，其所接受的服务更贴合自身的需求，而非标准化的服务，提高了用户体验。

在会员型社交电商平台下，店家并不参与整个供应链，而只履行获客和平台管理的责任，由平台对整个产业链进行标准化的服务，店家不经过分享或者推广就能够获取收入。

那么，会员型社交电商要如何运营自己的社群，吸引小 b 加入，形成用户数量的裂变呢？通常此类平台存在多个层级的会员体系，形成金字塔结构。我们以最常见的三级经销商结构举例，经销商们往往都作为普通会员，在购买了入会礼包或者一定价格的产品后成为会员，在购买产品时可以享受一定幅度的折扣。但这种奖励只是为了提高用户的留存率而设置的，无法达成社交电商所期待的用户裂变的效果，因此还需要设置销售或者拉新奖励，由此，部分的会员型社交电商开始形成层级关系。经销商通过分享购物信息吸引到新的会员加入时，可以获得拉新奖励，但这种模式下，其奖励仅限于直接奖励，可以将奖励视为销售活动的对价，此时的经销商与传统的销售人员无异，区别在于增强了劳动与报酬之间的即时性，减弱了公司与劳动提供者之间的组织性。但是，在该体系下无法形成稳定的利益关系，报酬按次结算，小 b 随时可能脱离这套体系，对于会员型社交电商早期的拉新阶段来说效果甚微。因此，会员型社交电商在现实中往往还有晋升机制和间接奖励。例如，初级经销商发展到一定的人员数量后，晋升为高级经销商，还可以从名下会员销售业绩的总额中抽取一定的佣金，或者团队成员邀请新会员的，可以享受一定的佣金，而名下会员又不断地发展新的会员，不断地实现晋升，从而构建起金字塔结构。

一方面，这样的三级经销商结构的好处在于，一级经销商在发展新会员时，不仅会希望拉来的新的会员成为消费者，更希望可以将其转化为销售团队中的一员作为二级经销商参与销售，主动开发其所拥有的社交圈，由此获得平台所发放的直接奖励与间接奖励。这种奖励模式将使得一级经销商在主观上更有动力去向新用户推销产品，将其转化为二级经销商，完成用户裂变。同时，如果新加入会员希望可以转化为二级经销商推荐产品，一级经销商会更愿意提供经验帮助其进行推销行为。另一方面，这样的结构形成了较为稳定的组织架构，使得一级经销商在拥有自己的队伍后，即使暂时停止销售行为，也可以获得稳定的报酬。

由于进行单层分销对于很多中小企业来说，在开始时的裂变成效往往低于预期，因而一些企业选择进行多层分销，可能会存在触犯组织、领导传销活动罪的重大刑事风险。以广州花生日记网络科技有限公司（以下简称"花生日记公司"）为例，2019 年 3 月 14 日，该公司因传销等违法行为，被广州工商行政管理局勒令整改，共罚款 150 万元，没收非法所得 7306.58 万余元，共罚没 7456.58 万余元。其中，被认定涉及传销的行为主要有以下两项。

第一项行为是2017年7月至2018年1月，花生日记公司设定规则，只有会员才能到花生日记平台领取优惠券，而超级会员和运营商才能获得发展他人加入的佣金及从一级会员消费金额提取佣金的资格，同时设定普通会员升级为超级会员需要支付99元升级费。期间，花生日记公司共升级会员7247人，合计收款共717 453元。

第二项行为是2017年7月28日至2018年9月25日，平台设计的佣金分配规则是，超级会员（免费）通过平台购买商品产生佣金后，平台剔除淘宝所扣除的10%~20%佣金服务费之后，再将剩余佣金视为100%，由平台提取18%，运营商计提22%，余下部分再按50%和10%的比例分发给购物的超级会员及上一级会员。期间，平台形成了31 530个以运营商为金字塔塔尖，21 534 555名会员参加的各自闭环的上下层级。在扣除淘宝收取的佣金服务费后，平台共产生佣金401 935 073.49元，提取18%，非法所得72 348 313.23元。

花生日记公司当然可以提出辩解理由，如其商业模式具有合理与正当的商业目的，与旨在谋求非法利益的传销模式不同，第二项行为中的费用为合法佣金。但是，传销类犯罪中，团队计酬与组织、领导传销活动罪的界限本就模糊不清，存在较大的自由心证空间。

因此，会员型社交电商在刑事上确实存在着一定的法律风险，是刑事法律风险的高发地，站在市场和法律的交界处，亟待转型。

（三）社区团购型社交电商

创业者利用社区团购系统建立的社区团购管理平台，招募便利店业主或宝妈为团长，团长们以社区居民的身份在固定社群里利用社交圈增加粉丝量，并借助微信等社交软件，日常共享小程序商城里的商品，号召消费者参与拼团。参加的人数越多，所获价格就越低。在完成下单后，再由平台将零散的订单进行整合，汇总成为规模化的订单，继而可以通过更低的价格完成采购任务，将货物发给团长，由团长再送货上门，最终完成购物。

这套销售模式的优势主要有以下三点。

① 通过社区团长进行宣传、组织居民购物，利用了团长的社交圈完成引

流，汇聚流量，由团长以自身的人际关系做背书，加之所采购的商品往往为低价爆款，引流成本不大，流量易于汇集。

② 以社区拼团形式进行预售，将小规模的订单汇聚成了大订单，集采集销的方式提高了平台的议价能力，可以以更优惠的价格获取产品，而且整个过程相对较短，仓储成本几乎为零。

③ 由团长直接把小区的商品运到用户的住处，完成"最后一公里"的物流运输配送工作，极大节约了物流运输配送工作的经营成本。

因此，社区团购的销售模式在为客户争取到更优质的服务后，也在很大程度上节约了货物的运输成本，且社区团购的运作模式简单，可复制，具有快速推广的可能性。由于该套模式所针对的用户为社区内部的居民，所以相对来说，社区团购模式不适用于所有的产品，只适用于生鲜、日用品等快销行业。

四、社交电商的发展阶段和运营特点

（一）社交电商的发展阶段

我国社交电商的发展总共历经四个阶段。

第一个阶段是雏形期（2011—2014 年）。这一阶段，移动互联网兴起，许多平台也正处于从 PC 端向移动端的转变过程中，以个人代购服务为主的社区化经营开始初步形成，并随着微信发布的公众号、朋友圈、微信支付等新功能，人们开始注意到朋友圈的价值，找到了社交流量可以快速变现的方式。但在这一阶段，社交电商的概念尚未形成，只是粗暴地将线下的经营模式搬至线上，期待以更低廉的价格达到宣传目的，因此并未形成成熟的商业模式，是部分原本就依赖社交关系进行产品销售的企业进行的不成熟的探索。

第二个阶段是微商兴起期（2014—2015 年）。一大批企业组建了自己的微商群体，并针对具备极强裂变力的群体实施团队化的管理，释放其市场潜力。但在该阶段，由于人们的思维仍停留在传统电商的买卖关系中，因此对社交电商的期待限于能够汇聚流量、买卖产品，尚未形成规模化的平台来对流量进行有效的应用。这一阶段仍以微商为主,大量微商为了形成用户早期裂变,形成规模化的用户群体,采取了金字塔的分销架构。此外,随着中央电视台曝光"毒面膜"等事件,微商产品质量及销售模式引发众议,行业受到了一定程度的冲击。

第三个阶段是探索期(2015—2019年)。在高速发展后,因个人微商业务的门槛太低,服务质量无法获得保证,且营销模式有涉及传销行为的特征,业务规模发生了一定程度的衰退。与此同时,社区电商的新模式也开始产生,人们开始实行平台式经营,对服务质量进行严格监管,对营销模式进行了改革,服务水平提升;将个人微商的服务进化转型为社交电商,在会员型社交电商模式下,店家不参与整个供应链,只履行获客服务和商户经营管理的责任,由平台进行标准化的全产业链发展,店家只需要分享或者推广就能够拿到收入。由于分销体系的建立鼓励店主分享和营销,平台企业开始注重于供应商和中后平台业务能力的建设。

第四个阶段是行业的规范期(2019年至今)。该阶段产生 S2B2C 及社区团购等商业模式,虽然其性质仍然是利用熟人经济,但开发方式更加多元,不再仅限于价格优惠、多级分销等,动员、组织的人群更加具有针对性,营销方式更加精细化,由此前的增量市场开始转向存量市场。此外,在经过短暂的爆发期后,社交电商的法律风险开始被人们所重视,部分社交电商企业已经初具规模,开始希冀上市,头部企业开始自觉完成合规管理。

(二)社交电商的运营特点

可以发现,社交电商的核心运营特点就是可以运用熟人经济从而减少中小企业的经营成本。熟人经济主要是借助于社群裂变进行的高效低成本引流,使用者既是消费者,又是营销者。

传统电商网络平台存在着鲜明的"中心化"特点。消费者对网络平台非常依赖,因此电商流量也仅限于有强烈购物意愿的个人用户,用户通常先产生使用需求,之后再形成购买意愿,商家很难左右消费动机的产生。企业要想获取更多的用户流量,通常必须借助网络平台的宣传和竞价排名,成本高昂，而这部分成本最后将转嫁到消费者选择的产品上，由消费者买单。而社交电商着重在"去中心化"，将目光聚焦到"人"这一个体中，人既是消费者，又是分享者、销售商。使用者通过多样化的社交化途径分享、共享好物，相当于打通了众多用户流量出入口，各个流量出入口对接着相匹配的消费者群，好友通过浏览亲友圈或是社区成员互动交流获取产品资讯。这样的网状销售架构既便于渠道下沉，又在"不经意"的信息分享行为中更准确地确定了目标用户，从而实现了精准广告投放。随着消费者情感表达及个性化需求的日趋强烈，这种将消费者口碑作为广告宣传的销售模式，营销成本更低，更容易使消费者产生共鸣，省时又省力。

因此，社交电商的营销特点是围绕如何创造动力，将目标用户转变为营销者。目前，以对消费者的激励效果为基础按强弱分类，可分为拼购型社交电商、会员型社交电商和社区团购型社交电商。我们可以看到，社交电商的快速发展已经使产业链上下游各方都发现了社会流量的重要价值，拼团、分销都渐渐变成电商推广的一个常见手法。但是，由于社交电商经营者越来越多，社交化网络平台的流量红利被快速消耗，因此，带动用户增长边际效应也将逐渐减小。并且，社交化电商本身的创新是一种商业模式的创新，而非某种技术层面的创新，无法形成商业壁垒，在商业模式得到验证后，资本可以随时入场，加速社交电商的竞争。除此之外，社交电商的数量十分庞大，看似得到了合理运用，企业可以通过一系列利好政策增加用户黏性，但上述三种模式都不会改变销售与业绩挂钩的奖励机制，一旦企业的利好政策发生变化，或者受限于国家的法律规定，都可能对其造成巨大的打击，精心经营的流量片刻就会消散。实际上，社交电商所形成的用户忠诚度是忠诚于企业让渡出的某一项利益，所吸引的是利益驱动者，而非对公司产品的极度认可者。

因此，近些年社交电商快速发展、市场增量开始见底时，各个平台与企业无法回避的一个问题是，如何在合法合规的前提下，运用好前期所积攒下的巨额流量，提升自身的精细化运营能力。

第三节 微商概述

一、微商的概念

微信是新兴媒体的典范，其蓬勃发展带动了电商的繁荣发展，进一步拓宽了电商的运用空间并作出了不错的业绩。

据官方统计，微信拉动消费规模已达人民币 100 亿元，其中娱乐消费所占比重最高，达人民币 58.91 亿元。❶从数据来看，以微信为网络平台的电商已经获得商界更多的关注与入驻。因为，在我国目前的互联网格局中，几大巨头在不同领域有着明显的优势。腾讯公司作为社交领头企业，阿里巴巴公司则主导电商行业，两者虽无交集，却都对彼此的市场跃跃欲试。虽然腾讯公司已经投资了京东，但在电商市场，相对于淘宝、天猫，仍然乏善可陈。

2013 年，中国互联网购物用户规模仅为 3 亿人，2018 年则超过了 6 亿人。2019 年上半年，中国互联网购物市场维持了较高的增长率，下沉市场、跨境电商、服务创新等给中国互联网购物领域带来了全新的增长动力。截至 2019 年 6 月，中国互联网购物消费者数量为 6.39 亿人，占全国网民总数的 74.8%，比 2018 年年底增加了 2871 万人。同年，中国电商市场成交总额达到人民币 34.81 万亿元，同比增长 6.7%。❷

在传统电商市场已经被阿里系的淘宝、天猫等占据主要市场的情况下，腾讯也在尝试寻找一种可以更精细地划分市场，在电商行业完成弯道超车的方式。

2011 年，智能手机作为一种新媒介横空而出。根据美国比达数据中心调查研究机构公布的信息及其有关资料，截至 2015 年 6 月底，在中国通过手机网络购物的消费者约为 2.7 亿人，占整个中国网络终端日购物量的 65.9%。

---

❶ 腾讯研究院社会研究中心.2015 年微信数据研究报告 [EB/OL].（2015-06-03）[2021-03-01].http://www.199it.com/archives/324845.html.

❷ 深圳市盛世华研企业管理有限公司.2019—2025 年中国电子商务行业市场前景分析及发展趋势预测报告 [EB/OL].（2018-10-23）[2021-03-12].https://www.doc88.com/p-9803861970883.html.

手机端的网络购物成交额约为人民币 15 982 亿元，较 2014 年同期上升了 77.3%，移动终端所占据的份额也增加至 49.2%。在这期间，微信的用户规模已达 6.5 亿人，而每月使用微信的活跃用户平均已超 5.47 亿人。此外，品牌厂商所开设的微信公共账号数量已达 800 万家，与其对接的手机应用数量也有 85 000 多个，这让很多人看到微信在电商领域的潜力，很多企业开始思考能否一改传统电商中陌生人推荐的模式，利用熟人社交进行引流，为微商的兴起提供了条件。

微商属于社交电商的一种，指商家通过对用户进行分享、推荐、关注等行为进行奖励，以达到挖掘用户社交圈价值，促成更多交易的商业行为。在传统的电商中，宣发、营销行为具有中心化的特征，需要一个有聚合力、影响力的平台将商家和消费者汇聚在一起。商家如果希望自己可以得到更高的关注度和更强的推荐度，就需要购买推广服务或者进行刷单，天猫、淘宝等是传统电商的典型代表。由于这种电商模式的门槛较高，需要商家和消费者的普遍认可和广泛参与，才有可能形成一个可以盈利的平台。而对于企业来说，在这种模式下，由于资源与体量不对等，流量与关注都会向各行各业的头部企业输出，中小企业的生存空间极为有限。而微商则可以通过去中心化的方式有效解决上述问题，为中小企业开发流量提供新的方式。为此，"微信之父"张小龙曾在公开课上提到，"带给每个公共网站平台方的不会是一个中心化的流量入口"。微商去中心化的好处是，中小企业不再受体量与资源的限制，虽然头部企业由于前期累积的资源与声誉仍有优势，但中小企业亦可以通过营销方式的合理化构建，最大限度地开发用户，形成裂变反应，大幅降低了中小企业的引流成本。且微商交易中商铺与用户形成一种强关系，双方基于信任而达成交易，不仅联系密切，还便于商铺管理用户，促成交易多次达成。从收益上看，在品牌效应尚未形成之前，通过微商的方式可以提高客户的转化率和留存率。

目前，微商主要有以下三种类型。

① C2C 式微商。这种模式中，媒体话语权的下放使得每个人都有可能成为媒体的一环。通过朋友圈等对自己所加盟、看好的商品进行宣传，以个人的信用对朋友圈内的成员提供保障。经营者通过选择商品，先掌握商品的基本资料，再掌握进货渠道就能够成为微商。微商准入门槛过低，全部交易

关系的产生都源于双方之间的信任关系，较为脆弱，其容易滋生出各式各样的法律纠纷。一旦出现信任危机，当消费者想要维权时，才会发现困难重重。

这种模式的优势主要有以下两点：一是注重服务的个性化。由于这种模式下的微商主体是个人而非单位，在买卖交易中的角色是一名销售者而非生产商，其优势是自媒体的引流成本不高，这为提供个性化服务奠定了基础。同时，其建立买卖关系依赖于双方的信任，属于情感驱动型交易，这种模式下的个体也具有与用户建立起良好情感关系的意愿。二是准入门槛不高，经营成本较低。由于微商的主要业务都在线上完成，相对于传统的电商而言，可以节省店铺租金等经营成本。此外，由于所吸引消费者买卖产品的动因在于双方的情感信任关系，因此在品牌的宣传上往往投入成本不高。微商的经营成本几近为零，所付出的大多为精力与时间成本。但是，在买卖关系中，个体的专业知识与时间精力的限制导致微商经营的局限性，商家难以对产品的质量等作出保障，发生产品质量问题时无法提供良好的售后服务。

② B2C式微商。这种模式通过微信小程序的形式对自身商品进行销售。B2C微店作为公司的分销商，从货源、囤货、配送到交易都由公司规范经营。这种模式对消费者来说，可以规避C2C式微商中售后难以保证，产品质量容易出现问题等方面的缺点。对公司而言，可以增加产品识别率，在企业自身品牌尚未有足够影响力、不能汇聚流量时，以一种低成本的方式完成引流，提高影响力，收获一批忠实的推客粉丝。

③ 平台微店。一般是指手机开店服务，具体而言，大致分成两类。一类网站仅承担开店业务，如线上宣传需要的图片、素材，以及提供引流宣传部分的帮助。有的产品需要商家自己供货，完成交易、运营，比较适合已经拥有较大规模用户的企业，此时平台的利润主要来源于商家所交的加盟运营费等。另一类是在平台上提供一个产品池，用户登录后即可在平台上直接订购自己所需要售卖的产品，且下单后所产生的链接可以共享至朋友圈上进行分销，并以此获取大量佣金。在这个模式下，由于商户既不需要生产产品，也没有仓储、物流等费用，属于轻量参与，赚取费用不多，适合个人兼职。

二、微商的特征

微商相比其他类型的电商，有以下两个特点。❶

① 微商具有社交性。微商这种交易模式，其产生与发展壮大都和社交密不可分。相比较个人计算机（PC）端平台购物模式，微商更能精准地投放广告给相关用户群，且更易聚集以社交为纽带的客户。

② 去平台化。在淘宝等 PC 端平台购买模式下，用户主要通过搜索引擎下单，无法直接和店主进行沟通。微商没有作为中介的平台，用户与商家可以直接接触，对于经营者而言，在朋友圈售卖的效率和成功率远远大于淹没在平台的茫茫店海中购物。也就是说，微商之所以能够发展壮大，很大的原因是，微信以一种绝佳的客户管理平台而非交易平台的角色出现在交易双方之间。只要微商进入自己的用户圈子，在进一步聚集各种渠道的用户时，便可以和用户直接联系，然后采用好评返利、推荐优惠的手段，完成通过熟人推广手段的裂变营销。

要了解微商的特征，我们就要了解微商与传统电商的区别、微商与碎片化电商之间的关系。

（一）微商与传统电商之间的区别

有人认为，微商是传统电商在手机客户端时代的必然产物，其脱胎于传统电商，事实上是传统电商的分支或异化表现形式。对此笔者并不赞同。笔者认为，微商与传统电商相比，其侧重点和经营模式完全不同，解决的交易问题也不同。相比于传统电商，微商的范围非常小，能称作微商的情况非常有限。下文中，笔者将从电商的常见模式入手，分析微商与传统电商之间的关系，厘清微商的概念和界限，使之更加清晰。

首先，微商的开店门槛相对较低，适合轻资产、有时间的人群进行创业。

在国家审批层面，微商无须国家市场监督机关的审查审核，不必申请申办营业执照。因为微商中存在大量 C2C 的销售模式，多数交易无法开具发票，税务机关对其销售进行监管极为困难。微商大部分交易都在线上完成，自身不生产产品，因此不存在线下实体经营场地，质检、消防等机关对其也

---

❶ 雍奇秀. 微商模式下消费者权益保护的合理路径 [D]. 兰州：兰州大学，2018.

无法监管。只要有一部智能手机并得到生产商的授权，或是直接代购、代理就能开店。可以用一句话概括，国家机关对微商的准入审批目前仍处于一定的真空状态。

在投入成本上，区别于传统电商中心化的宣传方式，一方面，微商主要的宣传方式是借由公司的营销制度激励用户拓展自己的社交圈进行销售，形成用户裂变。以此种方式拓展的消费者相对于传统电商更具有认可度，更有意愿将产品信息分享给身边的朋友们，从而以更低的引流成本达到更好的宣传效果。另一方面，经营一家实体店需要很高的经营成本和流动资金，要提前支付房屋租赁费、装修费、管理人员和员工的工资、预定产品的货款等。而微商是与客户点对点进行沟通交流，可以先产生需求，而后进货，节省了仓储物流、房屋租赁等费用。

在技术层面，传统电商中，企业需要正常运营，线下需要会计、营销、管理等一系列人才，方能完成规模化的生产、交易，线上需要专门的技术人才构建、维护平台，成本相对较高。而微商往往开店主体为个人，并无相关的技术背景，且一些平台为其提供了许多优质服务，让商家即便没有任何技术开发能力，同样可以对自家货品进行上架、分类，并能实现简单的搜索，基本做到了零成本开店。

但是，仍要引起注意的是，微商过低的准入门槛已经成为其发展的一把双刃剑。一方面，门槛过低使得微商行业鱼龙混杂，不乏一些希望可以赚到快钱的投机者加入，其销售的产品质量严重达不到国家标准，具有明显的产品质量缺陷；另一方面，微商数量的增长导致微商用户的急剧增长，出现了对用户社交圈的过度开发现象，微信朋友圈的红利期已近末尾，暴力、简单的宣传方式已经开始不适应于时代发展的浪潮。

其次，一般电商以产品为核心，而微商以消费者为核心。在传统电商中，其营销模式属于传统贸易中的"人找物"模式，即用户先产生了需求，然后在平台上寻找商品。而微商则是通过朋友圈、公众号等社交渠道分享产品信息，将商品内容推荐给用户，主动积极地将自己手中的流量变现，属于通过熟人社交的方式，让可能的目标人群接触到商品信息，继而产生购物冲动，是"人找货"的模式。为了提高销售效率，微商提供了许多个性化服务，如积极寻找目标群体进行社区化组织，精准化营销，利用微商规模小、方式灵活等特点，根据用户体验不断调整服务以满足用户的个性化需求。

最后，用户黏性强。传统电商中，用户基于平台搜索功能寻找到头部商家购买商品，主要促使用户下单购买的原因是平台自身的信誉为其头部企业作了背书，更高的曝光度和更广泛的认可度让用户产生了某种信任感，这是传统电商的赋能所在。若是基于品牌效应在网上找寻商品进行购物，则只是利用了电商方便、快捷的属性，没有产生新的流量。在微商中，由于商家的销售对象本就是自己社交范围以内的人群，在情感上，买卖双方比传统电商的买卖双方更加具有亲近感和信任感，更容易接受商家的推荐信息。进一步说，微商的本质是基于社交平台而构建的商务模式，互动性相较于传统电商平台更加灵活，双方可以借助社交平台随时随地进行沟通交流，具有更强的时效性，也更容易让买家忽略自己在进行的是某种交易，沟通环境更加轻松，能形成更密切的用户关系。

（二）微商与碎片化电商之间的关系

在一些著述里，有学者将微商等同于碎片化电商。按照他们的理解，碎片化即不再拥有统一的平台、统一的宣传模式、统一的支付平台及统一的物流监控。微商确实不再有前述传统电商的特点，但微商是否等同于碎片化电商，需要我们进行论证。

单从概念进行分析，所谓碎片化电商，是指电子交易从货物的展示、宣传、支付、物流都不再以一种固定的流程或模式出现。[1] 其显著特点是消费者可以根据自身的需求，自主安排交易的每一个环节。例如，我们在朋友圈里时常会接收到的各类广告，如果有兴趣，则可以通过其公众号访问官方网站，或者到线下门店抑或进入第三方平台进行购买。

由上可知，碎片化电商是一种有很大自由性的商业模式，消费者可以按照自身需求进行自主选择和自由组合交易行为。碎片化电商相比于传统交易，它最大的优势就是参加交易的任何一方都不能掌握交易的完整性，所有的交易信息都是碎片化的。对于碎片化电商最典型的理解是：一位卖家通过微博、好友圈、论坛、百度贴吧等方式做好产品介绍，使用即时通信工具议价，然后再使用银联在线支付、网银和支付宝的转账方式实现付款，最后再

---

[1] 雍奇秀. 微商模式下消费者权益保护的合理路径 [D]. 兰州：兰州大学，2018.

选择物流中心实现配送。也就是说，实现碎片化电商的任何一个环节都有多个选项。自从智能手机开始普及，事实上所有使用智能手机的商业模式都是一种碎片化电商。

但是，很明显，借助微信这个平台进行营销的，不仅有本书语境下的"微商"，还有传统电商。如今，苏宁易购、一号店、蘑菇街等知名的PC端购物平台不仅开发了自己的App，建立起手机商城，也在微信中通过小程序、公众号等建立了自己的购物平台。这是互联网和智能手机发展的必然结果，无论是微商模式还是平台化电商，都趋于碎片化发展。由此可知，微商是碎片化电商的一种，但并非碎片化电商本身。碎片化电商的外延十分宽泛，微商仅为碎片化电商的一种表现形式而已。

综上所述，"微商"是一种有别于传统电商的，以"个人"为单位，以互联网为媒介，以即时通信或自媒体社交软件为工具，以社交为纽带，无统一平台的可移动小型C2C个体交易的电商模式。

三、微商的发展阶段及运营特点

（一）微商的发展阶段

微商的发展主要可分为三个阶段。

第一阶段是野蛮生长期。2012年年初，微信用户数量已突破了一亿人。同年4月19日，微信上线了"朋友圈"功能，自此朋友圈逐步发展成国内社交分享的头号阵地。这个阶段，由于微信发展速度异常迅猛，很快将原来的QQ用户流向微信，到2014年末，微信用户已经突破了5亿人。此外，微博作为一种自媒体，属于开放空间，人们在上面所发表的言论具有一定的公共属性。随着微博用户越来越多，一切内容全部公开显示，使用户丧失了私密空间，现实中的社交压力迅速让用户失去了表达欲望。人们在情感上急需一个出口，朋友圈作为一个封闭空间，很好地填补了用户此时的需求，迎来增长的红利期。这让很多商户看到了机会，拥有实体店铺的商家为宣传自己的产品在朋友圈打起了小广告，微商的雏形初现。而在广州一带，发现商机的有心人通过微信朋友圈做起海外代购生意，并获得代购第一桶金。微商所具有的低准入门槛、低运营成本的特点，激发了人们的开店热情，尤其为那些欲开淘宝店铺但又无法达到最低条件的人群提供了新的营利机会。微商利用人们在碎片化时间进行小额交易的偏好，并借助交易主体积攒的人脉关系，使目标定位更直接、交易成功率更高。

但是，微商有利于民众零售活动的同时，由于门槛太低，导致许多商品质量没有保障，充斥了大量的"三无"商品，如"毒面膜"、有害保健品等。由此微商开始进行整改，一切开始向有序发展。

第二阶段是有序运行期。自微商政策开始收紧，大量企业开始取代个人成为微商的主流群体。从 2015 年开始，因为在微商领域产生了大量的"三无"产品，售后得不到保证，所以微信官方对微商企业的政策由鼓励引导向严格控制转变，通过微信监管制度加强驱逐微商产业中的"劣币"，从而促使市场更加健康规范运作。2015 年，微信官方还为微商平台设计了专门的系统，一旦用户付款后商家不能发货，就可以直接投诉；收到假冒伪劣产品，用户可以直接报警；同时禁止暴力刷屏，打击非法传销。2016 年，打击力度进一步加大，如每个账号每日添加的朋友量不能大于 20 人，同时暂停所有三级以上分销商城，禁止所有营销号在朋友圈发布商品信息，对售卖假冒伪劣产品的微信号进行封号处理。

在微商政策收紧的同时，人们开始意识到了微商的局限性。原来那种野蛮生长的方式触到增长的天花板，朋友圈的过度开发让微商出现了后续无力的趋势，传播效果越来越弱。由此，微商开始出现了一条分界线：一部分企业走上分销和直销道路，继续加强企业宣传的力量，另一部分则走上了工具型道路。由于微商产品的诞生，不少微商把眼光投向了工具型平台，并开始朝着这个方向转变，也由此促使了微商行业逐步趋向可管理化、可组织化和可规范化。同时，微商也开始朝着改革创新的方向前进。

淘宝对微信的屏蔽措施也让微商等第三方平台的发展迎来了重要的机遇，如微店铺、有赞等移动网店软件的诞生。微信官方同时还发布了微信小店，不过基于其服务较为单一，还需第三方公司使用应用编程接口（Application Programing Interface，API）来对其深入建设。此外，微信官方还留有一条电商大数据接口，也就是说，很可能在将来某一天微信会封闭起来，把自己作为移动电商的中心。

在消费者和微商都刚刚开始慢慢去适应并习惯软件化时，京东、拍拍等平台早已启动了对微信手机端市场的重新布置:京东在微信端有了菜单功能,而拍拍等则把崛起的方向放到了微商上。在工具型时代,微信消费者早已对微商渐渐没有了新鲜感,但微信平台的第三方后端给消费者的购物生活带来了很多的便捷和保障。

微商市场已经脱离野蛮成长,进入了稳定成长期,产品流量也已经逐步趋向垂直化和精准化。大规模的职业微商群体已经开始涌现,并产生了关于微商的各类培训、课程等,微商的推广、操作和售后服务也逐步趋向标准化。

第三阶段为大整合时期。微商实质上是一个社会化的商品分销渠道。随着微商监管的加紧,微商的优势开始减弱。微信朋友圈的红利期已经过去。相较于前些年,微信承载着社交与自我表达功能,而现如今朋友圈存在过度开发的现象。熟人经济所依赖的信任与情感关系是微商能够成功之所在,但当微商开始大规模入驻微信,个人的朋友圈充斥着各种营销信息时,由朋友圈封闭性而使人们产生的信任感被迅速瓦解,熟人经济所能发挥功效的空间越来越有限。

如果前两个阶段,微商的主要任务在于挖掘潜在流量,那么在这一时期,由于增量市场已经开发到了一定程度,对人们社交圈层的开发也遇到了瓶颈。因此,如何利用微信朋友圈提供更优质的销售服务,活用现有资源,进行精准营销,成为这一时期的主题。

这一时期的变化主要体现在以下两方面:一方面,支付场景将会不断地多元化、便携化。人们对待微商的态度也会更倾向于理性,而非基于社交关系的信任作出消费决策。另一方面,产品操作上的专业化与规模化。由于微店平台的诞生,不少微商用户已经把注意力投向了基础型产品上,并逐步朝着这个趋势转化,由此促使微商行业逐步趋向可控制化、可组织化和可规模化。微商的运营主体也将逐步从自然人过渡到企业。

(二)微商的运营特点

微商革命性地把以社会学上的关系资本为基础的"圈子"转变为社会可见的经济资产,也适应了中国网络经济发展以流量为基础的特点。以微商为代表的新电商从一定意义上解决了中国当前宏观经济的下行趋势。《2016中国微商行业市场研究报告》监测数据显示,2015年微商市场交易规模为

1819.5亿元，预计2016年微商市场交易规模将达3607.3亿元，为2015年的近两倍。❶庞大的交易规模表明微商的受众对象广泛。微商快速发展的背后是一系列理论的实践运用，包括市场倍增学、人际学等原理。❷

一方面，微商营销模型的存在依据就是市场倍增学原理。市场倍增机制以企业社会化销售资源为基础，通过利用几何基数整合传统批发零售企业资源，以达到在企业销售领域的最优化。也即是利用一传十、十传百、百传万的几何递增形式进行销路最大程度的增加。微商的营销方法利用市场倍增学理论，在产品、技术、利润三个方面均达到了倍增效果。

另一方面，微商根据人际关系学基本原理，通过利用关系链的递增扩散和好友圈的"自己人效应"来实现扩大客户、提升消费黏性的市场营销目的。微商产生在微信朋友圈的熟人土壤中，其商业运营模式就是熟人市场营销的体现。微商利用微信朋友圈实现产品及业务信息的转发与分享，使自身销路进一步扩大。因此，不同于传统电商的开放性环境，相比封闭式的微信朋友圈更易于克服在交易过程中的不信任感，从而大大增加了贸易成功率。

微商开发的裂变方式一般可分成侧向裂变和横纵裂变。具体分为如下三个方式：第一种是C2C方式，如微信好友圈代购。因为成本低、难度低，所以大多数的微商都会选用此种个体形态的营销方式，以实现口碑宣传的效应。C2C方式中，微商开发主要表现为个人通过已注册的微信号，在自己的好友圈发出有关产品或服务的消息，最终在线上进行了成交。第二种是B2C方式，如微信商场。在这种模式下，商场通过开办公众订阅号或服务号以提供产品或服务信息，进而与消费者签订买卖合同。第三种是营销代理方式。微商业务的迅速增长及利益多元化分成结构的出现，要求微商运营方式必须加入诸如代理商等中间环节，以扩大经营规模。

同时，微商运营发展也在C2C和B2C的基础上产生了新的发展形式（B2C2C及C2C2C）。这个新的发展方式属于微商营销的多层次构成，自身既可以为不法的微商传销，也可以是合理的营销。判断微商经营方式合理与否的客观准则并不是单纯看营销结构是否为多层次构成，而是取决于利用多

---

❶ 中国电子商务研究中心.2016中国微商行业市场研究报告[EB/OL].（.2016-08-28）[2021-04-01]. http://www.100ec.cn/detail--6354477.html.

❷ 罗昆，高郦梅.电子商务立法视野下的微商传销界定问题研究[J].时代法学，2017，15（4）：50-58.

级经营的行为人的主观意愿是否具有欺骗属性，是否具有非法占有财物的目的，所以微商行业选择多级别方式经营，是由其特性决定的，也存在着一定的社会历史必然。

第一，企业合法的多层级方式也是微商行业封闭化特征的必然需求。由于微商业务具有客流量较小的先天缺陷，因此存在着增加顾客的迫切需要。与淘宝等电商模式中通过完全公开的信息环境就可以获得大部分顾客不同，微商企业可以掌握的客流量十分有限。另外，微商企业合法的多层级方式也可以提升微信裂变型扩散的效果，从而成为企业增加顾客的有效手段。在淘宝等电商模式中，由于客流大多由渠道运营商掌控，因此企业也需要通过购买流量来进行营销。而微信的流量全部被商业用户占据，微商依靠微信用户的一传十、十传百，就可以在短时期以低成本获得大量顾客。

第二，合法的多层级模式是微商降低成本的重要途径。一是合法的多层级模式能够降低微商的推广成本。微商仅需将广告发给好友或发至朋友圈，再通过好友的转发即可实现商品或服务的有效推广，无须支付广告费。二是合法的多层级模式能够降低微商的管理成本。总代理商以较低的价格从品牌商处获得商品后，几乎零门槛地招募一级代理商并向其适当提价，一级代理商再以同样方式招募二级代理商，以此类推。品牌商只与总代理商建立直接的法律关系，基本不过问零售状况，而较高等级的代理商则因能获取高额利润而成为坚定拥趸和核心力量，底层代理商则基于高级代理商收获暴利和产品大量积压的现实，更卖力地招募更低级的代理商。因此，品牌商得以极小的组织架构和极低的管理成本来支撑一个庞大的销售体系的发展。❶

与传统电商营销模式有所不同，作为"大众创新、万众创新"的新兴电商方式，微商的创新有着许多不同于传统商业行为的特点。一方面，社会化电商中拥有着其他方式不可相比的巨大流量资源优势，由巨大流量所转换的巨大企业财富资源优势已经成为整个电商的争夺点。另一方面，利用社会化的销售方式对产品及业务的销售产生裂变作用。在传统电商中，社会化作用并不突出，主要体现在利用销售的方式实现了以物为导向的产品营销上。而微商的经营方式则以社会功能为主，以商务功能为辅，主要体现为把微信朋

---

❶ 罗昆，高郦梅．电子商务立法视野下的微商传销界定问题研究 [J]．时代法学，2017，15（4）：50-58．

友圈、公共账号和企业号中的社会信息转变为销售上的客户资源,最后实现"多层销售+信任代理+熟人经济"的盈利模式。

第四节　电商直播带货概述

一、电商直播带货的概念

随着移动互联网和移动电子设备的高速发展,网络购物的便利日渐凸显,人们使用移动互联网购买商品的习惯已经形成。2015年,中国手机网民规模达到7.8亿人,2016年上半年中国移动网络购物交易规模达16 070亿元,同比上升90.8%。

移动电商的出现和发展展示出人们在购物方式和购物习惯上产生的巨大变化。自媒体的出现促进了商品的内容化和用户的社群化,优秀的创作内容可以带来巨大的流量,使创作者可以依靠内容建立一个具有高活跃度的社群。在自媒体蓬勃发展的背景下,一方面,随着当前社会已经步入一个创作内容带动市场、带动消费的新时期,电商直播带货也逐渐兴起;另一方面,随着市场的进一步发展,当前价值链也在不断进行调整,市场已经从商品生产的初级化向着专业性、高端化方向演变,因此电商直播带货的发展更需要进一步提高"内容"的高端化与专业性,进而提高价值链的整体价值,提高市场竞争力。

电商直播带货指在电商活动,通过网络直播的方式来推荐满足不同群体需要的商品与服务,以获得相应的核心目标用户的一项商业活动。电商直播带货,实质上就是一种"内容营销"。所谓内容营销,就是利用具有吸引力的内容将有共同爱好和价值观的用户聚集到一起,从而建立某种社群,产生一批忠诚度高的粉丝,形成稳固而庞大的流量,从而将内容消费转变为商品、服务消费,并通过强大稳定的粉丝经济活动获利。与传统平台电商比较,新兴的电商直播带货有着完全不同的运行逻辑,主要表现为将以往的商品营销转为内容营销,并通过优质内容的产出与传播,不断吸引更多的消费人群。用户大多是受到"内容"的吸引而产生了购买冲动或行为，购买活动多是感性的消费行为。

在电商直播带货的过程中，内容将成为电商的重点，它可以把用户真实地引入到一种场景中体验商品内涵、品牌文化，并通过高品质内容的产出打动消费者，使其产生共鸣并参与互动，从而顺其自然地购物。然而，在当前信息爆炸、传播市场高度竞争的背景下，内容产品已经不再是稀缺品。随着网络科技的发展，信息的传递途径越来越多样，用户的自由选择空间越来越大，如何能够有效地吸引用户的注意力，将流量引入自己的平台上来是每一位内容创业者所关心的问题。

美国传播学学者施拉姆在其著名的"信息被选概率公式"中提到，一条信息能否被人们选择主要受两个重要因素的影响：一是与可感知的价值报偿成正相关；二是与获得这一信息所付出的费力程度呈负相关。媒介技术的发展和媒介种类的丰富使我们能够随时随地获取信息，所以，现如今我们获得信息内容的成本已经大大降低了。因此，一条信息能否被我们所使用最大的决定因素便是"可感知的价值报偿"。一条信息所能创造的被我们可感知到的价值报偿越多，这条信息就越有机会被我们所关注，反之，则很容易被忽略，被淹没在海量信息的汪洋大海中。在自媒体电商直播带货中，这种可感知的价值报偿通过两种形式表现出来，一是定位于垂直用户群体需求的专业性内容，二是自媒体创业者自身的人格魅力赋予内容的"魅力人格"。

电商直播带货取胜的关键是垂直领域内容的专业度。专业化内容是增强电商直播带货自身核心竞争力，避开同质化内容产品竞争的关键所在。新媒体环境中，内容生产方式主要有三种，一是由用户进行原创内容生产的 UGC 模式，二是由专业个人、专业团队针对性输出较为权威内容的 PGC 模式，三是由具有一定专业知识背景的人士进行内容生产，并且领取相应报酬的 OGC 模式。[1] 其中，PGC 和 OGC 是产生专业优质内容的内容生产。现阶段，自媒体电商直播带货中多采用 PGC 的方式来进行内容创作。在创业之初，往往由自媒体创业者一个人或两个人来进行专业内容的生产创作，当发展到一定阶段后，再组建专门的内容编辑生产团队专门进行垂直领域专业内容的生产

---

[1] 贾绍茹. 垂直自媒体直播带货的商业模式研究 [D]. 保定：河北大学，2018.

创作。在内容产品的生产中，这些专业化内容辅之以轻松搞笑、诙谐幽默等适合自媒体传播的语言表达、内容呈现形式，得到了垂直领域用户群体的青睐，并迅速在圈子中形成口碑传播效应，扩大了内容的影响力，并以巧妙的内容推送吸引消费者。

此外，在自媒体内容创作中，自媒体内容创作者自身的魅力人格为内容产品的质量提供了背书。自媒体内容的生产具有浓郁的个人色彩，彰显了内容生产者强烈的个人风格特征，这种特质就是罗振宇所言的"魅力人格体"。技术的发展打破了内容传播的垄断性，受众可以通过多种渠道接触内容，内容总量空前丰富，内容产品变得不再稀缺。由于受众对内容的偏好选择不同，内容的质量不再是吸引观众的唯一因素。自媒体内容创作者在特定领域的专业素养及其独特的个人特质为内容赋予了独特的"魅力人格"，也成为自媒体时代内容的稀缺性的重要来源。现阶段所有较为成功的自媒体，其生产主体不管是由传统媒体转战而来的专业媒体人，还是由"草根""网红"发展起来的自媒体创业者，其内容生产无不具有强烈的个人色彩，彰显了内容创作者的个性化特征。

自媒体创作盈利模式的实现方式主要有两种：第一种是直接盈利模式，借助新颖热门的创作内容和强力 IP 吸引用户消费和广告投放，利用内容付费和广告推广两种形式获利。同时，通过针对社区细分内容的"超本地化模式"和利用瞄准特定的利基市场和相对小众的"利基内容模式"也是全新的盈利方式。第二种是间接盈利模式，即通过优质的内容获得足够多的用户和流量，然后再利用电商平台和社群经济的方式盈利。处于电商导流层的社交媒体平台内容发布者通过产品推荐，把用户和流量引入淘宝、京东等电商平台。社群经济是指在实现用户积累与社群发展的基础上，将社群成员作为主要目标人群，出售与其需求、兴趣等相关的商品或服务的盈利过程。此类间接盈利模式已经成为内容创作者追求的目标。

二、电商直播带货的特点

随着中国市场逐渐步入消费的新阶段，在买方主导的市场，"需求创造"的任务由内容来承担，更多的消费者在看视频、自媒体内容、帖子过程中选中并购买商品。同时,电商卖家规模急剧扩大,商品同质化现象严重,消费者随意查询一个商品就有可能出现数千款同类产品,而消费者在海量的商品中也容易眼花缭乱,迷失自己。因此,如果一个商家的商品不具有足够的竞争力,将会淹没在汹涌的商品浪潮中。正是基于上述两点,个性化的电商直播带货方式迎来了发展的春天。它呈现出如下六个特点。❶

① 交易驱动力转变,社群价值更突出。传统电商通常以简单粗暴的价格竞争、补贴和五花八门的促销方式促成商品交易,而电商直播带货通常源于对核心价值观的认可与对意见领袖的尊敬和信赖而产生交易。连接消费者的,并不只是商品,更是一个共同的价值理念,是人们对物质、对消费的某种理解和社群的认同,是更加深层次的精神意义上的联系。

② 购买决策成本减少。按照经济学的选择成本理论,消费者在一个平台购买商品时,会有选择困难症,根本原因就是其承担着隐形的选择成本。而个性化电商直播带货的筛选流程为用户节省了时间、精力,用户的购买决策成本通常都会远小于传统购买方式。

③ 用户的购物需求与购买行为有重大分离。在传统电商的购物环境下,消费者通常需要基于购物需求去完成购买行为,二者通常是同步进行的。但是,在电商直播带货中,消费者通常是在观看直播或者自媒体图文内容时,在无形中产生了购物欲望,进而在无购买需求的情况下完成了购买行为,这也为商家在买方市场的环境下带来全新的挑战和机遇。

④ 决定消费者选择的因素发生了变化。在不同情况中,决定消费者选购商品的关键因素也不相同。在电商直播带货环境下,由于消费者更易于作出独立评估、更多地被动接收讯息、更不易产生顾虑,以及更少的认知闭合需求,导致消费者更容易接受感性信息、高端商品、享乐商品、新奇商品、复杂商品和有缺点但总体上有亮点的商品。

⑤ 收益受惠群体扩大,消费者、商户、平台和内容生产者实现多赢。与传统电商不同的是,电商直播带货成功地实现了用户收益、平台收益、商家收益和内容创作者的收益;媒介平台获得了导购分成、点击分成、流量广告收益、平台用户活跃度增长、用户黏性提高;内容生产者获得了平台分账、

---

❶ 许定洁.基于"内容电商"的传统电商平台创新生态体系构建研究[J].商业经济研究,2017(11):73-74.

品牌投放和粉丝支持打赏等收益；而在消费者和商家方面，电商直播带货通过塑造商品的特性，为用户甄选出与其价值观相符的商品，从而获得良好的消费体验，同时，商家也顺利实现了相关内容回流所获得的利益，最终实现多方共赢。

⑥为初创电商企业在当前环境下，在大型电商平台主导的市场环境中创造了瓜分市场的机会。在目前的电商格局下，用户大部分流量都被20%的头部平台瓜分，小店难有出头之日。这促使初创电商企业和小型电商企业借助其他途径进行发展壮大，而电商直播带货也给其创造了无数机会。

电商直播带货实际上是对互联网信息碎片化时期内容价值的引爆，用内容重新定位广告，用内容沉淀消费，用内容重新塑造电商的新生态。因而在这个内容大潮所带来的生态核心变化下，巨头企业们已经纷纷着力布局，阿里巴巴开设了"淘宝头条"，定位为生活消费类媒体聚拢平台，为进驻的媒体和达人等提供了CPS+CPC（按点击分佣）的分成模式，而卖家提供的佣金中70%都可以由内容生产者获得；京东也已经上线一个发现频道；苏宁也上线了青春社区频道等。毋庸置疑，这种全新的内容消费生态正逐步建立。

三、电商直播带货的发展及运营特点

（一）电商直播带货的发展

随着我国平台电商的快速发展，流量竞争愈演愈烈，使得商家获得新客户的成本日益增加。据电商领域资深专家的长期观察，2003年，获取一个新用户的成本为6～10元人民币；到了2007年、2008年，像天猫这样的电商平台，获得一个新用户的整体成本为25～30元人民币；到了2015年，在电商行业获得一个新客户的成本为100～200元人民币。而且，即便获取了一个新用户，也未必会购买网站上的商品。行业一般数据显示，一个电商网站的新注册用户转化为一个真正的购买用户的比例约为3%。在这样的前提下，如能利用优质的内容吸引客户，无疑将降低获取用户的成本。同时，观众对内容的认同也将大大增加转化率。在社群经济时代，出于规避风险的考虑，人们越来越相信圈子成员间的横向传播，口碑的力量在移动互联时代被快速放大。因此，商家如何将产品和内容相结合，通过内容抓住潜在用户，引导消费者购买商品，同时让消费者间相互转发内容、推荐商品，进而扩大影响、培养信任感就显得特别重要。

《中国移动互联网发展状况及其安全报告（2016）》显示，2015年，我国境内活跃的手机网民规模约为7.8亿人，占国内人口数量的一半以上。移动互联网的发展也将电商带入了移动时代。艾瑞咨询研究发布的数据显示，2016年1月，中国国内的电商用户规模已达到4.12亿，相比2015年的3.27亿增长了25%。而按照淘宝和天猫的销售数据分析，60%～70%的交易来自无线终端。移动网络的广泛应用和微信、博客、微博、论坛、各种社区和优酷等各类互动、视频平台的产生，使传统媒体步入了自媒体阶段，每一位网民都可能成为一个"广播台或电视台"。同时，每位网民也是观众。自媒体时代为内容的生产、传播、消费创造了前提条件，而后随着电商直播带货市场的进一步扩大，又对内容创作提出了更高的要求，迫使内容和电商的结合发生进一步的变化，产生新的有机反应。

中国电商直播带货起始于2016年，初期以内容创建和流量变现为主要目的，产业链发展至今已逐渐完整化、丰富化。目前，产业正处于爆发式增长阶段，交易额和交易量陡增，头部流量平台和交易平台也不断向直播投入更多资源，电商直播带货已经变成各大平台的标配。

2019年，电商直播带货整体成交额达4512.9亿元，同比增长200.4%，仅占网购整体规模的4.5%，成长空间较大，未来仍会保持较高的增长态势。与此同时，直播场次也在不断增加，据商务部统计，2020年，重点监测电商平台累计直播场次超2400万场，2022年重点监测电商平台累计直播场次超1.2亿场，场次翻了5倍。❶

（二）电商直播带货的运营特点

与传统电商相比，电商直播带货具有完全不同的运作逻辑，主要表现在电商直播带货侧重于将经营商品转化为经营内容，通过生产优质内容不断吸引更多的消费人群，并使之成为内容的忠实粉丝或拥护者、支持者，进而产

---

❶ 卢正源.2020年中国直播电商行业市场现状与竞争格局分析——超双雄市场格局（附行业政策）.[EB/OL].（2020-12-21）[2024-03-03]. https://www.qianzhan.com/analyst/detail/220/201221-5aecfac7.html.

生消费冲动，购买商品或服务。

在传统大众传播时代，媒介的运营理念是"内容为王"。这里的"内容"通常包含两个方面，一是内容的质量，二是内容的形式，这种内容质量和形式之间的良性匹配带来了媒介内容产品的有效传播。互联网时代的到来，特别是移动网络技术的发展带来了信息传递途径的多样化，仅依靠以上两种要素并不能保证内容产品能够有效地触达用户群体。在产品过剩的时代，产出的内容再重要，但如果不能和人产生真正的联系，不能让人感受到价值，再好的内容产品也会被忽略，被沉没在海量的信息海洋中。因此，要想让内容产品取得有效的传播效应，就需要在内容产品的构成要素中加上关系要素，将内容产品嵌入社会关系渠道中进行传播推广。在移动互联网形成的圈层传播中，内容产品的关系属性是通过社群的构建来实现的。利用电商直播带货的自媒体恰恰就是运用了这一点，既注重内容，又注重社群关系。

自媒体通过构建社群把人和内容的关系转化为人和人之间的关系，为内容产品积累了大量的用户，并且利用社群关系的运营有效提高了用户黏性。所谓社群，是人们基于共同的兴趣、爱好、价值观而聚集在一起形成的，内容承载着某种价值观，趋同于这种价值观的用户经由内容的传播影响，在一定条件下自发形成网络社群。

首先，社群中的用户可以自由地发表自己的观点和意见，并且可以参与到内容的生产制作中。社群还通过开展线上线下活动，打破人与人之间的隔阂，进一步加强社群成员之间的情感。社群成员对群体有着高度的归属感和认同感，每个人都充当着宣传者，通过口碑传播为自媒体品牌带来更多的用户和更大的影响力。这种社群关系中的情感关联和共同的价值观认同是增加内容产品用户黏性的因素之一。

其次，依托于社群关系的内容产品增加了用户的转换成本。单纯的内容产品为用户提供的价值主要体现在获取信息的认知层面和获得娱乐消遣上，因此用户与内容之间的关联程度并不会太高，人们在内容产品的转化上的成本是很低的。而在社群关系中，成员之间基于长期互动形成了个人声誉、人脉关系、价值认同、情感归属等相对稳定的资源和习惯模式，离开社区则意味着习惯的改变和已建立起来的资源的丧失。因此，赋予关系属性的内容产品的转换成本要高于单纯内容产品的转化成本，从而间接增加了对内容产品的用户黏性。

最后，依托于社群关系所形成的商业交易模式为用户增加了便利性，增加了用户使用黏性。在基于社群关系形成的自媒体中往往潜藏着商业交易机会当在社群发展到一定阶段时，基于社群的"自组织"特性，成员之间自动生产很多内容，良好的内容分享和反馈机制可以使企业根据社群成员讨论的内容，迅速感应到用户的需求，根据需求定制更符合用户需要的产品，实现从传统的"商品到人"的经济模式向"人到商品"的新型商品交易模式的转换。❶

第五节　跨境电商概述

一、跨境电商的概念

互联网的迅速发展带来了市场交易模式的历史性变化，打破了原有线下交易的当面询价、磋商、检视商品、缔约、现金支付和现物交易过程，取而代之的是在互联网虚拟空间中，由第三方平台连接起来的各种精准销售、产品图片显示、人机对话、电子货币、第三方支付和邮递交付，这种交易模式从根本上影响了当今市场经济的结构，并造成线下市场与线上市场二元分化的局面。在此背景下出现的跨境电商这一新兴商业形态有其特定的含义。跨境电商有不同的定义，商业上的主流说法将跨境电商归纳为"利用互联网等信息网络进行商品或服务进出口的经营活动"。事实上，各种概念的中心涵义并无争议，跨境电商可以概括为分属各个关境的交易主体利用网络等数字化通信手段促成交易（交易询价、洽谈磋商、缔结合同、履行合同等），并利用跨境物流或异地仓储运送商品、进行交易的国际商业活动。

广义上的跨境电商是指在跨境交易的任一阶段采用了电商技术的商业模式。根据《中华人民共和国电子商务法条文研析与适用指引》的观点，电商平台在电子商务活动中居于核心地位，"网络平台内商家虽然独立进行交

---

❶ 许定洁.基于"内容电商"的传统电商平台创新生态体系构建研究[J].商业经济研究，2017（11）：73-74.

易活动，但是应当严格遵守网络平台等媒介的交易规则，并且必须使用平台提供的自动信息系统达成交易，平台等媒介的所在地（登记地）实际上决定着电商交易活动的发生地"❶。与此对应，在境内电商平台上涉及跨境要素的电商活动则被界定为跨境电商，可分为以下两类。一是境外商家入驻平台向境内出售商品和服务，如众多的国外企业在天猫、京东等平台上开展经营活动。二是境内商家在平台上向境外出售商品或服务。例如，众多卖家在一达通平台上向境外的买家销售并出口商品；平台内的卖家和买家均为国内企业，但货物的交付涉及进出口等情形；甚至包括交易发生在境内，但商品的交付或者服务的提供发生在境外等情形。目前，商业界所热议的"跨境电商新政"其实仅指利用与海关互联的电商平台交易，能够实现物流、付款、交易电子信息"三单"比对的跨境电商零售业务。

跨境电商的生态圈主要包括物流、信息流、资金流和单证流，配套企业包括软件公司、代运营公司、支付公司、物流公司、报关公司，业务主要包括生产、质检、保险、网络运营、物流、退换货、图文翻译描述、金融服务、市场营销、网店装修等，监管部门包括海关、外汇、商委、市场监督、央行等政府机关。目前，整个行业生态系统日趋完善，分工日趋清晰，并逐步呈现生态化的特点。

二、跨境电商的特征

跨境电商的特征是就比较对象而言的，选取不同的参照角度可能会得出不同的结论。跨境电商和传统外贸相比，其主要特点可归结为电子化、个性化、碎片化、高频次和低货值。

电子化有两层含义，其一是指跨境电商在交易的过程中，从下单、销售、沟通到支付均通过电子信息媒介或平台进行，多以无纸化形式呈现；其二是指电子化产品（游戏、影视、软件、数字信息）在跨境电商领域快速发展。个性化主要体现在个性化的消费需求、多样化的产品类目和产品更新换代周期更快。碎片化主要指的是随着互联网接入门槛的降低，跨境电商交易

---

❶ 全国人大财经委电子商务法起草工作小组.中华人民共和国电子商务法条文研析与适用指引[M].北京：中国法制出版社，2018.

主体朝着数量增加、单个主体体量趋小、消费范围分散的趋势发展。高频次是指跨境电商中的交易主体下单、预订、销售、沟通和支付的互动频次和频率均远远高于传统外贸。与高频次相对应的是低货值，跨境电商最为活跃的商业模式是跨境零售，而 B2C 或 C2C 的单笔订单大部分都是小批量、低货值的生活消费商品。

传统外贸与跨境电商的对比如表 1-1 所示。

表 1-1　传统外贸与跨境电商的对比

项目	传统外贸	跨境电商
交易方式	面对面交谈	通过互联网远程磋商
交易内容	单笔货值高、频次低	单笔货值低、频次高
商品种类	大宗商品为主，种类较少	种类多样且富有个性化
市场规模	市场规模大，增长缓慢	市场规模小，增长迅速
支付结汇	信用证、电汇	信用证、电汇、互联网金融等
物流方式	海运、铁路运输为主	空运、海运、铁路运输、邮政小包、海外仓、保税区等

就跨境电商行业的发展趋势来看，主要呈现四大特征：第一，跨境电商交易规模扩大，占进出口贸易总额的比重不断提高（见图 1-1）；第二，交易规模稳定发展（见图 1-2）；第三，跨境电商出口份额远高于进口（见图 1-3）；第四，目前仍以 B2B 业务为主，B2C 模式逐渐兴起。

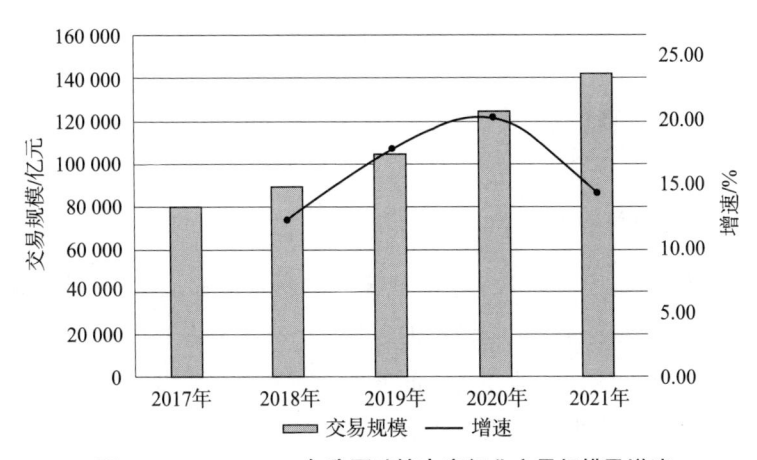

图 1-1　2017—2021 年我国跨境电商行业交易规模及增速

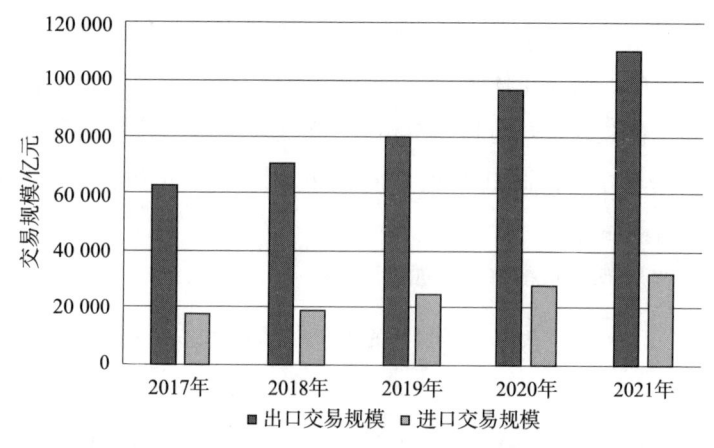

图 1-2 2017—2021 年我国跨境电商行业进口交易规模

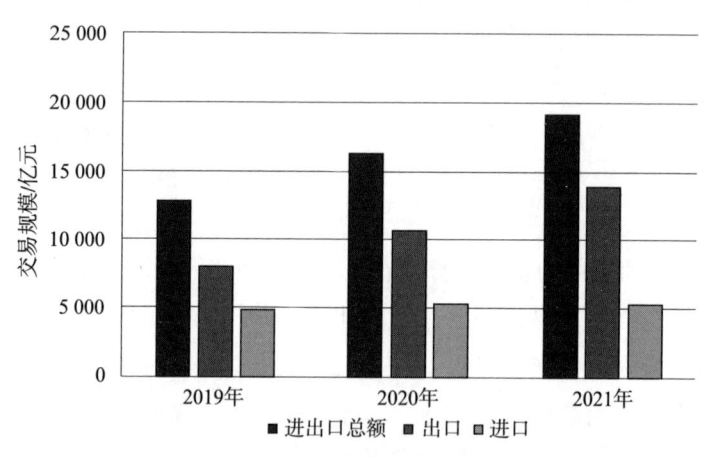

图 1-3 2019—2021 我国跨境电商进出口情况

三、跨境电商的类型

（一）跨境电商的主体

根据《电子商务法》第 9 条的规定，电商经营者是指利用信息网络进行销售产品和提供服务等经营活动的自然人、法人或者非法人组织，具体包括：①电商平台经营者，即在电子商务中为交易双方或多方提供网络交易平台、交易撮合、信息发布等服务的法人或非法人组织；②平台内经营者，即通过电子商务平台销售商品或者提供服务的电子商务经营者；③其他电商经营者，即通过自建网站、其他网络服务销售商品或者提供服务的电子商务经营者。

按照这一定义，作为电商经营者种属概念的跨境电商经营者自然也可以分为平台企业、平台内企业和自建立网络平台经营的企业三类。跨境电商平台经营者则是指在跨境电商中，为交易双方或多方提供网络交易平台、交易撮合、信息发布等服务，供其独立自主进行交易活动的法人或非法人组织。跨境电商平台内企业系入驻平台并通过平台直接与交易对象进行交易的主体，有些平台也有自营项目，此时自营店铺应当视为平台内企业，遵守电商平台内经营者的有关规定。除了依托电商平台，部分出口型电商也会自建网站销售本企业商品，比如南京领添信息技术有限公司旗下的 Shein 品牌。

值得讨论的是，近年来，微商、网络直播伴随共享经济、O2O 模式（Online to Offline）、社交平台的迅速成长而诞生，其运营模式与传统电商风格迥异，是否属于电商经营者的范畴也存在争议。从立法时一审稿的"电子商务第三方平台和电子商务经营者"，到二审稿加入"自建网站经营的电商经营者"，再到三审稿加入"通过自建网站、其他网络服务销售商品或者提供服务的电子商务经营者"，《电子商务法》中"电子商务经营者"的含义与外延不断拓展，除第 2 条第 3 款明确排除的金融类产品和服务，利用信息网络提供新闻信息、音视频节目、出版以及文化产品等内容方面的服务外，已经基本囊括了利用网络技术开展经营活动的所有经营主体。

《电子商务法》最终采用列举加兜底的方式来进行规定，一方面是因为法律的制定滞后经济生活的发展，采用兜底条款有利于使法律适用可以适应因科技和经济发展而新产生的变化；另一方面采用兜底的方式也说明无论外在形态如何，只要是利用网络服务销售商品或是提供服务，都应该纳入电子商务经营者的范围。因此，在社交平台或者社交媒体上销售商品或者服务的经营者，虽然不是通过自行建设网站而成为自建网站的电子商务经营者，也不是直接入驻电商平台而成为平台内经营者，但如果探究《电子商务法》中对于电商经营的界定的实质，可以发现该类经营虽然依托的是社交平台，其本质上并没有脱离"利用网络服务"来从事经营活动的本质，因此应当归属于《电子商务法》第 9 条中的"通过其他网络服务销售商品或者提供服务的电子商务经营者"一类。与之相对应的问题是，微信、论坛社区、直播平台等社交媒体是否属于《电子商务法》第9条中所指的电子商务平台。在社交媒体平台上从事的主要活动的目的是社交而不是经营行为，社交媒体不是为了电子商务而设立，且不以聚集大量主要从事经营活动的商家为特点，这是社交媒体平台与电商平台的本质区别。

因此，不能因为少部分商家通过社交媒介平台进行与经营活动相关的沟通或者交易磋商，就简单地认为在这种情况下社交媒体平台变成了电商平台。而如果社交媒体平台允许经营者入驻并稳定地开展经营活动，成为平台内经营者，在这种情况下社交媒体同时具备电商平台的特点。

（二）跨境电商的物流模式

跨境电商的物流模式包括以下几种：国际小包和国际快递、海外仓储库（以下简称"海外仓"）及跨境第三方物流模式等。每一种物流模式都各具特点，其中，国际小包和国际快递是较为简便和直接的物流方式，也是中国目前大多数中小跨境电商企业所普遍采用的方式；海外仓能够大幅减少物流的时间成本，给客户带来更为方便的服务；跨境第三方物流能够让企业专注于自身业务，其他的过程全部由第三方物流完成，能够节约社会资源，为客户带来更好的服务。

1. 国际小包和国际快递

（1）国际小包和国际快递的概念

国际小包一般指的是中国邮政小包、中国香港邮政小包和新加坡邮政小包等。而国际快递通常指的是四大巨头——FedEx（联邦快递）、DHL（中外运敦豪国际航空快件有限公司）、TNT（中外运天地快件有限公司）和UPS（美国联合包裹公司）。国际小包和国际快递是最直接、最简单的物流方式，对于许多中小企业来说，也是唯一可选择的物流方式。邮政拥有几乎遍及全球的网络，网络覆盖范围要比其他任何物流渠道都要宽。

当然，这得归功于两个组织：一个是万国邮政联盟，另一个则是卡哈拉邮政组织（KPG）。万国邮政联盟是商议国际邮政事务的政府间国际组织，其工作重点是通过制订一系列公约法规来完善国际邮政业务，并且组织开展邮政方面的国际合作。而卡哈拉邮政组织则是在万国邮政联盟的基础上建立的，其由邮政体系较为完善的五个国家（中、美、日、澳、韩）和中国香港地区共同组成，后来西班牙和英国也参加了该组织。卡哈拉邮政组织还对成员方的投递时间作出了严格的规定。假如货物不能在规定的时间邮寄给收件人，则负责投递的运营商就必须根据货物价格对客户作出100%的赔付。这些规定大大提高了成员方的邮政服务水平，也促进了各成员方之间的交流与合作。例如，一个邮政包裹从中国到美国，在一般的情况下时效是15天之内。据相关统计资料表明，在中国的出口跨境电商中约有70%的商品都是经由邮政系统完成投递的，其中中国邮政约占50%。

国际快递最主要的特点是国际快递都有遍及全球的自建网络，并且拥有庞大的互联网技术（IT）系统和覆盖世界各地的本土化服务，因此可以为客户提供更快捷的物流体验。比如用UPS邮寄包裹至美国，最快可以在48小时内送达。但是，这种高质量的服务通常都是建立在高昂的价格基础之上的。所以，中国的商家通常只有在顾客提出了相当强的时效性要求时，才会选择通过国际快递来完成商品的配送。各快递巨头也有着自身的特点，尤其是将各种重量的快件运往世界各大洲时有着更为鲜明的差异，比如在寄往西欧国家时TNT的通关速度最快，在寄往美国时UPS的速度极快。此外，对于不同重量物品最适合的快递也不一样。

（2）国际小包和国际快递优劣势对比

国际小包和国际快递的优劣势主要表现在其运输时间和费用等方面。接下来我们以运送0.5千克货物至美国为例，对其优劣势加以分析。

第一，国际小包的主要优点是价格较低，在海关的通关能力较强；主要劣势体现在物流时间方面，其运输时间较长，如运送0.5千克物品至美国，需20～50日左右。而国际快递却与其有不同之处，其优点是运输时间短，缺点是价格高，而且需要计算体积重。

第二，国际小包具有全球化的特征。邮政具有几乎遍及全世界的网络，邮政小包可以到达一切有邮局的区域，这就可以极大地拓展跨境电商交易的贸易市场。同时国际小包的应用范围非常广泛，ebay和敦煌网之类的网站上也能使用，并且没有特殊的邮寄限制。

国际小包和国际快递都是较为简单和直接的运输方式。以中国邮政小包为例，通常在当日中午十二时前交于邮局，晚上八点之后可以在邮局网站查询到包裹的状态信息。其运输时间大致是：亚洲邻国5～10日，欧美大部分国家 7～15 日，其他地方和国家 7～30 日。与国际小包相比，虽然国际快递运输时间相对较短，但其价格较高。国际小包虽然简单便捷，但也存在较大风险。比如，香港国际小包曾发生过由于业务量过大，无法在规定时间内运输，造成包裹严重积压、无法及时送达，导致买家投诉激增的情形。此外，国际小包还出现了丢包率超高，一旦不是挂号件就无法进行跟踪等情形。

即便如此，对规模相对较小的外贸企业来说，国际小包和国际快递仍是最常采用的运输方式。

对于国际小包，以中国为例，通常情况下是先由全员集货，而后再发往统一的口岸（我国的三大口岸：北京、上海和广州），之后再进行多次转包方可抵达目的地。故其最重要的目的就是便于以较低的成本到达世界上的任何地方，但由于需要再经历几次转包，故其运送时间也一般比较长。

对于国际快递而言，其最大的优点是稳定迅速，而且物流信息透明公开，消费者还能够通过查询物流信息而得知运输路线和物流时间等信息，并且其很少发生丢包的现象，安全性和稳定性更高。国际快递的物流时间也基本维持在 3～5 日，而且对于包裹的重量并未有太多要求，因此也是不少跨境电商比较乐于选用的物流方式。但是，其也具有一些缺点，主要体现在如下两个方面。第一，价格偏高。在同等的重量下，国际快递收取费用的标准几乎是国际小包的两倍，所以，如果不是十分紧急的货物，跨境电商一般不愿选用国际快递。第二，存在偏远地区加收费用的情况。国际快递不具有覆盖全球的配送网络，与国际小包相比，存在很多无法运送的地区。经常会出现类似的情况，虽然你已经支付了快递费用，但如果将货物运送至你手上时，相应的快递公司要收 100～300 元的偏远地区附加费。

2. 海外仓

（1）海外仓概述

海外仓指的是在除本国之外的其他国家建设仓库。海外仓的建立不仅便于国外市场的开拓，还能减少运输成本。通过建立海外仓，就能迅速从买家所在国家完成发货，从而使物流时间大大缩短，同时也为用户带来更好的服务体验，还能提高用户的购买频率，也能够打破销售额的瓶颈，提升跨境电商企业在消费者心目中的形象。海外仓的仓库既可以自建，也可以租用。简单而言，海外仓指的是在买方所在地向卖方提供的仓储、分拣、打包和物流配送的一站式服务。因此我们可将其分为如下三个步骤。

头程运输：商家或跨境电商网站首先将货物运输至海外仓库。

仓储管理：利用物流网络系统，对海外仓库中的商品实施远程监控，对其库存实施管理与控制。

本地物流配送：按照订单详细信息，由海外仓中心发出指令，通过本地邮政或是其他速递的方式把货物寄送顾客。

海外仓得以快速发展，主要原因有如下三个。

第一，海外仓使得物流配送的品类增加，同时也降低了物流成本和费用。通过前文可知，国际小包在运输过程中在物体的重量、尺寸和价格等方面存在一些限制，这也使得很多大型或贵重的货物无法通过国际小包运输，转而通过国际快递进行运输。而此时海外仓的存在，不但可以突破货物重量、尺寸和价格等方面的限制，而且其收费要低于国际快递。

第二，海外仓可以进行本地发货，这也大大缩短了商品的配送时间。因为跨境转运的路程通常比较漫长，货物的物流动态不能实时更新，但通过海外仓发货，因为当地物流通常都具有非常成熟的物流信息查询系统，也就能够做到对包裹进行全程追踪。与此同时，海外仓的头程采取的是常规的外贸物流方式，也就是说能够按照正常清关流程完成进口，降低了来自清关方面的障碍。

第三，海外仓还能给卖家创造更高的价值。通过对大数据加以分析，卖家可以全程掌控供应链，同时减少对海外仓的使用成本，实现了卖家对海外仓内货物的全面掌控，而不会一味地去等待物流公司完成物流配送。

（2）海外仓优劣势分析

海外仓的优势主要表现在以下几方面。第一，运输时效性强。海外仓的仓库通常都位于客户所在地，能够实现直接在本地发货，可以最大限度地缩短物流配送需要的时间，同时也降低了货物在报关和清关等各方面十分复杂的操作流程中的时间，更快更高效地发货，客户的满意度也能有一定提高。第二，低廉的运输成本。由海外直接发送给顾客，相当于是国内的快件，其快递费用和从国外发货比较起来要少许多。第三，便于获取海外市场。海外仓可以在短时间内以最低的成本去获取国外市场，同时也可以积累到更多的资金去开发所看重的新市场。第四，退换货方便。如果客户需要退换货业务，只需要将商品退至海外仓，免去了国内外往返的运输成本，节约了运输时间，减少了客户的等待时间，也可以提高客户的满意度，提高企业综合竞争力。

海外仓主要存在以下几个方面的缺点。第一，成本较高。海外仓系统，不管是选择租用或者自建，其运维成本普遍较高。此外，也会面临着库存周转、存货消化、配送和售后服务等的各种问题。第二，商品滞销风险大。由于海外仓通常是把货物先运输至海外仓库，如果对海外市场的需求不能作出准确预测，盲目将商品送到海外仓库，极有可能发生商品滞销。此时滞销商品的物流费用及其在仓库的存放管理费将会给跨境电商企业造成巨大的负担。第三，资金周转风险大。海外仓批量备货，货物资金、物流资金、仓储资金都需要大量投入，如果货物流通速度慢，资金回流困难，卖家会有资金断层的风险。第四，海外不可控因素较大。海外仓受当地政策、人文环境、地理环境等因素影响较大。

3.跨境第三方物流

（1）跨境第三方物流概述

跨境第三方物流是通过独立于电商背景下的物流劳务的供给者、需求方以外的第三方来进行物流服务的运作方式，其一般模式为跨境第三方物流公司与需求方订立合同，为需求方提供物流服务。通常情况下，跨境第三方物流公司一般都具有专门的物流运营设施及其相应的管理经验与专业技术，从而能够提供非常专业的物流服务。由于外贸企业通常都专注于商品销售，而对物流配送方面的管理能力一般比较弱，所以对企业而言，通过第三方配送模式就可以利用其先进的技术，以及相对完善的物流配送系统等优势，且能够使本公司更加专注于发展自身的核心业务，同时也以相对优势的价格获得相对合适的物流服务。较为经典的案例有深圳市递四方速递有限公司，其作为一个为跨境电商提供全国物流服务和全球仓储服务的专业物流提供商，业务包括物流运输、仓储服务和反向物流解决方案，能够满足各种类型与不同规模公司的需要。

（2）跨境第三方物流优劣势分析

跨境第三方物流主要具有以下几点优势。

首先，跨境第三方物流能够有效减少物流成本。因为跨境电商的交易是全球范围的，这对企业的物资集散能力的要求很高。跨境第三方物流企业具备很强的技术优势和市场优势，而这是跨境电商企业无法匹敌的，这样就有利于促进跨境第三方物流企业与跨境电商企业共同获益。对于跨境第三方物流企业来讲，其能在物流服务中获取利润，而同时跨境电商企业也能得到良好的配送、仓储管理等方面的服务，而且也有效地减少了物流成本。

其次，跨境第三方物流能够促进跨境电商更专注发展自身的核心业务。跨境电商企业如果将快递业务全权交予第三方物流企业，则其在仓储、商品库存方面所占用的资金及在固有资本方面的投入都将大幅度减少，所以跨境电商企业可以在更大程度上将有限的资源投入发展公司的核心业务上，以提升企业的核心竞争力，从而迅速打开海外市场，提升用户体验，从而获得绝对的竞争优势。

最后，跨境第三方物流可以有效节约社会资源。众所周知，由于跨境电商业务存在着物流距离远、运输量大的特点，假设电商企业相互之间没有联系，自成一家就会造成企业重复建设和投资的浪费。而换种方式，将所有电商企业的物流需求进行汇总和收集，再交给第三方物流企业负责经营就可以整合物流资源，从而使得资源和信息在全球市场中共享。与此同时，这种集中式的物流方式也可以降低运输次数，有利于能源节约和环境保护，同时也可以增加单次运输中的边际效益和规模效益，从而实现跨境电商的可持续发展。

跨境第三方物流的缺点主要表现在以下两个方面。一方面，对物流配送风险的可控性缺失。因为过于依赖第三方物流企业，会导致跨境电商的经营者失去对物流配送服务的控制力，同时其服务质量也会受到第三方物流公司的影响。另外，物流服务存在较高的风险性与不确定性。一旦第三方物流公司出现内部管理或外部风险问题，将会对跨境电商企业造成很大的打击。另一方面，缺少消费者需求的反馈。跨境电商企业无法掌握商品的保管情况、物流配送员的态度等，也无法第一时间获得消费者对服务的要求和评价，无法向消费者提供精准服务。

（三）双向货物流向

根据货物的流向，跨境电商可分成跨境进口和跨境出口。

1. 跨境进口

传统的跨境进口主要指消费者在国外电商网站上购物，商品通过转运或直邮等方式入境送达。目前除了海淘，跨境零售进口模式还包括网购保税进口和直购进口。

2019年1月1日起实施的《商务部、发展改革委、财政部、海关总署、税务总局、市场监管总局关于完善跨境电子商务零售进口监管有关工作的通知》（以下简称《486号通知》）规定，跨境电商零售进口是指中国境内用户通过跨境电商第三方网络平台从境外购买商品，并通过网购保税进口或直购进口运递进境的消费行为。这些商品应满足：第一，处于《跨境电子商务零售进口商品清单》内，但仅限个人使用，且满足跨境电商零售进口税收政策要求的所有条件；第二，电商平台与海关互联可以完成交易、支付、物流电子信息"三单"比对，或者是平台未联网但进出境快件运营人、邮政企业可以代为向海关传输交易、支付等电子信息。

其中，直购进口为传统的跨境电商模式，并无新的内涵。网购保税进口则是在2013年试点以后，所崛起的一种新型模式，指的是企业利用大数据分析，将热卖货物提前储存在境内的自贸试验区或保税区的保税仓库里，顾客在进口跨境电商平台上下单后，商家直接通过国内的保税仓库把货物发给顾客的物流方式。从跨境电商进口业务来看，海外直邮模式是消费者先下单，电商企业后采购，再通过物流形式将货物从境外发给消费者，相关商品入境已有明确物权归属。而网购保税进口则是在没有收到消费者订单前由电商企业先将境外商品提前运进国内保税区，当消费者下单付款后直接把商品由国内保税区仓库发送给消费者。网购保税进口具体交易流程如图1-4所示。

图1-4 网购保税进口流程

根据目前的规定，中国网购保税进口将有网购保税进口和网购保税进口A（监管方式代码1239）两种进口政策。其中，适用网购保税进口的进口政策的城市有天津、上海、重庆、大连、杭州、宁波、青岛、广州、深圳、成都、苏州、合肥、福州、郑州、平潭、北京、呼和浩特、沈阳、长春、哈尔滨、南京、南昌、武汉、长沙、南宁、海口、贵阳、昆明、西安、兰州、厦门、唐山、无锡、威海、珠海、东莞、义乌等37个城市；其他城市或地区均适网购保税进口A进口政策。网购保税进口和网购保税进口A两个政策的主要差别是：适用网购保税进口A政策的企业进口法律规定必须履行首次进口商品许可批件、登记注册或备案要求的化妆品、婴幼儿配方奶粉、药品、医疗器械、特殊食品（包括保健食品、特殊医学用途配方食品等）等商品时，仍需要办理商品首次进口许可、注册或备案手续；适用网购保税进口政策的37个试点城市一律不需要办理商品首次进口许可、注册或备案手续，但对有关主管部门明令停止进口的疫区商品和对存在严重质量安全风险的商品启动风险应急处置时例外。

网购保税进口模式有如下优点。

首先，跨境购物的物流时间缩短。在网购保税进口模式下，跨境电商企业通过大数据分析和市场调研，提前把部分热销的进口商品储存在保税仓库里，消费者在跨境平台上下单并支付后，由跨境电商企业直接在境内的保税仓库发货，整体配送流程和购买境内商品几乎一致，从而极大地减少了物流配送的时间。部分进口商品在两天时间左右可送达消费者手上，增加了消费者的购物兴趣和满意度，提高消费者再次购买的可能性，为跨境电商企业带来了收益。

例如，郑州市是中国跨境电商的示范城市，由河南省保税物流中心建设的中大门跨境购物体验中心也是全国跨境O2O的典范。网购保税进口模式下的备案商品从国外运输进入中国后首先存放于河南保税物流中心的保税仓中，国内运输段则由宅急送负责。郑州的用户如果在工作日到中大门跨境电商平台上选购进口商品并下单，两天之后就可以收到购买的进口商品，有时甚至比国内购物的速度还快。如果消费者所在地与进口商品存放的保税仓库不在同一城市，物流配送时间也会相对更长一些，不过通常不会超过7日。

其次，运输成本低。在网购保税进口模式下，由于进口商品从中国境外的销售地到国内保税仓库的国际物流运输通常是大批量运送的，而跨境电商企业又可以提前准备商品，因此可以提早很长时间选择运价比较低廉的海运集装箱的物流方式运送商品，这样既能减少运费，又不会影响备货时间，而总体运价的减少也能够大幅降低单个产品的运输成本。相较于国外直邮的模式，保税模式能够为消费者节省更多费用。

再次，商品价格更低。进口商品的售价一般由境外市场售价、运输费用和关税三个部分组成，在商品的境外市场售价和关税都确定的情形下，运输费用将是影响进口商品最终售价的关键因素。消费者在浏览海外购物网站时可能看到某种产品在海外市场的售价很便宜，而如果选择了海外直邮的运输方式，就必须承担高额的运费，以致到手价格较高。但是，如果采用网购保税进口的运输方式，国际运费大幅下降，部分跨境电商平台在订单金额超过一定数额后可以免除国内运输的费用，国际运费和国内运费大大降低后，商品最终送达用户手上的价格会更低。

最后，售后服务更加方便。售后服务是决定消费者跨境购物满意度的一项关键因素，如果消费者收到的商品不对板甚至出现破损，可能会出现退换货的情况。如果是海外直邮的进口商品，则消费者就必须把商品退回给海外的商家，而退换货的过程也相当麻烦，运费成本也相对较高。而对于在网购保税进口模式下购买的进口商品，一旦买家发觉货物有损坏或是不满意，即可申请退换，而退换过程也相当简单，只需要将商品寄至国内保税仓库即可。而相对于昂贵的海外直邮和集货直邮来说，网购保税进口中退换货的物流费用大幅降低，同时也更加高效、便捷。

网购保税进口模式劣势如下。

首先，受国家政策的严重影响。跨境电商业务是在国家经济政策红利的支持和鼓励下迅速发展壮大的新型产业，而国家对于跨境电商政策的不稳定性与不一致性也极大地影响着该行业的顺利运转。2016年4月7日晚9点，中国财政部、海关总署和国税总局等11个部门共同发布《跨境电子商务零售进口商品清单》，清单上的商品都能够采取保税备货的方式，但清单外的商品则需要在跨境电商平台上下架。这项规定于2016年4月8日凌晨实施，政策从颁布到实施只有3个小时的时间，同时政策没有明确执行的具体细则。该项政策意味着对于已经在保税仓中储备而又未纳入清单中的部分配方奶粉、液态奶的跨境电商企业要面对相关商品紧急下架的风险，且必须改走一般交易通道。而在4月15日，第二批正面清单发布，液态奶等商品又被纳入了第二批正面清单的目录内，政策的多变性和不稳定性也给进口跨境电商企业造成了不必要的困扰和经营风险。国家政策如果出现了变化，在保税区有库存的商品很可能无法顺利销售，抑制了网购保税进口模式的发展。

其次，备货的商品种类有限。在保税区备货的跨境电商企业需要根据大数据和市场研究的结果提前向海关申请备货，一般都是一些市场需求量相当大，并且正在大规模生产中的热销产品，包括母婴用品、美容护肤品、食品、日用家居用品等，但很多时尚化个性化的商品仍然匮乏，包括电子产品、服装鞋包和奢侈品等。如果消费者需要一些个性化比较强烈或者比较小众的进口商品，网购保税进口的模式便无法实现，需要通过海外直邮的模式采购。

再次，商品质量问题易受到质疑。利用网购保税进口方式进口的货物，主要为一些与消费者身体健康有关的化妆品、食物、母婴用品、小型家电等日用消费品，其中进口的商品类别复杂、批次较多、批量较小，且货物来源渠道的可控性和稳定程度都不高，从而可能存在产品质量安全问题，因此消费者对商品质量也存疑。有些大型跨境电商平台，如聚美优品、唯品国际和天猫国际售卖假货的现象也已经被曝光，另外部分不法商家借助国家支持发展跨境电商的东风，利用保税区"一日游"，把中国境内的产品包装为国外商品进行出售以欺骗顾客。所有出现的各种问题都会令消费者担忧，进而导致网购保税进口模式面临一定的信任危机。

最后，存货成本和经营风险都比较大。通过网购保税进口的运输模式会产生大量的成本，也存在着经营风险。网购保税进口的成本主要包括资金占用成本和仓储成本。跨境电商企业在储存商品时必将会占用大量资金，一旦存储的商品销售时间过长，将会增加进口商品在保税仓库中的储存成本。更可怕的是，一旦备货商品滞销，跨境电商企业就不得不自行处理存货，这会给跨境电商企业造成极大损失。另外，由于国际汇率不断变动，汇率的变化也会给采取网购保税进口模式的跨境电商企业的成本带来负面影响，一旦外币贬值，已实行保税物流模式备货的进口跨境电商企业就必须承担因汇率变动而引起的成本。

2. 跨境出口

广义上的跨境出口是指国内电商企业利用电商平台进行出口交易、支付结算，并采用跨境物流配送的一项国际商业活动。按照《关于实施支持跨境电子商务零售出口有关政策意见的通知》（国办发〔2013〕89号）的相关规定，与零售进口相对应，跨境电商零售出口是指由中国出口企业利用互联网向境外销售商品，主要通过邮寄、快递等方式配送商品的经营活动，即跨境电商企业对消费者出口。

跨境电商零售进出口的相关经营主体除了应当履行《电子商务法》规定的依法注册、取得行政许可、建立平台内规则和消费者保护机制等相关义务之外，根据《486号通知》、2018年《关于跨境电子商务零售进出口商品有关监管事宜的公告》（以下简称《194号公告》）等文件，还应当结合跨境零售进出口的特点，履行特定义务。

第二章　电商运营中存在的主要问题

第一节　电商运营中的问题概述

前有所述，电商有不受时空的限制、无形性、匿名性和快速演进等特点。电商从依附于传统商务，到独立于传统商务，再到如今开始为各行各业的商务赋能，以前所未有的速度和无法预料的方式快速演进，不断的促生新的企业发展模式，其所提供的服务和运营模式花样翻新，改善着人们的生活。然而，随着电商的高速发展，也出现了运营中难以解决的法律上的问题。

一是电商运营安全保障问题。电商的运营依托于网络，在网络硬件条件具备和软件技术开发越趋成熟后，电商就变得发达。然而，最早的电商运营要确保安全系数，保障正常稳定运作，确保不会因为自然力、灾害事故或恶意人为破坏等使系统受到影响。例如，交易的数据应保持稳定，不能轻易被篡改，客户预留的信息能够得到保护等。

二是法律上监管缺失的问题。网络快速发展导致电商的野蛮生长。一些人预见到网络上有商机，轻而易举地模拟或抄袭他人的商业运营软件及模式自己运营，导致大量创业者纷纷涌向电商市场。一时之间，一些人打着"大众创业、万众创新"旗号大举进军电商领域，而又缺乏规范管理和成熟运营经验，甚至有的人一味求赚取快钱、捞巨额利益，却忽视或践踏普通百姓的合法利益。而由于法律上监管缺失和立法上不能及时规制，导致现实中出现了大量的问题。

一方面是电商交易侵害消费者利益。一些电商交易过程中存在销售假冒、伪劣商品或大量仿冒他人注册商标的商品，以及以次充好、以假充真的商品的现象，消费者得不到有效维权。同时电商领域合同如何签订、履行及约束问题，电商领域知识产权保护问题，网络上个人数据及隐私保护问题，税收征管问题等也亟待解决。

另一方面是电商领域违法和犯罪问题。随着网络的迅猛发展和国家对于3G、4G网络的铺开，电商进入高速发展的窗口期，而此时正是线下实体经济遇到一定发展困境正需线上给予提升或转型的时期。在2010年后尤其是2013年移动互联网的大量普及和智能手机进入千家万户后，电商领域所涉及的违法与犯罪问题充分暴露了出来。

起初的电商领域违法犯罪和计算机违法犯罪有一定关联，后逐步发展到电商领域独立的一些违法犯罪行为。违法犯罪的类型由单一的行为演变成多个群体和多种行为交叉融合，进而发展为涉众型违法犯罪行为。电商领域违法犯罪主要在以下方面比较突出：假冒伪劣产品销售、侵害知识产权领域、电子商务欺诈和违约、个人信息保护、涉众型非法吸存和集资诈骗、组织领导传销活动、准入涉及非法经营，以及走私和偷逃税款方面。后续衍生出来的社交电商、微商、直播电商、跨境电商领域，与电商涉及的违法与犯罪有共性。

第二节　社交电商运营中存在的问题

社交电商作为微商的上位概念，是通过移动社交平台的发展而衍生出来的一种去中心化的电商形态。其萌芽具有一定的现实基础与社会需求，一方面，在京东、淘宝等大平台成为消费者购物的主流方式，占据传统电商行业的主要流量后，小规模的初创团队希冀在此类平台获得曝光，而他们要得到可以转化为销售额的有价值的流量，需要向平台支付越来越高的费用，成本过高，难以承担。平台发展过程中给予中小企业的流量红利已经消失，相反为了赚取利益、摊平运营成本，流量的分配方式更加依赖于商家支付对价这种模式，让商家无利可图，被驱动的商家开始寻找低成本的流量获取方式，开拓新的售货渠道。另一方面，智能手机的发展促生了大量的移动应用，使得熟人之间通过平台以文字、图片的方式分享自己的生活。微信作为目前最大的社交平台，因此成了社交电商主要的表现形式。随着微信用户数量的不断扩大，部分美妆品牌将微信朋友圈作为分销渠道，进行产品销售。但是，由于微信目前的流量红利也逐步退却，以及平台对于微商的严厉打击，社交电商的生存方式也相应发生了一部分转变。

社交电商与传统电商存在一定的区别。从流量的获取方式来讲，社交电商依托于社交关系，以用户流量为基础，它主要依靠用户自行传播，每个用户都可成为一个节点，通过互动和传播产生裂变，它是一个去中心化的分散式卖场。从消费方式看，社交电商是以话题、分享为推动的发现式购物。社交电商的交易过程不局限于一个平台，通常在碎片化的场景下交易。但是，社交电商的本质仍然属于销售行为，不因互联网等技术手段的介入而改变经营的性质，因此在经营活动中，后期服务、产品质量、过度营销等问题依然要受到法律的监管，可能因立法的滞后性会短暂地让社交电商的经营者获得一部分的制度红利，但随着其规模的壮大、社会关注度的提升，也势必会纳入到法律的监督体系之下。以下是目前及未来可预见的部分重大隐患。

一、经营模式涉及传销活动犯罪的法律风险

社交电商虽然在客观上降低了获取流量的成本，但须知，相对于淘宝、京东等开放性的平台，任何用户的社交圈只有极其有限的流量，如果不能激发用户进行分享、转发企业的商品，形成裂变反应，则社交电商毫无生命力。因此，对于社交电商的经营者而言，经营销售的第一要义在于制定切实可行的政策，以激励用户转发、分享商品信息。但是，倘若基于产品质量形成良好口碑，需要较高的技术壁垒和研发成本，并且过程较为缓慢，则不符合社交电商的特征。

因此，社交电商面临的难题在于，如何在现有产品质量的情况下，激发用户积极评价产品，动用其私域流量将产品转发到自己的社交圈里，推荐给自己的社交圈用户。社交电商的传播必然要让用户从分享行为中获利，否则社交电商无法运营。

社交电商目前主要有两种分销形式。第一种为直销模式，零售商寻求供应商购买产品，而后零售商直接分享至朋友圈中，通过给予分享用户返利来促成裂变。第二种为类似团队计酬的传销模式，由供应商将货物卖给零售商，再由零售商通过自己的社交圈分享给身边的朋友，通过多层级返利形成裂变。这里的返利就构成了《禁止传销条例》中所述的变相的"收取入门费"。从上述两种分销形式可以看出，社交电商必然存在多层级主体，具有传销的外观。此外，供应商与C端消费者之间存在中间商赚差价，也就是高级代理在直接销售商品的同时，再发展中级代理，中级代理为了获得规模效益再发展下级代理，此时很难避免"拉人头"和"团队返佣"的情况。

二、过度宣传和扩大产品功效，有虚假广告的风险

在社交平台上投放广告的成本较低且推送简单，所以对其不便管制，导致虚假广告盛行，引发违法问题。在传统商务中，企业投放宣传广告是为了扩大影响，因此往往要选择曝光量大的公共平台，如地方媒体、新闻杂志、网页头条等，而因宣传平台属于公众视野，在投放广告时平台会依据《中华人民共和国广告法》（以下简称《广告法》）等相关规定对内容进行审核，避免出现过度宣传、虚假宣传的情况，消费者在被平台上的商业广告误导后也可起诉企业及平台，维护自己合法的民事权利。但是，由于社交电商天然排斥高成本的获客渠道，所看中的是用户的私域流量，因此国家行政机关很难对其进行有效的监管。在社交电商的推广过程中，广告的真实性往往取决于商家的自律性，这对企业的商业道德提出了不切实际的要求，不符合社交电商主体的发展阶段。

因此，在社交电商平台上，为了以最大效果博取关注，赢得转发，部分零售商经过统一的话术培训后，被要求用统一的海报、宣传视频、宣传口径作出虚假的夸大宣传，让消费者基于错误认识进行了消费。《广告法》第55条规定，发布虚假广告的，由市场监督管理部门责令停止发布广告，责令广告主在相应范围内消除影响，并依据情节处以不同金额的罚款。同时，在《中华人民共和国反不正当竞争法》（以下简称《反不正当竞争法》）第8条、

第 20 条中也就行政处罚内容有所规定，即经营者对其商品作虚假或者引人误解的商业宣传，或者通过组织虚假交易等方式帮助其他经营者进行虚假或者引人误解的商业宣传的，由监督检查部门责令停止违法行为。情节特别严重的，甚至可能触及《中华人民共和国刑法》（以下简称《刑法》）第 222 条，构成虚假广告罪。

同时，由于社交电商本身的多层级架构，加之存在虚假宣传行为，让消费者对产品产生了不切实际的期待，所销售产品与承诺质量相去甚远，更易被司法机关认定为组织、领导传销活动罪。

三、产品质量无法保证，涉嫌生产、销售伪劣产品罪

社交电商作为一种销售模式，其优势在于开发了用户的私域流量，但由于私域流量的封闭性，监管平台往往很难介入。成功的社交电商模式必然经历大量裂变，层层传播，但在传播过程中，消费者的权益很难得到有效的保障。传播链越长，消费者追溯到生产厂商及实际销售者的难度则越大。而直接向其推荐产品信息的上一级经销商作为自然人，从客观角度来说，偿付能力有限，不具有提供售后服务的可能性；从主观角度上看，其分享信息的行为在法律上很难被认定为可谴责的民事法律行为。因此，在社交电商渠道上，销售者购买产品后想要维权可以说是难上加难。这也让部分不法商家看到了可乘之机，通过社交电商平台，传播伪劣产品，其行为已经违反了《刑法》第 140 条，构成生产、销售伪劣产品罪。

四、未有明确的市场准入监管，涉嫌构成非法经营罪

传统商业受限于场地的要求，其设立必须经过国家市场监督部门的批准，如未获批准擅自经营的，可能面临有关部门的查处，承担行政责任或者刑事责任。但是，社交电商平台上的销售者可以径行绕过行政部门的监管，在联络好生产商、提出相关的个性化定做要求后，便可以在社交平台上进行宣传、组建团队，形成裂变反应。这也是社交电商平台目前混乱的根本原因，也导致消费者的售后维权极其困难。由于电商交易是线上交易，消费者

也无从判断商品真假，仅靠对商家的信任，所以消费者在线上交易中多是处于弱势地位。与传统电商不同的是，消费者通常通过转账或者红包付款，而不是通过第三方支付平台完成付款，在这种没有担保性的支付方式下，资金安全、货物质量都没有办法得到保证。

如果要消减社交电商的乱象，首先必须设立相应的准入机制，可以根据经营范围、商品种类的不同确定不同的准入条件。对于开业时间短、规模小、不需要实行审批前置程序的商家可以采用商事登记模式，简化登记流程或者免予许可登记，采取信息备案登记进行管理。对于达到一定规模的商家，需要严格审查经营许可证、营业执照等证件。对于如药品、食品等需要严格审批的商品，要实行严格的市场准入制度，还需加强平台服务商对此类产品的监督责任。

在行政力量允许的情况，定期对备案企业进行抽查，核实经营产品、经营范围，避免扰乱市场秩序。

与传统电商相比，社交电商作为一种新兴发展事物，其经营模式还在不断地创新发展，所以尤其需要法律的保护，需要通过法律来规范其行为，形成良好的竞争环境。与此同时，更需要看到的是互联网不是合法性的外衣，不是企业的免罪金牌。在政策尚未制定完备的情况下，企业可能因此享受到一部分制度红利，但不能因此对经营中的风险视而不见，不能因昨天的监管尚未到位，而推定今天乃至明天的市场乱象仍不会被国家整治。随着市场进一步的发展，必须对政策动向、法律风险有所警示。

第三节　微商运营中存在的问题

在讨论微商可能涉及的刑事犯罪之前，我们首先需要厘清，微商为什么会兴起，它成为风口的原因是什么。唯有此，才能识别出其所涉及的刑事犯罪是属于微商的系统性风险，还是属于不法分子在实践操作中的异化产物。

如前文所言，微商属于社交电商的一种。商家通过对用户进行分享、推荐、关注等行为进行奖励，以达到挖掘用户社交圈价值，促成更多交易的商业行为。在传统电商中，宣发、营销行为具有中心化的特征，需要一个有聚合力、影响力的平台将商家和消费者汇聚在一起。商家如果希望自己可以得到更高的关注度和更强的推荐度，就需要购买推广服务或者进行刷单，继而才有更多促成更多的交易的可能，天猫、淘宝等平台是这种商业模式的典型代表。但是，由于这种商业模式的门槛较高，需要商家和消费者的普遍认可和广泛参与，才有可能形成一个可以盈利的平台。而对于企业来说，在这种模式下，由于资源与体量的不对称，流量与关注都会向各行各业的头部企业输出，中小企业的生存空间极为有限。而微商则可以通过去中心化的方式有效解决上述问题，为中小企业开发流量提供新的方式。微商利用朋友圈宣传，以社交关系为基础，让所有中小型商户可以以成本最低的方式推广自家的产品。但也因此留下以下隐患。

一、投入资金少与市场准入条件低，有的人法律意识较淡薄

微商不需要固定的门面和营业场所，且运营时间较为自由。进货与销售的渠道主要通过快递实现，并不需要负担货物的运输。日常产品的宣传也主要是在社交平台上发布信息，这是许多微商能大量吸引"代理"的原因之一。加入门槛低导致加盟者数量很难控制，动辄可能成千上万。而有的商家借此机会收取加盟费或通过加盟人员再发展人员，出现非法吸收公众存款或组织、领导传销活动的可能。

微商门槛低，普通人都可以通过手机号或QQ号注册微信账号进入微信平台，利用朋友圈中的人脉资源开展销售。传统的电商平台都需要预先缴纳保证金，而微商则仅需在朋友圈随时更新产品信息即可完成销售宣传。微商只需一部智能手机（或电脑），足不出户即可完成快捷交易，克服了销售空间限制，打破了行业壁垒，无疑是为缺乏创业资金人群提供了尚佳选择。经营者只要保证微信实时在线，并及时和顾客在产品种类和价格上进行沟通协商，最后按照约定内容进行下单、统计、发货即可完成销售。这种脱离了实体店铺和工厂的数字化销售模式，销售渠道、支付方式、产品质量都缺乏保障。

二、销售产品类型单一，在质量难以保证下容易涉及传销

微商销售的产品中有所谓"大牌"高端的，也有专门在微商中售卖的不知名小品牌的，但总体类型主要是化妆品、护肤品、衣服、鞋子、食品等单一小商品。产品的质量得不到保证，其中很多是高仿品、平价替代品，有的甚至拿不出质检证书。

微商的经营模式主要针对两类人，即熟人和陌生人。熟人所衍生的"熟人经济"是微商初期的发展模式，但由于通讯录中熟人极为有限，经常不断刷屏也会招致亲朋好友的反感，会影响销售效果。而"陌生人经济"模式是微商通过好友不断转发或查找附近的人，以及在各种社交平台如QQ、百度贴吧、新浪微博、论坛上不断发布广告帖等方式，大力宣传商品文化及品牌价值，对这些消费人群进行"洗脑式"宣传，从而不断争取客户，甚至催生了出售微信好友及客户信息的产业。

微信朋友圈是一个相对封闭的宣传渠道，如果想要大范围地传播，则需要引起用户频频转发的链式反应。而唯有层级返利的模式可以用最低成本达到最大的宣传效果，因此，许多微商在营销模式上都采用了近似于传销的销售模式，也让微商成了传销犯罪的高发地。

三、支付方式灵活，但监管渠道容易缺失

随着支付宝、微信支付等支付平台的出现，微商的交易模式更加简单、快捷，但缺乏像淘宝、京东等大型电商平台的交易支付保障。在部分交易中，出现了微商在收取货款后不发货，甚至删除、拉黑好友等侵犯消费者权益的现象。

目前，微商正以惊人的速度持续发展，而监管者、执法者的应对能力相对不足。相关法律法规的缺失使微商市场较为混乱，产品质量难以保证，代理商模式下的微商加价严重，部分商品缺少销路、大量囤积、个人跨境代购逃税现象严重等问题层出不穷。加之，微商行业寄生于社交平台，隐蔽性强，使得违法犯罪的现象容易出现。❶

---

❶ 陈芳. 论微商犯罪及其刑法规制 [D]. 成都：西南石油大学，2017.

第四节　电商直播带货运营中存在的问题

在传统电商中，购物的社交属性较弱，消费者只能通过产品评论区或者客服两个渠道进行产品交流，但交流的形式比较单一，反馈也不够及时。在电商直播带货的情况下，购物社交属性较强，消费者和主播可以即时互动。消费者可以向主播提出疑问，主播进行解答，形成某种信任关系，消费者自由选择感兴趣的主播，主播分析自身的粉丝偏好，为粉丝选取合适的商品，降低双方的时间成本。区别于传统电商"人找货"的逻辑，直播电商的逻辑是"货找人"。

这让内容平台看到了涉足电商领域的机会。随着市场转入存量市场，对消费需求进行精细化深耕成为新的赛道，图片、文字等方式已经不是短、平、快的移动互联网平台传播信息的最佳方式，由此，短视频等平台异军突起，为直播电商提供了现实基础。《2020淘宝直播新经济报告》显示，2019年直播电商爆发，进入真正的电商直播元年。其中，淘宝电商直播带货能力在2019年全面爆发，连续三年直播引导成交增速150%以上。这是近三年全球增长最快的电商形式。

大量电商主播的涌入加速了短视频的红利期，也催生出大量的MCN机构，俗称网红孵化机构。但直播电商与此前电商革命的最大区别在于，自互联网肇始之初，其核心价值一直是做成本革命，去除线下租赁、运输、仓储、人力等诸多环节，以降低成本来吸引流量，使商家攫取利益。而内容电商的出现是在消费者与供应商之间增设了一位中间人来为合适的消费者提供合适的产品，我们必须要正视这种服务的价值，但也应看到这样的服务在内容电商红利期中吸收了不菲的佣金，然而企业整体商品的价格又不能提高，这一矛盾导致一些行业乱象的产生。

一、严重虚假宣传，涉及《广告法》《反不正当竞争法》及《刑法》风险

根据《反不正当竞争法》第8条第1款："经营者不得对其商品的性能、

功能、质量、销售状况、用户评价、曾获荣誉等作虚假或者引人误解的商业宣传，欺骗、误导消费者。经营者不得通过组织虚假交易等方式，帮助其他经营者进行虚假或者引人误解的商业宣传。"

由此可见，目前立法对于虚假宣传的定义较为宽泛，除具备主观过错的造假，将不具备主观过错的引人误解也纳入其中。

一方面，在传统平台上进行广告宣传，考虑到其公开性，面向公众范围广、层次复杂、影响力大等特点，国家特地设立了《广告法》对其上述平台进行规制，规范了公众平台宣传口径。由于互联网具备去中心化的特点，每个互联网的用户都可以成为自媒体，对外宣传自己的观点与偏好，汇聚了大量粉丝的"大V"已经在事实上具有了传统公众平台的影响力，但由于自然人属性较强，目前其进行产品宣传等行为仍然没有纳入到国家监管部门的管辖范围之内。因此，对直播电商的主播的监督目前仍是一种事后监管，具有明显的"事后规制"的迟滞性。在商品未被曝光有问题前，海量交易下的直播电商存有逃避责任的侥幸心理，很难形成"事前约束"的规范引导。

另一方面，直播电商打破了传统广告中宣传与销售相分离的特征，在传统平台上打广告，平台收取的为固定费用。但是，在直播电商中销售的产品，除了坑位费之外，主播还要从销售产品的销售额中抽取一定比例的佣金，对销售结果直接负责，这也使得宣传方很难保证以客观、公正的视野去评价某项商品，加剧了虚假宣传的乱象。

二、为吸引流量过分压低价格，产品质量有风险

商务部数据显示，2023年上半年，重点监测电商平台累计直播销售额1.27万亿元，直播场次数超过1.1亿场，直播商品数超过7000万个，活跃主播数超过270万人。相比2022年数据，直播场次数、直播商品数和活跃主播数都有明显增长，整体直播电商业态呈快速增长态势。

直播行业一路向上的同时也乱象频出。主播辛某将普通糖水当作燕窝进行贩卖，罗某因疏忽卖了假羊毛衫，知名演员潘某、谢某在直播间带货劣质酒等问题早已是公开的秘密，头部主播尚且如此，中小主播则更难以保障。

这里并非谴责个别主播的商业道德，而是想探讨内容电商的结构性问

题。基于各平台主播间的竞争日益激烈、电商平台日益成熟，电商主播无法回避的一个问题即消费者为何要在他的直播间进行消费、购买产品。无他，价格优势而已。同样的一个产品，在别的主播或是别的电商平台上购买，需要支付更高的费用，而在他的直播间里可以拿到相对较低的价格，如此，消费者才可能会进行消费。尤其在各平台价格公开的情况下，利用信息优势销售产品的空间已经不复存在，只有实打实的价格差才能吸引消费者。这对主播与供应商的议价能力有极大的考验，那么商家愿意将价格压低，换取流量吗？在部分领域的部分企业可能会愿意做这样的置换，通过给予主播一个全网来看的最低价格来宣传某款产品，但这样，一来对主播的流量有很高的要求；二来供应商除了降低价格外，仍需向主播支付坑位费及消费返利，这样很难进行衡量得失。

因此，在电商直播中，目前最受欢迎的产品往往为高附加值的产品，如酒、化妆品等。但是，由于价格上的问题，除头部主播外，中小主播较难保障产品质量，直播售卖假冒伪劣商品的现象也愈演愈烈。此外，网络平台、商家和直播者三方的责任义务和定位划分不清，引发的各种消费纠纷让消费者面临投诉无门。而 2021 年 4 月底出台的《网络直播营销管理办法（试行）》，明晰了直播行业的责任清单，为依法有效治理提供有力武器。

三、恶意注册账号刷单制作假流量，存在非法经营的风险

如上所述，电商主播的核心能力在于议价能力，良好的议价能力可以帮助电商主播压低直播间产品的价格，吸引更多的消费者来直播间购物。如果电商主播具有庞大的粉丝群，则可以从供应商处获取更多的价格优势及更高的坑位费。因此，良好的议价能力是良性循环最重要的一环。但是，直播电商行业目前头部主播虹吸了大量流量，其余小主播的生存空间被压榨得很小。如何才能完成原始的积累，提升自己的议价能力，进入到此良性循环中，这里面固然有对内容创作者创作能力的要求，但互联网的爆点频出，随机性强，也存在较大的随机性。

专业的 MCN 机构的出现正是为了解决上述问题，有统计数据显示，截至 2020 年 3 月底，抖音月活跃用户数达到 5.18 亿，快手月活跃用户数达到

4.43亿，哔哩哔哩月活跃用户数达到1.21亿，用户数据增长的背后MCN机构功不可没。MCN机构能把不同的UGC或PGC聚合起来，并为内容生产者提供创作、运营、营销等一整套专业化服务，帮助他们实现稳定的商业收益，并促进平台的快速发展。与此同时，作为内容供应商的MCN机构也随着大环境的变化而变化，2019年仅国内的MCN机构数量就突破了2万家。目前我国的MCN机构，有些是由早期的头部红人组建的，有些是广告传媒公司转化而来的，还有一些是由网络公司等其他主体演变而来的。为了解决上述问题，使自家的主播在激烈竞争中脱颖而出，使自己旗下的主播数据达标，有些MCN机构就会想办法去进行所谓的"数据维护"，其实就是利用技术或通过与第三方合作进行数据造假。还有些MCN机构利用合同的方式欺骗商家，在直播中利用商家支付的"坑位费"购买商家的产品，表面上达到合同约定的"销售量"，事后再利用无理由退货等平台政策进行退货或转手倒卖虚购的商品，从中牟利。

上述行为已经严重扰乱了正常的经济秩序，情节严重的，甚至已经构成合同诈骗罪。

第五节　跨境电商运营中存在的问题

由于跨境电商的整个交易流程受不同国家的制度、法律约束，因此，对于跨境电商的监管较为困难，也使得该行业目前的交易纠纷解决处于有争议的困难状态。

一、涉嫌走私违法犯罪行为

少数跨境电商企业通过走私压缩成本，以提升利润空间和竞争力已成为不争的事实。从货源方面看，中小奢侈品跨境电商一般很难获得品牌的正式授权。一方面是因为B2C贸易体量小，电商缺乏采购溢价能力；另一方面是因为高档奢侈品消费体现出"凡勃伦效应"，越贵越彰显身份地位，越能得到市场追捧，所以品牌商并不喜欢电商的各种促销或价格战。从市场方面看，对于小额单笔动产交易，消费者并不会追溯商品来源，其更在意的是商品价格和质量。走私正品对于消费者而言可谓"物美价廉"，自然有充分的市场空间。从监管层面看，由于海关对进出境物品的查验采取抽查方式，难免会有漏网之鱼。即使被海关查验到有走私嫌疑，因为单笔货值低的原因，当场发现的逃税金额一般也不会超过 10 万元的起刑点，在海关不追索前后交易记录的情况下，可能仅会要求单次单笔跨境电商商品补税或退运，最多给予行政处罚。违法成本较低也使得跨境电商企业偏好"赌一把"。

从既往的判例来看，在跨境电商中构成走私普通货物、物品罪的主体，往往将"并未在跨境电子商务交易平台上发生实际交易行为、本应以个人行邮快递方式（CC）申报进口的邮寄物品，伪报成在跨境电子商务交易平台上（BC）购买，并以跨境电子商务零售进口方式申报进口的物品"❶，通过"编造虚假订单"—"与物流公司合作形成虚假物流信息"—"与支付公司合作生成虚假支付信息"，最终以组合成的虚假的交易单、物流单、支付单"三单一致"形式要件为目的，逃避海关监管，顺利完成以低价向海关申报的环节。

该类走私普通货物、物品犯罪的主体通过伪报贸易性质，享受国家制定的跨境电商零售进口税收政策，赚取非法利润。其犯罪行为往往牵涉物流公司、支付公司多方，需要内外部人员分工配合，犯罪行为具有一整套完备的体系和链条，在形式上往往难以被直接查实，具有较大的隐蔽性。

二、触犯知识产权类犯罪的法律风险

知识产权相比于其他权利，具有极强的地域性，不同国家在不同发展阶段，对知识产权的政策与态度完全不同。知识产权属于国家的核心战略部署内容，存在极强的政治色彩。例如，在印度，知识产权保护相对落后，倘若对知识产权大力保护，则可能对民族资本产生较为不利的影响，因此，印度对知识产权的保护一直处于游离的状态。而国际条约等仅有软法的性质，脱离了国家力量的配合，难以发挥作用。跨境电商领域内的知识产权纠纷问题具有明显"无界性"。所谓"无界性"，是指跨境电商往往是发生在两个或

---

❶ （2020）粤 07 刑初 65 号一审刑事判决书。

以上国家、地区主体之间的贸易，该类交易往往不受地域、国界限制，交易对象也不仅限于境外的单一国家或地区。

因此，在跨境电商中，如果涉及知识产权等方面服务的，即便在本国具有完整的知识产权，也无法确保在交易对象所属国家，也会受到法律保护，甚至有可能其权利已经被抢注，因此引起不必要的纠纷。在 B2C、C2C 模式下，跨境电商出口商往往通过第三方平台进行产品销售，而用户网购的产品往往是基于生活所需，具有品种多样、单笔交易额低、交易单数量大等特点。如果发生争议，考虑到跨国诉讼的巨额成本，人员、法律、风土人情的相对陌生，很少有出口商进行诉讼，一般只能通过所在的交易平台解决该纠纷。但是，平台又常常受其所在国家法律的限制，设定的规则更为保护本国的交易者，难以保障公平，因此，跨境电商的出口商在知识产权纠纷上仍处于弱势的被动挨打地位。

三、涉及部分涉众型犯罪的法律风险

随着互联网技术的广泛应用，微信、语音视频聊天室等社交平台作为新的营销方式被广泛运用。传销组织在手段上借助互联网不断翻新，打着"金融创新"的旗号，以"资本运作""消费投资""网络理财""众筹""慈善互助"等为名义从事传销活动。常见的表现形式有：组织者、经营者注册成立电商企业，以此名义建立电商网站；以网络营销、网络直销等名义，变相收取入门费，设置各种返利机制，激励会员发展下线，上线直接或者间接从发展的下线的销售业绩中计酬，或以直接或者间接发展的人员数量为依据计酬或者返利。

地域不再是制衡人们行为的重要因素，许多线下的行为被搬到了线上，突破了地理距离的限制，由此在给人们带来便利的同时，也带来了新的刑事犯罪风险。例如，在金融类犯罪中，因为不同国家发展阶段不同，对金融行为的刑事规制也有所不同，一般与国家经济发展水平相适应。所以可能导致企业在跨境服务中，原有的经营模式有触碰他国刑法的可能性，同时也滋生了部分电商企业通过将服务器设在境外、限制业务开展领域等方式规避我国现有刑法体系的刑罚。由于各国对传销行为的定义与刑法规定大相径庭，因

此，在跨境电商大范围普及发展过程中，许多可能涉嫌传销的企业利用各国刑法中界定传销的差异，通过将总部架设在海外，调整股权结构和激励模式等一系列行为，以逃避我国法律的监管。

四、关于公民个人信息方面的法律风险

对于公民个人信息数据的跨境流动，国际上通用的做法是遵循数据流入地与流出地同等的保护水平，即相互采取同等原则或对等原则。这一原则能够生效的前提在于，每个国家公民的个人数据都属于国家的关键信息，但由于互联网的无界性，任何国家都很难通过自身的力量保护公民的全部信息，基于对自己国家安全或者数据安全的考量，一般都会遵守此原则。

但是，由于互联网的全球性和数据的流动交错性，即使各国根据国情制定了该领域的规范，也无法逃避他国规则反向制约的影响，因此公民个人信息的保护也存在着极强的地域性特征。

2021年11月1日，《中华人民共和国个人信息保护法》（以下简称《个人信息保护法》）正式实施。这是信息领域的一项重要立法，也是我国首部针对个人信息保护的专门法律。该法规定，"在中华人民共和国境内处理自然人个人信息的活动，适用本法"。同时，该法第3条第2款也规定了一定的域外适用效力，"以向境内自然人提供产品或者服务为目的"，在中华人民共和国境外处理中华人民共和国境内自然人个人信息的活动，或者属于"分析、评估境内自然人的行为"，也适用本法。此外，该法第53条明确要求中华人民共和国境外的个人信息处理者，应当在中华人民共和国境内设立专门机构或者指定代表负责处理个人信息保护相关事务。

因此，跨境电商企业、平台在提供系统服务的同时，应建立健全个人信息保护合规体系，按照《个人信息保护法》的规定制作合规清单，仔细排查风险点，成立合规数据部门，派专人负责合规事宜，依法依规开展经营活动。

第三章　电商领域犯罪的基本情况

第一节　电商领域犯罪概述

电商领域犯罪也随着网络的发展有所变化。它由最初的侵害电商交易之犯罪，到以电商为依托危害社会的犯罪类型。电商起步初期，主要表现为较为简单、零散型侵害电子商务运营与交易的犯罪。之后，随着互联网的快速发展和移动互联网进入千家万户，电商由之前以破坏计算机信息系统的犯罪，逐渐向以电商、网络空间、运营网络为依托实施的危害社会与经济秩序的犯罪发展。

一、电商领域犯罪含义

如前所述，电商具有以电子通信为手段，能够带来社会经济价值，对产品和服务进行宣传、购买和结算等商务活动的特征。其中，以电子通信为手段是电商有别于传统线下商务交易的重要之处。电商的网络属性也使其引申出的犯罪呈现了"和网络密切关联"的关系。

我国法律上没有一款单独适用于电商的类罪或者个罪。由于电商同时具备网络属性与商务属性，两者相互促进。网络发展的速度和技术成熟度，决定着电商运营的效率与成功率。因此，电商运营必然是由多个主体参与下的经营活动。电商领域的犯罪也由多个网络或商务主体、多种网络或商务行为，以及侵犯的客体相互交叉与融合在一起。为此，我们在法律上不可能仅仅依靠某一个类罪或某一部法律全部概览规制之。

电商领域犯罪，是指行为人为了牟取非法利益，利用科技手段在电商活动中所实施的侵犯他人权益，依照刑法应当受到刑罚处罚的一系列犯罪行为的总称。❶电商犯罪，一方面具有危害电商运营秩序的犯罪客体。被侵害的电商秩序是广泛的，既有国家社会经济利益，也有企业或某集体的利益，还有经营者或消费者的个人利益；另一方面在行为上是利用了电商运行的特性和依托电商网络与商务属性进行的犯罪行为。例如，利用电商推销商品、广告宣传、竞价拍卖、售后服务、身份认证、网络属性等功能实施的犯罪。

因此，笔者认为，电商领域犯罪是指网络与线上商务环境下，具有一定共性的某类犯罪。这类犯罪中具体个罪罪名上有差异，但均是利用了网络及电商信息系统特性，危害电商运营秩序的犯罪。

二、电商领域犯罪特征

电商引申出的犯罪与网络发展技术成熟程度有关联。笔者认为，电商领域犯罪具备如下的特征。

（一）主体上人群特殊且不断扩大

电商领域犯罪的主体由具备计算机网络知识或营销、管理知识的人群为主，到现在以从事电商运营与管理者为主。

网络犯罪属于特殊领域犯罪。从改革开放初期引进先进计算机技术后，我国才逐步开始普及使用计算机及运用网络技术。因此，起初能进入到计算机和网络领域还是少数懂得计算机技术和知识的人，由此，起初能够实施电商领域犯罪的通常是懂得计算机技术和网络知识的人，实施的也是侵害电商运行、破坏网络运营秩序的违法犯罪活动。此时，实施电商犯罪的人数还是有限的，是可以框定的。

随着我国 3G、4G 网络普及后，电商发生了质的变化。电商运营由原来只是依赖于电脑 PC 端平面运营逐步变得更灵活性、更多样化。从电脑平板发展到移动互联网时代，电商有了更多的机会。此时，出现在电商领域的违法犯罪也变得多样化、复杂化，演变成既有侵害电商运营，也有依托电商实

---

❶ 皮勇.电子商务领域犯罪研究[M].武汉：武汉大学出版社，2002：107.

施范围更广的犯罪，甚至电商成为运营工具。实施的违法犯罪行为有来自网络的连接因素，也有来自人为的主观客观因素。因此，此时实施电商违法犯罪的主体变得复杂和多样，由原来熟悉和懂得电脑技术的人变成以从事电商运营和管理者的人群为主。

（二）客观上具备较强隐蔽性和严重的社会危害性

电商领域犯罪在客观上起初表现为侵害电子计算机系统的犯罪，有一定隐蔽性，到后来发展到不仅具备隐蔽性，而且还有较为严重的社会危害性。

电商领域犯罪初期的对象主要为计算机系统的功能、应用程序、网络数据等，这些均属于无形的领域，外人很难察觉，也看不到有形物理可衡量的财产损坏。因此，起初电商犯罪的表现以破坏电商的稳定运营为主，其中实施的行为和手法也是破坏交易程序或篡改交易数据，而这些行为均不易被人察觉，而且互联网账号注册人很可能运用一些虚拟名称、别名、代号，导致难以发现作案人。加之作案者通常是互联网领域的从业人员，具备一定的网络和商务信息系统知识，从外部看更难于发现和识别犯罪行为。

移动互联网出现后，电商发展到成熟阶段。电商的发展速度过快，也让许多人无法在短时间内理解电商的运营原理。由此，在该阶段，一方面，原有实施破坏计算机稳定运营和数据的犯罪依然存在，但相对变少了；另一方面，出现了利用电商发展创新的模式，实施依托电商破坏社会稳定和扰乱经济秩序的犯罪。而此时，实施犯罪的人员不仅是计算机及网络技术人员，更有电商及网络的经营者、企业管理人员、企业负责人等，并且还具有一定组织性。此时实施的犯罪行为呈现出复杂性和多样性，表现出的行为更具社会危害性。

（三）侵犯多重客体

根据我国刑法规定，犯罪成立需要具备四个犯罪构成要件，其中之一是犯罪客体要件。犯罪客体是指刑法上所保护而被行为所侵害的社会关系。确定了客体就基本确定了犯的什么罪及危害程度。一般来说，犯罪侵犯的客体只有一个，如盗窃罪侵犯他人的私人财产权利，杀人罪侵犯他人的人身权利。但是，有的犯罪也侵害两重或多重客体，如抢劫罪侵犯的既有他人的财产权利，也有他人的人身权利。

电商领域犯罪由最初侵害单一客体转变为多重客体。起步初期，电商领域犯罪通常出现一些破坏计算机信息系统功能、运行程序犯罪，如信用卡诈骗罪、盗窃罪、侵犯著作权罪、侵犯商业秘密罪等。这类犯罪客体相对单一，主要是以侵害他人财产权利为对象。电商运营到了中期阶段，开始出现主体的复杂性，由原来单个主体发展为以群体为主，群体行为通常有组织性、有策划性，实施的侵害行为也是多个行为的叠加，如利用电商实施的非法吸收公众存款罪，集资诈骗罪，组织、领导传销活动罪。这些犯罪所侵犯的客体也由简单客体变成复杂客体。

因此，电商领域犯罪表现出来的特征和网络发展技术成熟度有一定关系，同时也与人们运营网络实施的电商活动有关。具体表现为主体人群特殊且不断扩大，客观行为较有隐蔽性和严重的社会危害性，侵害客体上也是复杂客体。

三、电商领域犯罪的发展

如前所述，电商领域犯罪有共性，而非个性，这个共性是多个特征的汇集。特征共性聚集的主要原因是，电商领域犯罪是线下和线上结合并动态发展的过程中的多个行为相加所导致的。电商领域犯罪没有单一性，不是一成不变的，它由最初侵害电商运营与交易的犯罪，到以电商为依托实施严重危害社会的犯罪类型转化。

2000年，电商刚起步，此时主要以计算机电脑PC端用户为主。虽然已经有了连线网络，但网络速度不快，计算机主要运用于企业和单位内部，对外主要用于浏览新闻。此时也有了一些知名的门户网站，如新浪、网易、搜狐等。此后几年时间，一些善于把握商机的创新人才开始在网络上创业并进行长远布局。例如，当时的马云开始打造和培育天猫、淘宝平台，开设每一个人均可以进入的场景平台淘宝。之后，类似的网络交易平台京东、国美等，将线下的交易搬到线上，让更多人实现了网购。

在2010后，移动互联网逐步出现并普及。此时，智能手机逐步取代原来的电话手机。电商的交易也由原来依赖于有线网络连接，转变成依靠无线网络连接,同时无线互联网系统及国家3G、4G网络的铺开使无线网络的速度大大提升,也为电商的发展创造了条件。这时,出现了一些新的机会,市场充满着商业机遇。网络大大提速及移动网络的便捷性、快速性使网民的数量不断增加,也使人们利用网络快速实现电商交易的频率和机会大为提升。由此,人们实施的行为也变得多样和复杂,从而可能涉嫌的犯罪行为也发生着变化。

起初,电商的平稳运营是重点,这个时候的犯罪行为主要是个体犯罪,且犯罪行为比较单一。例如,有窃取、伪造、篡改电商信息,利用电商诈骗、破坏计算机信息系统犯罪等,主要体现为阻止电商运营方面的行为。

在移动互联网时代,随着电商的飞速发展,其中出现的犯罪行为也由之前以破坏计算机信息系统的犯罪为主,逐步发展为依托电商和网络空间、以运营网络技术为手段实施的严重危害社会与经济秩序的犯罪活动。比较而言,所涉及的罪名也发生了较大的变化。电商领域的犯罪从行为主体、具体行为及侵害客体等方面变得复杂多样,往往是个人主体和单位主体交织,多个行为掺和,个人意志和集体意志均有,违法行为和企业经营行为伴随,而且变化快、花样多、以营利为目的,包括非法集资类型的非法吸收公众存款罪,集资诈骗罪,合同诈骗罪,组织、领导传销活动罪,非法经营罪,走私犯罪,侵害公民个人信息犯罪,生产销售伪劣商品、有毒有害食品药品方面的犯罪等。

由此,犯罪主体的人数和行为特征均发生一定变化,犯罪的行为复杂且各种关系交织、分层次又各有所求,涉案数额巨大或特别巨大且多层面资金均有。侵犯的客体也变得复杂和多重。

第二节 电商领域犯罪分类及常见罪名

网络技术如同一把双刃剑,在造福人类的同时,也为高科技犯罪提供了新的手段。依靠网络发展的电商也一样,其虽然为人们提供了便利,但也蕴含着被犯罪所侵害的风险和可能成为违法犯罪的温床。

随着电商的发展,其所呈现出来的犯罪类型也有所变化。笔者认为,电商领域犯罪可以分为两大类：一是电商运营初期的零散型犯罪罪名，二是电商运营成熟期的涉众型犯罪罪名。

一、零散型犯罪罪名

零散型犯罪罪名是针对电商运营初期出现的频率高的罪名作的汇总。计算机应用普及后，相关的违法犯罪问题一直没有断过，而电商又是依托计算机系统而生的。在 20 世纪 90 年代初期，计算机领域出现的犯罪问题先后得到国家行政机关和立法部门的重视。为此，国家也制定和出台了一系列的行政法规和规章，为计算机运行安全和规制犯罪积累了一定经验。例如，公安部于 1986 年 4 月草拟《中华人民共和国计算机信息系统安全保护条例（征求意见稿）》，于 1989 年发布《计算机病毒控制规定（草案）》；1991 年，国务院第 83 次常务会议通过了《计算机软件保护条例》，1994 年发布了《中华人民共和国计算机信息系统安全保护条例》等。

这些行政规章和法规的制定对于规范电商活动有较好的作用。但是，电商活动中出现的一些触及犯罪领域的问题，还有待于司法实务中不断观察和探索。这个阶段的电商刑事犯罪主要以零散型罪名为主。这些罪名主要体现是个人主体，常是阻碍电商正常运营的行为，如窃取、伪造、篡改电商信息，利用电商诈骗、破坏计算机信息系统等。

（一）危害电商计算机信息系统安全犯罪

电商的正常运行依赖于计算机系统及其网络通信设备与设施的正常和安全运作。因此，法律应当保障计算机硬件系统不被破坏而失去功能，计算机程序和计算机数据不被非授权人为地删除、修改和增加。我国《刑法》第 285 条、第 286 条规定了危害计算机信息系统安全的犯罪，包括非法侵入计算机信息系统罪，非法获取计算机信息系统数据、非法控制计算机信息系统罪，非法控制计算机信息系统程序、工具罪，破坏计算机信息系统罪，网络服务渎职罪。

（二）电商领域侵犯知识产权的犯罪

计算机和网络技术的应用创建出很多网络上的新作品，比如开发出有文字或图案的页面、功能强大的计算机软件或游戏软件。因此，在电商运营初期，侵犯网络著作权的犯罪也较为严重，如在商业网站上下载他人版权服务、销售盗版软件、实施纯粹抄袭他人网页的行为、实施对计算机软件的非法破密等。为此，我国《刑法》在第217条和第287条规定了侵犯著作权方面的犯罪。

大量电商平台和社交平台的搭建与实务应用，为广大市民购物和在网络上消费带来便利。同时，商家进驻平台销售商品也在客观上为假冒注册商标、销售假冒注册商标的犯罪提供大舞台。自电商购物平台出现后，在网络上实施销售假冒注册商标的商品及假冒注册商标的行为屡禁不止，国家对电商活动中实施假冒他人注册商标的行为也不断打击。

（三）电商领域的诈骗犯罪

随着电商平台上所销售商品的日益丰富，交易方式更加灵活多样，以及其中蕴藏着的大量的商业机会和经济利益，导致一些创业者及社会人员纷纷涌入电商领域。同时，网络上实施的诈骗活动也随之而来，如网络销售诈骗他人财物、网上诈骗电信资费、利用信用卡消费诈骗、利用中奖信息诈骗，以及后来利用电商平台集资诈骗犯罪等。

诈骗犯罪中行为人主观方面表现为直接故意，并积极追求结果的发生，行为动机就是为了钱财，实施的行为和普通的诈骗罪没有什么区别，只不过是采用线上实施的方式，通过电商往来、合同签订、虚假承诺等方式骗取他人钱财。在客观方面表现为虚构事实或者隐瞒真相，让受害人信以为真，自愿交付财物。

（四）电商领域的其他个体犯罪

电商领域犯罪是一般传统意义上的犯罪线上化，是通过电商活动实施的犯罪。该罪和电商有关联或是依靠电商实施，如电商关联的电子货币支付领域犯罪、在网络营销环节实施的犯罪、以电子代理人身份出现的犯罪及电商领域实施的盗窃犯罪等。

以上都是在电商运营和发展过程中伴随着的零散犯罪现象，且随着电商的发展在发生变化。有的犯罪行为一直在电商领域存在，有的逐渐发生转移，有的慢慢消失。这些行为带来的新的法律问题有些在当前的刑事法律框架内可以解决，而有些则在适用法律上也面临困境。

二、涉众型经济犯罪

网络购物市场一直保持较快速度的发展，同时电商模式的创新也为网络市场提供了新的发展动能。在地域方面，电商平台加速下沉，以中小城市及农村地区为代表的市场拓展了网络消费增长空间；在时间方面，电商由于不具有使用或登录时间限制，人们进入平台和网络的时间不受限制。因此，我国网络购物用户规模呈逐年增长态势。[1] 也就是在这样的一个电商高速发展、网络创新模式频出的时代背景下，出现了与电商伴随或关联的新型违法犯罪。而此时的犯罪相较于电商初期侵害电商运营之犯罪有着一定的区别和发展，在行为主体、犯罪行为和侵犯的客体上，均变得更为复杂与多样。比较而言，所涉及的罪名也发生了较大的变化。我们也把它们统称为涉众型经济犯罪。

（一）涉众型经济犯罪概念

涉众型经济犯罪是指涉及不特定群体、被害者人数众多的金融证券类、传销类、欺诈类经济犯罪，包括非法吸收公众存款，集资诈骗，组织领导传销，非法销售未上市公司股票等犯罪活动。

涉众型经济犯罪的定义目前还没有统一。2006年11月23日，公安部在北京召开的涉众型经济犯罪专题新闻发布会上，经济犯罪侦查局首次提出了涉众型经济犯罪的概念：涉众型经济犯罪是指行为人在市场经济运行过程中，为了谋取不法利益，违反国家经济法规和刑事法律，侵害不特定多数被害人的经济利益，破坏社会主义市场经济秩序，依照刑法应受刑罚处罚的一类犯罪的统称。主要包括非法吸收公众存款，集资诈骗，组织、领导传销，非法销售未上市公司股票等犯罪活动。涉众型经济犯罪不是法律的分类概

---

[1] 前瞻产业研究院.2019年中国电子商务行业市场现状及发展趋势分析[EB/OL].（2020-04-02）[2021-06-01].https：//www.sohu.com/a/385105309_473133.

念，而是对犯罪形式分析后提出来犯罪形态。❶

（二）涉众型经济犯罪特征

这类犯罪的特征和前述零散型犯罪不同，在案件性质和影响程度上均有较大的区别。从涉案主体上看，涉众型经济犯罪参与人数众多且人员构成复杂。涉众型经济犯罪均是由多人或众人分工协作共同完成，有的以公司组织形式出现，有的是注册的企业法人，自然就有了组织性。同时，涉众型经济犯罪参与人数众多，涉案人员广泛、复杂，身份可以涵盖社会各个阶层，甚至各个领域人员。从犯罪客观方面看，涉嫌主体实施的行为复杂多样并处于变化之中，有的甚至是企业经营行为和犯罪行为的交织。一些有先见之明的创业人士见到电商及网络领域机遇，加上政府一段时间里鼓励社会大众创业、万众创新的利好政策，积极创新电商模式，有些全然是奔着违法犯罪而来，还有些是企业自主经营与创新行为夹杂着违法犯罪行为。从犯罪主观方面看，不全然是主观直接故意犯罪，有的是间接故意。刑法上对于经济犯罪罪名的规定都是行为人有主观故意，过失不构成犯罪。但是，涉众型经济犯罪是多个层次行为互相叠加，有的行为实施人是主观明知加故意，有的是主观放任结果发生的间接故意。从犯罪实施地域上看，涉众型经济犯罪大都属于跨省份、跨地区实施的行为，因而案件受害人分布在全国各个地区。从涉案金额上看，涉众型经济犯罪的涉案金额较大，甚至巨大、特别巨大。从犯罪客体上看，涉众型经济犯罪一般侵犯多个客体。

电商领域涉众型经济犯罪往往运用网络的优势，利用电商交易和发展规模创新的机会。有的是个人主体和单位主体交织，多个犯罪行为掺和，个人意志和集体意志均有，违法行为和企业经营行为伴随，而且变化快、花样多、以营利为目的。包括非法集资类型的非法吸收公众存款罪，集资诈骗罪，一般诈骗犯罪，以销售产品或提供服务类型的组织、领导传销活动罪，企业涉及没有进入门槛资质的非法经营罪，集体走私犯罪，侵害公民个人信息犯罪，生产销售伪劣商品、有毒有害食品药品方面犯罪等。

---

❶ 公安部通报打击和防范非法集资等涉众型经济犯罪工作情况 [EB/OL].(2019-05-13)[2022-03-28]. https://www.sohu.com/a/313576516_827418.

（三）涉众型经济犯罪较传统犯罪所存在的争议

电商领域涉众型犯罪是否较传统犯罪有区别呢？电商犯罪只是传统犯罪的线上表现，在认定犯罪和惩治上仍然依据传统犯罪构成要件认定，不必考虑网络和线上之特征；另一种观点认为，电商犯罪表现形式及其实质上和传统犯罪有着一些区别。

笔者比较倾向于第二种观点。自从移动互联网出现和移动智能手机进入千家万户后，随着国家对4G、5G网络的铺开，因此带来的便捷是前所未有的。然而网络的特性也对犯罪得逞速度及影响范围、造成的后果均起到了一定的促进作用。由此，在遵照事实和法律规范基础上，在原有犯罪构成要件不改变的条件下，在犯罪的入罪门槛和量刑上存在一定差异。而这种差异，主要来源于犯罪事实所体现出来的行为人主观故意特征，可从以下三个层次考察主观方面。

第一种是单纯以犯罪为目的，体现为直接故意。传统犯罪在这方面有着明确规定，行为人实施犯罪就是为了赚取不法利益。在电商领域也是，行为人在电商领域的犯罪行为，主观意图明显，作案动机明确，借助电商实施牟取暴利、危害社会经济的犯罪活动，无可厚非应该严厉打击。

第二种是夹杂着间接犯罪故意，放任结果的发生。这种犯罪表现为行为人不是直接追求某种犯罪结果，而是主观上已经意识到某种危害社会的结果，而采取放任的姿态导致结果的发生。企业经营者在对企业改良、创新或经营推进活动中，使企业运营滑到犯罪中。

例如，2015—2016年，比较常见的电商领域犯罪，涉案企业初期依法注册和纳税、依法经营，产品（或服务）来源合法，由正规生产厂家生产且合格，这种销售或服务是我们国家法律上给予肯定的企业经营活动。但是，随着企业经营规模的扩大和下级代理商人数的增多，出现不可控的局面。下级代理商通过大量"拉人头"的方式来收取费用和进行销售活动，虽然新加入的人员数量不断增大，但是实际销售的产品数量却未增加，此行为涉嫌组织、领导传销活动罪，而上级管理部门、企业经营者却视而不见或放任其发展。此时就涉及电商领域企业经营者间接故意，通过放任结果的发生导致作案范围、影响范围不断扩大，从而造成了严重后果。

第三种是企业经营和企业犯罪两者均有、两者兼具，谁主要谁伴随问题。这种情况在司法实务中也是有的。有的企业成立初期，经营者是为了做份事业出来，而不是为了犯罪。到了经营的中期或后期，企业经营活动随着市场经济环境不断变化，经营者有可能借用某种商业模式让企业实现转型。而转型后的企业经营既有企业经营活动，也夹杂着犯罪活动。那么，此时出现犯罪问题谁主谁次呢？法律上是"一棒子"打倒，还是给予企业合规的机会，让企业改过自新、重新回归到合法的经营途径上来呢？这也是笔者写作本书的真正目的。希望通过更人性化的执法和司法，让步入歧途的企业能有改过的机会，让真正想经营好企业、为经济作出贡献的企业家，能够有及时纠偏的机会，通过采取合规措施，让企业回归到合法、健康与长远的发展上来。

第四章　组织、领导传销活动罪构成要件、风险识别与合规

2019年5月10日，公安部召开新闻发布会，通报公安机关打击和防范非法集资等涉众型经济犯罪工作情况。据悉，2018年以来至2019年第一季度，全国公安机关共查处非法集资、传销、非法经营等涉众型经济犯罪案件近1.9万起，查处了"善林金融""云联惠""联璧金融"等一大批涉及人数众多的重特大案件，涉案金额达4100亿元。这只是一年半时间里发生的案件，而2019年下半年以来及2020年疫情防控期间，公安部统计查处的企业经济犯罪案件数量也不少，涉案金额也是要以亿元计算。

电商企业需要创新发展，创新就伴随着法律风险，尤其是刑事风险，而企业承受不起刑事法律责任之重。我国法律对于扰乱或破坏社会主义市场经济秩序的，多采取行政处罚和刑事处罚二元评价结构，而在行政处罚和刑事评价之间，存在一定模糊空间或交叉、缓冲地带。也正如此，我们的电商企业在经营时能识别法律风险，并做好有关合规工作，真正走向规范、长远和稳健运营之路。

组织、领导传销活动罪是电商领域最容易触及的罪名。我们知道，电商经营主要以网络连接以便捷、快速为特征，人们足不出户就可以实现购物或消费。电商平台不生产产品，而是销售产品或提供服务。因此，电商经营销售的商品或提供的服务，往往都具有一定促销性质。无论是最初的电商平台，还是后来发展到社交电商、微商，都是销售商品或提供服务，即销售是电商的显著特征。而销售就容易让经营者组织下线和层级，人员数量不断增加，也就最容易触及组织、领导传销活动罪。

第一节　组织、领导传销活动罪概念及特征

组织、领导传销活动罪规定在我国《刑法》第 224 条之一条款，该罪名是 2009 年我国《刑法修正案（七）》出台后才正式确立的罪名。

一、概念

组织、领导传销活动罪，是指组织、领导以推销商品、提供服务等经营活动为名，要求参加者以缴纳费用或者购买商品、服务等方式获得加入资格，并按照一定顺序组成层级，直接或者间接以发展人员的数量为计酬或者返利依据，引诱、胁迫参加者继续发展他人参加，骗取财物，扰乱经济社会秩序的犯罪行为。

二、特征

组织、领导传销活动罪的特征主要体现在其犯罪构成要件上，包括名义，入门费，层级和人数，计酬或返利依据，引诱、胁迫他人参加，骗取他人财物，传销网络化等。

（一）名义

组织、领导传销活动罪是组织、领导以推销商品、提供服务等经营活动为名。传销活动包括经营型传销和诈骗型传销，本罪的传销活动是指诈骗型传销。两种传销活动均有推销商品、提供服务的名义，区别在于经营型传销有实体商品和服务，而诈骗型传销没有产品或服务销售，或者产品、服务价格虚高、物非所值，只是作为入门费的"幌子"。所以诈骗型传销构成组织、领导传销活动罪，而经营型传销则做非罪化处理。

（二）入门费

入门费是指要求参加者以缴纳费用或者购买商品、服务等方式获得加入

资格。传销犯罪区别于其他相邻罪名的主要特征在于入门费。

（三）层级和人数

层级和人数是组织、领导传销活动罪的核心特征，没有形成层级和人数达到一定数量，则不构成犯罪。而从层级和人数来说，又分为直销和传销两种形式。直销可以分为单层次直销和多层次直销，无论哪种都属于直销的范畴。但是，根据我国《直销管理条例》的规定，单层次直销是经批准允许存在的直销经营模式，而多层次直销属于传销，是《禁止传销条例》明令禁止的经营行为。

（四）计酬或返利依据

传销活动的特点在于发展人员，在组织者或者经营者与被发展的人员之间形成上线和下线的关系，上线从下线获取一定的报酬。直接或者间接以发展人员的数量作为计酬或者返利依据是组织、领导传销活动罪最核心的特征。这种特征表面上不易识别，非专业研究人员、模式或平台的顶层设计者、整个模式的掌控人员难以得知计酬或返利依据。实践中，多数参与人员仅得知可从传销活动中收益，至于收益主要是来源于其下线人员的数量还是下线人员的销售业绩，则不清楚。

（五）引诱、胁迫他人参加

引诱、胁迫参加者继续发展他人参加，是外在表现特征，其内在的原因是本罪计酬或返利的依据建立在人员数量增加的基础上，因此需要引诱、胁迫等手段发展人员加入，并逐渐构成层级。传销活动的组织者、领导者采取编造、歪曲国家政策，虚构、夸大经营、投资、服务项目及盈利前景，掩饰计酬、返利真实来源或者用其他欺诈手段来引诱人员加入，或者采取非法拘禁、绑架等手段胁迫参与人员禁止其退出或强迫其发展人员。

（六）骗取他人财物

骗取他人财物是诈骗型传销组织的特征，只有当行为人组织、领导的传销活动具有骗取他人财物的性质时，才成立组织、领导传销活动罪。传销组织中的计酬返利以发展成员为依据，也即收益来自参加成员的入门费，传销组织要保证存续和发展就要不断吸收人员加入。随着加入者的饱和，资金链必然断裂，低层级的成员便成为受害者。此"骗取他人财物"不以客观上已经骗取了的他人财物为前提。实务中，一些传销人员往往意识不到欺骗这一因素，相反对传销活动充满认同感，《最高人民法院、最高人民检察院、公安部关于办理组织领导传销活动刑事案件适用法律若干问题的意见》规定，参与人员的主观意识形态不作为犯罪的构成要素，即定罪采用的标准为"客观骗取"。[1] 构成骗取财物要求形式上采取编造、歪曲国家政策，虚构、夸大经营、投资、服务项目及盈利前景，实际上掩饰计酬、返利真实来源或者其他欺诈手段，蒙蔽被害人，从参与传销活动人员缴纳的费用或者购买商品、服务的费用中非法获利。

（七）传销网络化

在电商领域，传销活动以网络传销形式出现，传销活动插上网络的翅膀，手段更加多样、传播范围更广、发展速度更快、涉案金额也更高。与传统传销不同，网络传销不再局限于基于人际关系的口口相传，互联网让素不相识的人在传销活动的金字塔中组成了上下级关系，同时突破了地域的局限，传播成本降低，网络传销活动的涉案人数、金额都远超传统传销。

第二节　组织、领导传销活动罪构成要件

根据我国刑法规定，犯罪由四个构成要件组成，组织、领导活动罪也一样由四个构成要件构成，但构成要件还分别由多个构成要素组成，详细论述可见笔者2019年出版的专著《组织、领导传销活动罪精准、有效辩护论》。

一、客体要件

组织、领导传销活动罪是一种特殊的诈骗罪，侵犯的客体为复杂客体，

---

[1] 张元龙.组织、领导传销活动罪精准、有效辩护论[M].北京：知识产权出版社，2019：59.

既侵犯了公民的财产所有权,又侵犯了市场经济秩序和社会管理秩序。侵害对象是被害人的财物。扰乱市场经济秩序和社会管理秩序是从维护经济社会稳定方面来区分的,侵犯公民财产所有权是从该罪骗取财物的本质看出来的。除此之外,组织、领导传销活动罪还严重破坏了国家的金融管理秩序。因为随着网络传销的兴起,传销组织通过传销活动积累的大量资金进入网络平台的运作中,形成资金池并通过地下钱庄滋生其他犯罪,严重破坏了国家金融管理秩序。

二、客观要件

(一)入门费

入门费是指要求参加者以缴纳费用或者购买商品、服务等方式获得加入资格,就是加入传销组织需要交付的费用。入门费缴纳的形式包括以下两种:①参加者直接缴纳费用。这是传统传销参加犯罪获得加入资格最为常见的方式,要求加入人员直接缴纳一笔费用,以成为组织的一名成员或会员。②以购买商品或服务为名义支付一笔费用。这种传销活动是以商品或服务交易为名义,至于这里的商品或服务是真实还是虚构,价格是公道还是虚高,暂且不论。注意,无论采取哪种形式,都是求参加者付费,如果没有付费,那么肯定不是传销活动,因为没有形成利益连带关系。只要有付费,付费多少可不予论。

(二)计酬或者返利建立在人员数量增加之上

计酬或返利建立在人员数量增加之上是组织、领导传销活动罪最重要的特征,更是区分罪与非罪最重要的方面。根据《刑法》第224条之一及《最高人民法院、最高人民检察院、公安部关于办理组织领导传销活动刑事案件适用法律若干问题的意见》第1条的规定,组织、领导传销活动罪的构成要件为"直接或者间接以发展人员的数量作为计酬或返利依据"。

直接以发展人员数量作为计酬或返利依据是直接以发展人员数量,靠人员数量的倍增来达到组织人数的迅速扩充,从加入者缴纳的费用中获取利益,达到顶层资金的聚集和暴增。间接以发展人员数量作为计酬或返利依据是以购买商品、提供服务为名义，而实质上靠人员数量增加支付费用作为返利依据，商品和服务是他们的一个幌子而已，这种情况下购买商品和服务的费用远高于其本身价值，溢价部分即属于入门费，从而仍旧是以人员的扩增达到财物的积累。计酬或返利建立在人员数量增加之上是区分罪与非罪的重要方面，也是区分组织、领导传销活动罪与"团队计酬"的核心内容，更是判断某种经营活动模式或者销售方式改进是否涉嫌传销活动的重要和核心要件。

（三）层级和人数问题

层级和人数是组织、领导传销活动罪的重要特征，是拉人头、人数形成"裙带"关系的主要表现和发展结果。如果没有形成层级和人数关系，那么，即便要求缴纳入门费、骗取他人财物，构成犯罪的，也是定其他罪名，如集资诈骗罪、非法吸收公众存款罪，但不构成组织、领导传销活动罪。也就是说，传销犯罪和其他非法集资类犯罪的主要区别在于是否形成层级和人数关系。

三、主体要件

组织、领导传销活动罪的犯罪主体是一般主体，凡达到法定刑事责任年龄、具有刑事责任能力的自然人均能是本罪的犯罪主体。本罪追究的主要是传销的组织、领导者，对一般参加者则不予追究。单位也可构成本罪，但个人为进行违法犯罪活动而设立的公司、企业、事业单位的，或者公司、企业、事业单位设立后，以实施犯罪为主要活动的，不以单位犯罪论处。

（一）自然人主体

组织、领导传销活动罪，顾名思义，只有组织者和领导者的行为才构成犯罪。根据《最高人民法院、最高人民检察院、公安部关于办理组织领导传销活动刑事案件适用法律若干问题的意见》第2条："下列人员可以认定为传销活动的组织者、领导者：（一）在传销活动中起发起、策划、操纵作用的人员；（二）在传销活动中承担管理、协调等职责的人员；（三）在传销活动中承担宣传、培训等职责的人员；（四）曾因组织、领导传销活动受过刑事处罚，或者一年以内因组织、领导传销活动受过行政处罚，又直接或者间接发展参与传销活动人员在十五人以上且层级在三级以上的人员；（五）其他对传销活动的实施、传销组织的建立、扩大等起关键作用的人员。以单位名义实施组织、领导传销活动犯罪的，对于受单位指派，仅从事劳务性工作的人员，一般不予追究刑事责任。"

该条中，第（一）项是指传销活动的最高层人员，具体指实际控制者、最高领导者、组织的核心者、资金去向的掌握人，只有这样的人员才能作为传销活动实际运营模式或框架的发起人、策划人或操纵人。此类人员一般是传销犯罪的主犯。《刑法》第26条规定："组织、领导犯罪集团进行犯罪活动的或者在共同犯罪中起主要作用的，是主犯。三人以上为共同实施犯罪而组成的较为固定的犯罪组织，是犯罪集团。对组织、领导犯罪集团的首要分子，按照集团所犯的全部罪行处罚。"对于该条第三款规定以外的主犯，应当按照其所参与的或者组织、指挥的全部犯罪处罚。一般情况下，传销活动中最高层人员构成传销犯罪的主犯。

第（二）（三）项是管理、协调、宣传、培训的职责人员，职责表明带有职务性质，即来自任命。此类人员一般属于传销犯罪中的从犯。《刑法》第27条规定："在共同犯罪中起次要或者辅助作用的，是从犯。对于从犯，应当从轻、减轻处罚或者免除处罚。"在传销组织中，这类人员通常是通过发展下线人员加入传销组织中，有加入先后顺序及层级高低之分。其为组织再发展的推动者，但不是平台设计者、规则制定者、组织理念提出者，不能掌控公司的资金和命运，因此属于传销犯罪中的从犯。

此外，仅从事劳务性工作的人员，如前台、保安、财务、出纳等，依劳动合同领取薪水，实际上和传销组织的扩大无关联，不予追究刑事责任；一般传销活动的参与者也不构成犯罪。因为在传销犯罪中，一般的参与者不能左右传销活动运营。同时，传销犯罪往往歪曲国家政策，夸大经营效益，具有极强的迷惑性、隐蔽性强，加入者往往被引诱、迷惑，虽然有些人也从传销中非法获利，但因此损失财产的参与者更多，总体上看属于受害者，这类人员不是传销犯罪的打击对象。

（二）单位犯罪主体

近几年来，单位可否成为传销活动罪主体一直在司法实务界有争议。《全国法院审理金融犯罪案件工作座谈会纪要》第2条："以单位名义实施犯罪，违法所得归单位所有的，是单位犯罪。"因此单位犯罪需要两个要件，一是以单位名义实施的，二是违法所得归属单位。《最高人民法院关于审理单位犯罪案件具体应用法律有关问题的解释》第2条规定："个人为进行违法犯罪活动而设立的公司、企业、事业单位实施犯罪的，或者公司、企业、事业单位设立后，以实施犯罪为主要活动的，不以单位犯罪论处。"故对专门从事传销行为的公司，依照司法解释的规定，不以单位犯罪论处，而对其组织者和主要参与人以自然人犯罪定罪处罚。

从传销犯罪的特征和性质来看，发展人员以金字塔形状组成层级，这种层级仅限自然人计算和排列，单位难以计算人数和层级。而传销组织往往以公司的形式运作，并以单位名义开展活动，所得收入也归属单位。以网络传销为例，一些传销犯罪的背后都有单位搭建的平台做依靠，有的作为第三方交易平台，收取中介费、广告费和服务费，有的定位为电商、卖方于一体的综合性平台。这些公司有正规的工商登记和营业执照，运营初期合法纳税，因此很难对公司是否"以传销为目的"而设立作出精准判断。

那么实践中如何处理这种单位传销犯罪呢？办案机关会在起诉意见书或起诉书中写明"犯罪嫌疑人或被告人以传销为目的设立公司"，作为后续让法院查明和判决没收单位财产的依据。一方面，从传销活动的决策上看，在经营型传销活动中，体现了单位决策和收益归属于单位的影子，符合刑法上单位犯罪的特征。在刑事追责时，应该将单位纳入并考量在内。另一方面，从一些企业起初经营合法，在运营过程中"跌入""滑入"传销活动犯罪中看，也是有单位主导和收益归于单位、给到股东分配的情形，之后，也由单位决策，又纠正过来到正规合法经营之路上来。对单位犯罪给予界定和定性，利于单位法人纠正偏差、刑事合规，从而走向服务于社会主义市场经济发展之路上来。

目前，已有单位作为犯罪主体的组织、领导传销活动罪案件，这为传销活动犯罪可以是单位犯罪提供了判例依据。2020年1月8日，天津市武清区人民法院对被告单位权健自然医学科技发展有限公司（以下简称"权健公司"）及被告人束某辉等12人组织、领导传销活动一案依法公开宣判，认定被告单位权健公司及被告人束某辉等12人均构成组织、领导传销活动罪，依法判处被告单位权健公司罚金人民币一亿元，判处被告人束某辉9年有期徒刑并处以罚金，以及对其他被告人分别判处有期徒刑与处罚金之判决。该案为组织、领导传销活动罪可以是单位犯罪提供了判例依据，尤其是经营型传销活动中，以及企业起初经营合法后"跌入"传销活动中涉嫌传销犯罪，提供了援引的判例。❶

四、主观要件

主观故意或主观过失是构成犯罪必须具备的主观要件。《刑法》第14条规定："明知自己的行为会发生危害社会的结果，并且希望或者放任这种结果发生，因而构成犯罪的，是故意犯罪。故意犯罪，应当负刑事责任。"第15条规定："应当预见自己的行为可能发生危害社会的结果，因为疏忽大意而没有预见，或者已经预见而轻信能够避免，以致发生这种结果的，是过失犯罪。过失犯罪，法律有规定的才负刑事责任。"

《刑法》第224条之一提到"引诱、胁迫参加者继续发展他人参加"，这里的引诱和胁迫存在一定主观因素。引诱，是为达到一定的目的或效果，在交谈中有意识引导对方的行为，这里的引诱应该是犯罪的故意，且为直接故意，即明知道自己的行为会发生某种结果，仍希望和积极追求其发生。胁迫则带有更加明确的主观意愿。行为人采用威胁、强迫等方式迫使他人继续发展人员参加，表现为直接故意。

那么传销犯罪主观故意的内容如何理解？根据传销犯罪"骗取财物"的特点，故意内容可以理解为非法占有的目的。❷ 即行为人明知自己实施传销行为为国家法规所禁止，但为达到非法占有的目的，实施传销行为，引诱、胁迫他人加入，且对危害结果的发生持希望和积极追求的态度。《关于办理组织领导传销活动刑事案件适用法律若干问题的意见》规定："传销组织的组织者、领导者采取编造、歪曲国家政策，虚构经营、投资、服务项目及盈利前景，掩饰计酬、返利真实来源，从参与传销活动人员缴纳的费用或购买商品、服务的费用中非法获利的，应当认定为骗取财物。"在吴某龙、彭某琼、

---

❶ 张元龙.组织、领导传销活动罪的主体可以是单位,天津已有依据[EB/OL].(2020-03-31)[2021-03-01].https://www.sohu.com/a/384523089_120578237.

❷ 陈兴良.组织、领导传销活动罪：性质与界限[J].政法论坛,2016,34(2)：106-120.

王某蓉等组织、领导传销活动一案中，法院认定被告人明知传销组织内部人员的所获收益除参加者缴纳的租赁费外并无其他来源，其获利来源均为下线会员缴纳的租赁费，并非推销商品、提供服务等经营行为所获利润，故其具有引诱他人参加进而骗取他人财物的故意。❶

第三节　组织、领导传销活动罪实务常见争议焦点

组织、领导传销活动罪自出现后，在司法实务中就一直处于争论中。这主要是因为我们国家立法上采取了一些符合自己国情的实际做法，如直销和传销关系问题，团队计酬的处理问题等。

一、传销和直销的问题

《禁止传销条例》第2条规定，传销是指组织者或者经营者发展人员，通过对被发展人员以其直接或者间接发展的人员数量或者销售业绩为依据计算和给付报酬，或者要求被发展人员以交纳一定费用为条件取得加入资格等方式牟取非法利益，扰乱经济秩序，影响社会稳定的行为。同时该条例规定下列行为属于传销行为。

（一）组织者或者经营者通过发展人员，要求被发展人员发展其他人员加入，对发展的人员以其直接或者间接滚动发展的人员数量为依据计算和给付报酬（包括物质奖励和其他经济利益，下同），牟取非法利益的；

（二）组织者或者经营者通过发展人员，要求被发展人员交纳费用或者以认购商品等方式变相交纳费用，取得加入或者发展其他人员加入的资格，牟取非法利益的；

（三）组织者或者经营者通过发展人员，要求被发展人员发展其他人员加入，形成上下线关系，并以下线的销售业绩为依据计算和给付上线报酬，牟取非法利益的。

---

❶ （2018）川06刑终56号二审刑事判决书。

在以上三种传销行为中，第一种属于拉人头，第二种属于收入门费，第三种属于团队计酬。传销活动的特点在于发展人员，在组织者或者经营者与被发展的人员之间形成上线和下线的关系，上线从下线处获取一定的报酬。

《直销管理条例》规定，直销是指直销企业招募直销员，由直销员在固定营业场所之外直接向最终消费者推销产品的经销方式。申请直销的企业应当满足良好的商业信誉、连续5年没有重大违法经营记录、在银行足额缴纳保证金等条件，并经国务院商务部门批准颁发直销经营许可证，其网点设置应经当地县以上人民政府认可，方可从事直销。

直销和传销区分在于：从计酬方式上看，直销人员之间没有裙带关系，依据销售者个人业绩计酬，而传销人员之间具有裙带关系，实行团队计酬；在加入条件上，传销活动的组织者或者经营者要求参加者通过缴纳入门费或以认购商品等变相缴纳入门费的方式，取得加入、介绍或发展他人的资格，并从中获得回报，直销公司则不以收取入门费作为加入资格。需注意的是，如果直销活动中的违规行为，如在直销行为中出现夸大直销员收入、产品功效等欺骗、误导行为，监管部门处以行政处罚的，不视为传销罪。此外，取得直销牌照的企业从事传销犯罪活动的，仍构成组织、领导传销活动罪。[1]

二、"团队计酬"和组织、领导传销活动罪问题

根据是否存在实际经营内容，传销可以分为经营型传销和诈骗型传销。经营型传销，其传销的是商品，以销售商品的数量作为计酬或返利依据；诈骗型传销，以发展人员的数量作为计酬或返利的依据。[2] 组织、领导传销活动罪中的传销是指诈骗型传销。[3]

经营型传销即团队计酬。《刑法修正案（七）》第4条关于传销的概念中，只规定了拉人头和收取入门费的传销形式，以及直接或间接以发展人员的数量为计酬或返利依据，没有规定具有经营内容的团队计酬的传销形式。2013年11月14日，《关于办理组织领导传销活动刑事案件适用法律若干问题的意

---

[1] （2015）温苍刑初字第1231号一审刑事判决书。
[2] 张明楷. 刑法学[M]. 5版. 北京：法律出版社，2016.
[3] 陈兴良. 组织、领导传销活动罪：性质与界限[J]. 政法论坛，2016，34（2）：106-120.

见》对团队计酬的传销行为的定性问题做了以下规定:"以销售商品为目的、以销售业绩为计酬依据的单纯的'团队计酬'式传销活动,不作为犯罪处理。"同时规定:"形式上采取'团队计酬'方式,但实质上属于'以发展人员的数量作为计酬或者返利依据'的传销活动,应当依照刑法第二百二十四条之一的规定,以组织、领导传销活动罪定罪处罚。"因此经营型传销不构成刑法上的组织、领导传销活动罪。在曾某坚等非法经营案中,法院认定团队计酬型的传销活动并构成组织、领导传销活动罪,因此应当宣告无罪,同时也不以非法经营罪进行定罪处罚。❶

《刑法修正案(七)》中的"传销"要求同时具备收取入门费和拉人头这两个条件,而《禁止传销条例》中的"传销"只要具备收取入门费、拉人头、团队计酬这三种类型之一即可。组织、领导传销活动罪中的"传销"在具体内容上不包括团队计酬型传销,并且在认定条件上要严格于《禁止传销条例》。❷

以销售商品为目的、以销售业绩为计酬依据的单纯的"团队计酬"式传销活动,不作为犯罪处理。形式上采取"团队计酬"方式,但实质上属于以发展人员的数量为计酬或者返利依据的传销活动,仍以组织、领导传销活动罪定罪处罚。因此,对于销售商品类的传销活动,团队计酬是形式还是实质成为案件的焦点。实质的计酬式传销活动是指以不缴纳入门费、不以建立稳固的上下线关系为模式,仅以销售商品为目的、以销售业绩为计酬依据所组建的销售团队,通过直销员直销的方式将商品直接销售给有消费需求的终端客户手中,销售团队以商家给予的返利在团队内部按一定的比例进行分配的销售行为。什么是以销售商品为目的,通俗地讲就是单纯的销售商品,也就是卖者卖的是商品,买者买的也是商品,买卖者都是冲商品去的,采取的推销手段仅是一种促销方式,赚取的是商品的正常利润。团队计酬式传销最终目的是跨过中间代理环节,直接将商品销售给终端用户。

而形式上采取"团队计酬"方式但实质上属于以发展人员的数量作为计酬或者返利依据的传销活动,往往采用歪曲国家政策、虚构、夸大宣传产品渊源、成分、功效及盈利前景,掩饰计酬、返利真实来源等欺诈手段,其

---

❶ 最高人民法院刑事审判第一、二、三、四、五庭.刑事审判参考—总第92集[M].北京:法律出版社,2014:126.

❷ 郭斐飞,罗开卷.组织、领导传销活动罪疑难问题探析[J].人民检察,2011(10):14-17.

第四章 组织、领导传销活动罪构成要件、风险识别与合规

参加者购买产品的根本目的也不是使用、销售、消费产品,而是为了注册会员,获取发展会员的资格,最终获得公司的返利。此外,会员资格的吸引力不在于可以优惠购买产品,而在于可以发展下线并获取返利。会员之间形成了一定的顺序和层级,即会员向下发展会员层级越多,奖金越多,属典型的收取"入门费"后,通过"拉人头"获利。需要注意的是,结构与获利是两个概念,获利的多少是由返利制度决定的,与结构无决定性关联。有些返利制度可能出现上线左右发展不平衡而下线左右发展平衡、下线获利超过上线的现象,并不能仅以此否定上下级"金字塔"结构的存在。在郭某杰、李某芹组织、领导传销活动一案中,判决认为"公司的返利是推荐奖与对碰奖,推荐奖很有限,主要是对碰奖,只有左右两区平衡发展,才能利益最大化,所以有下线获利超过上线的现象"❶。

是否有真实的产品,是否有"双退"制度,产品是否有效、畅销,是不是微商营销模式,是否对代理进行胁迫,代理是否认为被骗等均非组织、领导传销活动犯罪构成的必要条件。"以发展人员的数量作为计酬或返利依据"是构成传销犯罪活动的本质条件。❷

单层直销与多层直销的区别如表 4-1 所示。

表 4-1 单层直销与多层直销的区别

项目	单层直销	多层直销(传销)	
		经营性(团队计酬)	诈骗型(入门费、拉人头)
收取入门费	进行直销员业务培训和考试,不得收取任何费用	不收取	直接收取高额入门费或者购买与高额入门费等价的"道具商品"作为取得加入、介绍或发展他人的资格
真实产品和退货保障	以销售产品为导向,有真实的产品,直接由生产厂家通过营销代表流通到顾客手中,减少了一般市场营销的中间环节,商品的定价基本合理,有退货保障	有销售商品和提供服务,货真价实,有退货保障	根本没有产品销售,或者只是以价格与价值严重背离的"道具商品"为幌子,价格明显虚高,价格溢出部分就是新加入人员的入门费

---

❶ (2016)湘 0521 刑初 392 号一审刑事判决书。
❷ (2020)豫 96 刑终 2 号二审刑事裁定书。

续表

项目	单层直销		多层直销（传销）
计酬方式	从业人员的收入由他们的销售业绩和奖金决定	产品的生产成本费用、产品流通费用高，说明是以销售产品业绩为主要计酬方式	取决于发展下线人数的多少和新入会成员的高额入门费。当拉入人本人的费用、上线的费用、上线又上线的费用占据主要部分时，传销犯罪成分更高
退出自由	根据个人意愿自由选择继续经营或者退出	从业人员有加入、退出自由，是否认可这种组织结构完全自愿	被"洗脑"或被限制人身自由，一般没有退出自由
从业人员结构有无超越性	从业人员都是平等的，不具有超越性	从业人员结构不具有超越性	从业人员结构具有超越性，往往呈现为"金字塔"式，导致谁先进来谁在上，同时先参加者从发展下线成员所缴纳的入门费中获取收益，且收益数额由其加入的先后顺序决定
法律判断	合法	行政处罚、非法经营罪	触犯组织、领导传销活动罪
组织存在和长远维系条件	生存和发展取决于产品销售的业绩和利润	生存和发展取决于产品销售的业绩和利润	取决于是否有新会员加入当没有新会员加入，资金池断裂时，就会破产或倒闭

三、组织、领导者的认定问题

是否属于"组织、领导者"对本罪的定罪量刑有重要影响。实务中看，下列行为均属于组织、领导行为：为传销活动的前期筹备、初步实施、未来发展实施谋划、设计起到统领作用的行为；在传销初期，实施了确定传销形式、采购商品、制定规则、发展下线和组织分工等宣传行为；在传销实施过程中，积极参与传销各方面的管理工作。具体而言，是否构成组织、领导传销活动罪中的"组织者、领导者"需要从以下几点考量。

1.是否属于组织、领导者常见的三种情况

一种情况是发起、策划、操纵；一种情况是管理、协调；一种情况是宣传、培训。从发起、策划、操纵来看，可以分析行为人是否进行平台系统开发、设计运营模式，在组织中是否处于顶层位置；从管理、协调来看，分析行为在传销组织中有无具体任职，是否参与宣传、培训、业务拓展等日常管理工作；从宣传、培训来看，分析行为人是否进行过集中讲课、培训，如果仅是一对一交流、推荐、分享，不能认为是培训。

2. 是否对传销组织的扩大起关键作用

如果行为人的行为不属于上述三种，则可能涉及"对传销活动的实施，传销组织的建立、扩大起到关键作用"，这里的"关键作用"应与《关于办理组织领导传销活动刑事案件适用法律若干问题的意见》第2条前四项属于同等重量级，而不能做扩大解释，认为只要积极参与传销活动即属于起到"关键作用"，构成传销犯罪。具体而言，可以判断行为人是否在传销组织中任职、参与日常业务运营和拓展，是无业人员还是另有正式工作。若不是，不应做扩大解释，增加打击面。

3. 下线层级的计算

一方面在传销组织中，参与人员排列呈现"金字塔"状，层级越高其下线人数越多。如果认为层级的确定存疑，可从鉴定机构资质、下线人数、金额重复计算等角度提出疑问，降低鉴定意见可信度，另外通过对下线人员取证，调查下线确有其人还是只是行为人为了业绩将亲友名字挂在自己线下。另一方面基于网络媒介迅速传播的特性，参与者可能短时间内发展了大量的下线，这是组织、领导者对网络平台运行的设计，不应据此认定行为人的行为属于传销活动，并对传销活动的发展起关键作用。

4. 对传销活动的认识

传销犯罪的迷惑性、隐蔽性强，常常通过歪曲国家政策，夸大经营、投资、服务项目盈利前景。此外，有些传销公司获得直销执照、受到政府表彰，在主流媒体上宣传广告，并有社会精英、退休官员参与，普通群众难以识别合法性。因此，不能认定行为人有参与传销犯罪的故意。

传销活动罪在参与主体上人数众多，根据《刑法》和《关于办理组织领导传销活动刑事案件适用法律若干问题的意见》的相关规定，只有组织、领导者才被追究刑事责任，其余参加人员未达到法定组织、领导者条件的，不被追究刑事责任。对一般违法人员，本着教育、挽救大多数的原则，可以由工商行政管理部门根据《禁止传销条例》的规定予以行政处罚。❶在王某荣

---

❶ 关于组织、领导传销活动罪的主体认定问题——海南中院裁定杨元召组织、领导传销活动案[EB/OL].（2020-05-08）[2021-05-02].https：//www.chinacourt.org/article/detail/2020/05/id/5187745.shtml.

组织、领导传销活动一案中，判决认定原审被告人王某荣参与了传销活动，并发展下线代理商、业务员，获取了一定的非法收入。但是，本罪追究的主体是传销的组织者、领导者。《最高人民检察院 公安部关于公安机关管辖的刑事案件立案追诉标准的规定（二）》第 78 条规定，"传销活动的组织者、领导者，是指在传销活动中起组织、领导作用的发起人、决策人、操纵人，以及在传销活动中担负策划、指挥、布置、协调等重要职责，或者在传销活动实施中起到关键作用的人员"，原审被告人王某荣并不属于传销活动组织者、领导者，不应被追究刑事责任。❶

四、层级和人数的认定问题

层级、人数影响着组织、领导传销活动罪的定罪与量刑，也常常是案件的焦点问题。根据《刑法》第 224 条之一和《最高人民法院、最高人民检察院、公安部关于办理组织领导传销活动刑事案件适用法律若干问题的意见》第 1 条 "按照一定顺序组成层级……其组织内部参与传销活动人员在二十人以上且层级在三级以上的，应当对组织、领导者追究刑事责任"，可以判定参与人员达到 30 人且层级三层以上是入罪的起点。

传销的人数和层级应当结合传销人员层次图，业务申请表，入账情况，各被告人、同案人的供述及证人证言等证据综合认定。仅凭层次图认定，存在重复认定的可能。一方面部分参与传销的人员为了业绩可能自己掏钱，以家人、朋友名义购买，家人、朋友不一定加入传销组织，即可能存在虚报下线；另一方面层次图有可能移植于"上级"，可能存在部分人员不是行为人组织的。因此，层次图不宜作为认定行为人组织领导的参与传销活动人员数量的直接依据。❷ 在贾某娥犯组织领导传销活动罪一案中，判决认定该案上诉人贾某娥的下线人数和层级是定罪量刑的关键。该案中，上诉人贾某娥在侦查阶段供述其为大经理级别，下线仅十余人，且在一二审庭审中均供述证据材料中的人员网络图中的很多人员其不认识。原判认定上诉人贾某娥的下线人数为 30 人以上事实的主要证据是证人证言和举报材料所附的贾某娥下线

---

❶ （2013）长刑再初字第 4 号一审刑事判决书。
❷ （2015）安刑初字第 649 号一审刑事判决书。

人员结构图。经二审审查，数份举报材料及所附人员网络图的文本格式、内容等细节均存在相似和相同的情况，且举报材料并非各举报人自书，举报材料及所附人员网络图不能排除侦查机关按一定模式统一制作的可能性，举报材料及所附人员网络图的真实性、客观性存疑。此外，该案证人证言亦无其他证据予以印证，不能形成证明贾某娥"下线已达三十人以上，且层级达到三级以上"这一事实的证据锁链。❶

同时需注意，组织、领导多个传销组织，单个或者多个组织中的层级已达三级以上的，可将在各个组织中发展的人数合并计算。组织者、领导者形式上脱离原传销组织后，继续从原传销组织获取报酬或者返利的，原传销组织在其脱离后发展人员的层级数和人数，应当计算为其发展的层级数和人数。

在网络传销时代，传销参与人数众多，发展速度迅猛，达到"参与人员达到三十人且层级三层以上"的条件轻而易举，如果机械地认定等级和人数，无疑会扩大打击面。因此，尽管"参与人员达到三十人且层级三层以上"是传销犯罪的入罪起点，在认定组织、领导者时不应仅考虑这一种因素，还应结合其在传销活动中的地位和所起的作用综合判断。此外，还应结合其主观方面，看其是否具有组织、领导传销活动的主观故意且有骗取财物的故意。❷

因此，组织、领导传销活动罪从犯罪构成要件上看，具备一些可确定性。从其入门费、层级和人数、计酬或返利依据、骗取财物问题可以确定，电商企业经营者应该好好地评估自己的经营活动是否涉及传销活动。同时，组织、领导传销活动罪从构成要素上看，以及从"团队计酬"入罪上看，也有一些模糊地带，有待立法的进一步厘清和改进。比如，计酬或返利依据究竟是在人员数量增加上还是在销售商品数量上，产品的定价和产品该有的价值的比例问题，以及"团队计酬"原本是不列入刑法犯罪之中，《关于办理组织领导传销活动刑事案件适用法律若干问题的意见》却把它列入刑法犯罪之列，这些也有待于立法进一步明确与完善。为此，笔者也多次写文章呼吁，希望我们国家立法部门能在这些问题上有更细和更明确的规定，以便于企业经营者和人们有更明确的法律依据。

---

❶ （2015）绵刑终字第 258 号二审刑事判决书。

❷ 张学永，李春华. 网络传销的刑法规制研究 [J]. 中国人民公安大学学报（社会科学版），2019, 33（5）：79-88.

第四节 组织、领导传销活动罪风险识别

组织、领导传销活动罪是电商领域最容易涉及的罪名。电商平台主要搭建了企业销售和消费者之间的联系通道，让企业的产品或提供的服务全部线上化，并供消费者直接线上体验、购买或接受服务。

绝大多数电商企业经营者是真心实意想做一番事业，只有少部分经营者投机取巧、想捞取快钱。如果抛开这些投机取巧、单纯为违法或犯罪设立的企业，大部分企业负责人投入大量资金、人力、物力是想做一项事业，并希望长远、稳健运营。在一些被查处的涉嫌传销犯罪的电商企业中，有的企业负责人因为主观或客观因素导致自身陷入传销犯罪中的，被追究刑事责任后，大呼自己无过。因此，在社交电商、微商出现后，注重和有效防范组织、领导传销活动罪成为电商企业经营的重要内容。

2009 年之前，对于企业因销售活动违反刑事法律，我国曾经用非法经营罪加以规制，2009 年全国人大常委会制定和颁布了《刑法修正案（七）》，单独增设了企业销售涉及刑事法律的独立罪名，即组织、领导传销活动罪，并增加了《刑法》第 224 条作为之一。对于组织、领导传销活动罪的犯罪构成要件上，除了按刑法传统意见上的四个构成要件外，笔者认为还需要重点考察该罪名客观方面的构成要素。所谓从客观反映出主观，观察一家企业经营与销售模式是否涉嫌组织、领导传销活动罪，需重点从其客观要素审查。

一、以"入门费"方式获得加入资格有关问题

以"缴纳费用"或"购买商品、服务"方式获得加入资格，是法律规定的认定是否构成传销的先决条件，实际上体现的是行为人通过直接或间接的方式，要求被发展人员缴纳"入门费"，从而该被发展人员才有资格通过发展其他人员来获取利益。这种行为之所以被认定为传销行为，一方面在于被发展人员缴纳的费用往往非常之多，且被发展人员缴纳费用的多少也与上线人员的收益息息相关；另一方面当被发展人员通过直接或间接的方式缴纳高

额费用之后，其很难再通过直接退出的方式要求上线返还其所缴纳的费用，只能通过发展其他人员来获得收益，以弥补自身先前缴纳的"入门费"损失。因此，公安机关在对涉嫌传销的企业进行侦查时，涉案企业是否存在要求被发展人员缴纳"入门费"的情况，是公安机关确定侦查方向的重要考量因素。

需要注意的是，无论是电商企业还是线下的实体企业或商店，其实都存在着鼓励消费者通过缴纳费用或者达到一定消费金额的方式成为商家的会员，从而获得相应的优惠（如成为会员之后消费可以打折等）。虽然这种方式容易给人以缴纳"入门费"的外貌，但本质上属于正常的市场经营行为，其目的在于刺激消费和留住消费者。因此，就需要从"入门费"的实质上与这类正常的市场经营行为进行区分。首先，传销活动要求参加者缴纳的"入门费"往往金额巨大（几万甚至几十万元），或者参加者以"购买商品、服务"方式获得加入资格时，该商品、服务可能仅仅是名义上的或者是虚拟的，也可能虽有真实内容但却价不符实；而正常市场经营中的商家消费者成为会员的成本往往都非常低，消费者成为会员后也可以实实在在地获得商品优惠。其次，传销活动要求参加者缴纳的"入门费"，最主要的目的是让参加者取得发展下线以获取利益的资格，而非让参加者获得更多的消费优惠；而正常市场经营中的商家发展会员的目的在于让消费者在购买商品时可以获得更大的优惠，进而刺激消费，帮助商家增加产品销量。最后，传销活动要求参加者缴纳的"入门费"，往往会成为传销组织收入的重要来源，传销组织的上线人员也可以通过下线缴纳的"入门费"来直接获取利益；而正常市场经营中消费者缴纳的会员费并不会成为商家的主要收入来源，或者即使能成为商家的主要收入来源，消费者往往也可以按照充值金额享有等额消费的权利，并且消费者成为会员之后，仅仅能享有消费上的优惠，不能从发展其他会员中获得巨大收益。

二、计酬或返利依据建立在什么之上的问题

有销售必然有计酬活动，而计酬或返利的依据建立在什么之上，是构成传销活动的核心要素。在正常的市场销售中，经营者的获利来源主要是销售

产品带来的差价利润，也可能包括因为业绩良好而获得的销售奖励。而传销组织则是通过编造虚假的投资项目或者编造销售某种商品、服务的良好前景的方式，营造一个只能在传销组织内部进行运转的市场，并以巨大的虚假利益引诱他人加入。若传销组织是通过编造虚假的投资项目引诱他人参加，那么参加者往往会被许以高额的利润，参加者要想获得该高额利润，就得先缴纳巨额的"入门费"，然后再不断拉新的人加入，传销组织再从后加入的人缴纳的"入门费"中，提取部分来支付给在先加入的人。在这种情况下，参加传销组织的人员获利的主要依据为发展人员的数量。若传销组织是通过编造销售某种商品、服务的良好前景的方式引诱他人加入时，则参加者的获利来源可能会有多种形式，既可能包括通过发展其他人员加入而获得的奖励，又可能包括销售某种产品所获得的差价利润。在这种情形下，被发展人员不仅成为其上线获利的依托，还自然而然地成为其上线所销售商品（实质上该商品并无任何价值，或者价值极其微薄）的潜在消费者。参加者为了源源不断地获得收入，便会发展越来越多的人加入，实质上仍属于通过发展人员的数量来获得利益。

因此，若电商企业获利的主要依据在于发展人员的数量，那么便存在着面临传销犯罪的刑事风险，因为这种"拉人头"的方式并不能给市场带来持续性的促进作用。

三、企业经营的营利模式是否具有可持续性

如前所述，传销组织人员获利的主要依据为发展人员的数量，对于传销组织自身而言，由于其营造出的市场只能在传销组织内部运营，且需要支付高额奖励给先前加入的人，所以要想维持整个组织运营的可持续性，就得不断地吸收新的人加入，进而用新加入的人交纳的"入门费"来支付给在先加入的人。然而，人员数量的有限性和获利依据的虚无性决定着这种赢利模式终将会面临枯竭。当参加者在利益驱使下不断吸收新人加入传销组织时，参加传销组织的人员将呈现几何倍增的趋势，终有一天会出现不再有新人可供加入的情况，而一旦出现这一情况，也就意味着后加入的人并不能从中获得利益，陷入缴纳高额"入门费"却一无所获的境地。

电商企业在识别涉罪风险时，应特别关注本企业的经营项目是否能面向社会大众，是否具有实际的可持续性的获利依据，不能将经济损失的风险转移到消费者身上，以满足本企业的营利。

四、参与人员是否具有层级和人数问题

层级和人数问题是涉嫌传销活动的外观审查要素。《关于办理组织领导传销活动刑事案件适用法律若干问题的意见》中规定的构成传销组织的层级和人数，指传销组织内部人员形成三级以上的层级，且参加人员也达到三十人以上时，则该组织有可能被认定为传销组织。形成三层以上的层级并不是简单地在组织内部划分等级，而是根据加入组织的前后顺序，形成一定的上下级关系，上级在传销组织日常运营中对下级有着管理和指导的权限，同时上级还能从下级及其发展的下线中获得利益。由此，传销组织的层级关系除了体现某种管理与被管理的关系之外，还体现利益上的连带性，上级人员可以不断地从下级人员处获得各类返利。

电商企业在组织架构的设置上，尤其是在横向或纵向的人员关系设置上，需要特别注意组织内部人员之间是否形成利益上的连带关系，即上级人员可以无限发展下级人员，并从下级人员处不断地获得返利。

五、企业经营体收取钱款的去向

除了个别企业在正常生产经营中由于发展模式的偏差而走上传销犯罪的道路之外，大多数传销组织的组织者、领导者在创建传销组织时都怀着骗取财物的目的。也正是基于实务中的这一现状，所以有的学者认为组织、领导传销活动罪属于诈骗犯罪，行为人主观上具有非法占有的目的。[1] 实务中之所以有人愿意参加传销组织，大多数的原因在于利益驱使，但实际上，传销组织的组织者、领导者在收取参加者交纳的"入门费"后，仅拿出少部分钱来支付给先前许诺给参加者的部分返利、购买维持传销组织运行的道具商品及用作传销组织日常运作的经费，其余钱款最终都进了组织者、领导者自己

---

[1] 陈兴良.规范刑法学[M].4版.北京：中国人民大学出版社，2018：758.

的口袋，而这些收取了巨额钱财的组织者、领导者，也往往会伴随着肆意挥霍的行为。也正由于传销组织参加者交纳的"入门费"大部分都进入部分人的口袋，导致越来越多的人无法获得预期利益，传销骗局也由此而暴露。

公安机关在侦查传销类犯罪时，侦查方向自然也就包括经营主体收取的各类代理商的钱款的去向，并会侦查经营体高层人员的财务状况（收入和支出）。

六、生产厂家是否具备足够的生产能力

以"销售产品"名义开展传销活动的组织，会把某些产品包装成极具市场前景，然后将这一优势向社会大众宣传，从而吸收大量人员交纳代理费，成为公司的代理商，这些代理商再从公司拿货进行销售。实际上，这类公司并不进行产品生产，即使有产品生产，产能也是非常之小，而公司销售的大部分产品都从外部生产厂商处购买。虽然这类公司在运营中招募了大量代理商销售产品，但由于其主要目的在于收取代理商交纳的"入门费"，而加入公司的代理商的主要目的也是通过"拉人头"的方式获得公司给予的返利等其他奖励，所以自然就出现了众多"买空卖空"的局面，公司也就不需要按照实际的购买数量提供相应的产品。在此种情况下，这类公司也不会将钱投入公司的生产中，所寻找的生产厂商也不需要具备足够的生产能力，只需要能从生产厂商处购买足够维持短期运营的商品即可。

由此，从生产能力上识别企业涉嫌传销风险时，主要考察的是企业的产品供应能力是否与代理商购买产品的数量相匹配，若在产品供应能力远远达不到代理商购买产品的数量的情况下，公司的销售额及获利还一路高涨，这就意味着公司的主要目的可能在于发展人员，极有可能涉嫌传销。

七、通过产品是否实际发生运输来判断交易

如前所述，靠发展人员数量获利的传销组织并不会也不需要按照实际的产品购买数量进行产品生产，因为其中夹杂着众多"买空卖空"的行为，所以除了可以从生产能力上识别企业涉嫌传销风险之外，产品的运输状况也可

以起到一定的佐证。若某一经营实体产品的企业，通过销售产品带来众多收入，但在查看该企业的产品运输记录时，却并不能体现出有大量的产品发生过实际运输的情况，也就说明事实上该企业并不存在销售实体产品的行为。以销售实体产品为主的企业却不对产品进行实际运输，反而因为销售产品获得了大量的收入，这便足以让人产生怀疑。

八、代理商退出及公司退换货机制是否健全

在销量不好时，代理商可以依据合约向供应商作出退换货的处理，在产品质量等其他方面存在瑕疵时，消费者可以享有退换货的权利，这是现代市场经济得以正常运营的必然要求。但是，在传销活动中，代理商们缴纳的"入门费"是维持传销模式运行的资金来源，若出现代理商退出要求退还"入门费"的情况，也就意味将减少传销组织的运营资金，这势必会加速传销模式的瓦解。因此，为了维护传销骗局不至于过早地暴露，传销组织的组织者、领导者在传销模式的设计上，会对代理商的退出进行严格的限制，或不允许代理商退出，或只给代理商退部分的代理费，并在给代理商退还代理费时发生迟延。在产品的退换货机制上，更是同样的原理。对于有实际产品（道具产品）经营的传销组织，往往并不会对参加者的退换货进行保障，即使允许退换货，也会有较为苛刻的条件，大多数情况下，参加者在购买商品之后，都只能靠将产品卖给身边亲朋好友的方式进行自我消化；对于没有商品经营的传销组织，在制度架构上就根本不会存在退换货机制，若这类公司还声称是以销售产品为主，那么从该公司产品的退换货记录上就足以揭露谎言。

因此，若有企业在招募代理商时，仅要求代理商缴纳高额的"代理费"，却并不允许或者高度限制代理商的退出，在产品销售给消费者之后，根本不保障消费者的退换货权利，或者说公司根本就不存在退换货制度，那么这类公司就很有可能存在涉嫌传销的风险。

九、产品质量是否合格及定价合理程度

产品的质量决定着消费者的好评程度，消费者的好评程度影响着企业的

市场声誉，因此，正规的企业在经营时都比较关注产品的质量，并会为保证产品的质量有各种投入，包括研发、生产、售后等方面。与正规企业不同，靠发展人员数量生存的传销组织并不关注产品的质量，而仅仅是把产品当成道具来对待，把销售产品当成用来扩大传销组织的由头，而无心于保证企业的市场声誉，无心于依靠产品质量抢占消费市场。因此，传销组织所销售的产品往往质量较差，经不起消费者的长久使用。

传销组织在依靠销售产品来成型并扩大发展规模时，由于既要有足够的金钱来保证参加者能获得返利，保证能有足够的资金支付传销组织在人力、物力方面的投入，又要保证传销组织的组织者、领导者能从中获得利益，所以在产品的定价上就会存在异常虚高的现象。例如，对于生产成本或者进价只有二三十元的产品，传销组织在将其销售给代理商时，产品的销售价格可以高到好几百甚至上千元，而产品销售价格与成本价格之间的巨额差价就正好可以被用来支付上述费用。

因此，具有涉嫌传销风险的企业虽然会声称自己公司是以销售产品为主业，但若产品的销售价格明显高于成本几十倍甚至上百倍，再结合公司获得巨额产品差价利润后的资金用途，就很难再被认为是一家依托产品销售为主的正规企业。

十、公司的宣传方式是否合理

除了凭借高额的返利吸引人们加入之外，传销组织往往还会对其经营的道具商品进行高度的鼓吹，如宣传该道具商品可以治病救人、可以保平安、转运等一系列可以解决人们各类担心的功能，再加上传销组织成员在社会上列举各类虚假案例强调产品功能的真实性，从而也就更加容易吸收人们陷入传销骗局。

由此，企业在日常的产品宣传上，要特别注意是否存在实际销售的是非药品，但却宣称该产品具有药品才具有的功能，还要特别注意是否存在过于夸大产品功效的行为。

以上关于识别企业涉嫌传销风险的十个方面，必须综合起来加以判断分析，而不能仅注重其中的一个方面。并且，无论通过多少个方面来判断是否存在传销行为，最终都应落实到刑法规定的组织、领导传销活动罪的客观方面构成要件上来，即从是否存在"以推销商品、提供服务等经营活动为名，要求参加者以缴纳费用或者购买商品、服务等方式获得加入资格，并按照一定顺序组成层级，直接或间接以发展人员的数量作为计酬或者返利依据，引诱、胁迫参加者继续发展他人参加，骗取财物"的情况出发。

因此，应综合以上十个方面要素来加以审查，对电商企业的经营模式是否涉嫌组织、领导传销活动罪进行全方位的判断。

第五节　社交电商、微商营销合规

随着电商的快速发展、技术条件的越趋成熟，电商和实体经济融合密切，电商领域进行了一些细分和催生了新的模式。其中，社交电商是商业的新形态，微商是社交电商和产品销售的合并与升级。社交电商运营裂变属性和微商的熟人社交营销，最容易涉及传销活动的。

2013年后，市场相继出现社交电商和微商，直至2020年疫情暴发期间，一些社交电商、微商运营因不合规导致滑向组织、领导传销活动罪被查处的案件较多。并且，这些被查处的案件涉及金额之巨大、人数之多、影响之广，均是我国法治历史上从没有过的。因此，社交电商和微商也成为涉嫌传销活动的重灾区，也是企业经营必须注意和做好合规的重点领域。

一、社交电商营销合规

从消费者的角度来看，社交电商，既体现在消费者购买前的店铺选择、商品比较等，又体现在购物过程中通过IM（即时通信）、论坛等与电商企业间的交流与互动，也体现在购买商品后消费评价及购物分享等。从电商企业的角度来看，通过社交化工具的应用及与社交化媒体、网络的合作，完成企业营销、推广和商品的最终销售。[1]

---

[1] 2011年中国社交化电子商务专题报告[EB/OL].（2011-10-15）[2022-05-25].https：//news.iresearch.cn/Zt/163947.shtml.

社交电商是电商的"新物种",尤其在 2013—2020 年,成为资本追逐的新风口。移动互联网数据机构 Quest Mobile 发布的报告显示,在 2018 年的电商类 App 增速前 10 名中,社交电商占比就超过了一半。

然而,社交电商在运用社交元素带来经济新增长点的同时,因为社交特性,尤其"裂变属性"带来的涉及传销犯罪问题也是层出不穷,社交电商平台也由此常常被人诟病。

可以说,社交电商的社交属性是最容易接近传销活动,从表面上看甚至就会被认为是传销活动的一种商业运营模式。正如前面所述,社交电商一是有效运用了分享、沟通、讨论和互动的社交元素;二是消费者和平台或企业进行交流与互动;三是让购物者对消费进行评价并将购物分享给身边的人。这三个社交属性和组织、领导传销活动形成层级和人数,对消费进行评价和分享、计酬或返利依据来源于他人,正可谓在形式上相匹配和吻合。因此,社交电商运营平台很容易让人联想和质疑其涉嫌传销活动。况且,成功的社交电商如杭州"云集"、广州"花生日记",也因涉嫌传销受到了行政处罚。

那么,我们又如何让社交电商走向正轨之路,有效防范组织、领导传销活动罪呢?笔者认为,要透过现象看本质,可以从如下几个本质问题来有效防范传销。

(一)处理好消费者或代理商"支付费用"问题

根据《禁止传销条例》第 7 条的规定,传销活动可分为"拉人头""缴纳入门费"和"团队计酬"三种类型。而无论哪种形式,其实都会涉及"入门费"问题,但这里的"入门费"往往也会和消费者向企业或平台购买某商品支付的费用重叠,即消费者购买商品或接受服务支付的对价被认同为"入门费",或被视为"入门费"。

一方面,认定传销活动并不是一个要件就能成立的,还需要通过其他要件综合认定。电商企业或平台需要注意的是,在设置消费者向公司购买商品或接受服务时所支付的价格,要和商品的原本价格一致,而不能过于虚高,否则虚高部分很容易被理解为人头数量的费用。另一方面,要避免平台提供的商品或服务是虚拟的状态。例如,有的商家让会员充值从而获得会员权益，会员可以凭充值卡到很多加盟商家进行打折消费，这种情况很容易让人联想到认为是虚拟的服务，一旦加盟商家不兑现、中途停止打折等，均会造成会员权益无法实现。

（二）处理好会员或代理商之间计酬或返利依据来源问题

计酬或返利依据来源问题，是组织、领导传销活动罪构成要件客观方面最为核心的要素[1]，它直接决定着社交电商的运营模式中人和人之间形成的利益连接是否恰当及是否构成犯罪。

计酬或返利，本身没有错，任何一种商业模式都有可能存在计酬或返利问题。但是，刑法所打击的组织、领导传销活动罪的计酬或返利依据主要指其来源是否依赖人员数量的增加。如果来源于人员数量的不断增加，形成人员的"井喷"状态和"金字塔"形态，那么从社会治理层面来看，就要考虑是否属于骗取他人钱财，是否属于危害社会和经济稳定的违法犯罪行为。如果计酬或返利依据来源于商品销售或服务提供，而商品销售或服务提供长远看能为社会发展、为市场经济带来价值，为消费者带来实惠，那么，这种商业模式就应该被法律所允许。但是，计酬或返利依据来源于商品销售或服务提供的商业模式也会出现人数增加，这就要注意来源权重和比例问题，一旦过分依赖于人数增加，就会滑向骗取他人财物之模式，而有的企业却把握不了这一点，见到财富纷纷涌向自己时，失去了初心，要么视而不见，要么默认之，长期下去可能涉嫌犯罪。

（三）企业利益增长点是靠质量维系，还是靠数量维系的问题

基于社交电商的属性，法律对于社交电商运营涉及传销初期的观察与容忍程度会大一些，主要是需要更长时间来观望该电商模式是否能长久持续下去，以及该模式最终利益增长点靠质量，还是仅靠人员的数量。

但凡社交电商多级分销商业模式中企业出现问题，被有关办案机关盯上的往往是企业负责人"抄近道"，过于追求眼前利益，主观上不顾全企业大局和外围环境及法律政策之变化，法律意识淡薄造成的。深层次内因：一是企业一开始就选择走捷径，企业利益依靠人员数量增加来维系；二是企业创

---

[1] 张元龙.组织、领导传销活动罪精准、有效辩护论[M].北京：知识产权出版社，2019：34.

业初期是好的，运营中期或后期，因自身经营困难或外部环境变化，选择了"抄近道"。社交电商的分销获客方式，模式本身没有什么争议，但不同的使用方式就会产生不同的结果。是用于什么，主要看使用者如何使用，往哪个方向使用。而透过模式就可以看出企业利益增长点是依赖于销售的商品的质量维系，还是靠人员数量维系。

（四）长远看会员权益保障问题

消费者是社交电商最终的体验者，也是交易的付费人。如前所述，消费者会基于购买商品或接受服务及代理资格而支付一笔费用，此费用可能被理解为"入门费"。但是，消费者真实感受到其所购买的商品或接受的服务价格公允，有可对比的价值，即这种价值让消费者认为值得，则会员权益得到保障。例如，商品在淘宝、京东等购物平台有成交价且能比价，享受七天无条件退、换货；再如，消费者成为 VIP 会员且能够自由退出。

相应的，社交电商运营模式因为分销团队按劳动多少、销售业绩分配不同的佣金，这本属于市场的商业规则和按劳分配的体现，而分配的利益属于销售商品的二次分配，不属于后面人员加入所缴纳的纯入会资金，该模式运营真实程度就高。

二、微商营销合规

微商是电商的小分支，目前，对于微商也没有比较权威的统一概念。笔者认为，微商是指围绕销售商品或服务提供的较大依赖于微信朋友圈、微信群、微博开展的商业营销活动，它属于社交电商的升级版。狭义上的微商就是指依托微信开展的营销活动。

微商具有投资规模较小、门槛较低、传播范围广、不受地域限制等特点。微商主要有两种经营方式：一种由厂家、公司或销售商开设微店，通过公众号宣传；一种是个体基于朋友圈、微信群、微博号开展营销。腾讯发布的 2023 年第二季度财报显示，截至 2023 年 6 月 30 日，微信及 WeChat 的合并月活跃账户数达 13.27 亿，相当于美国人口（约 3.23 亿）的 4 倍，这为微商渠道提供了广泛空间和市场。

微商的表现形式有打广告、刷朋友圈、发送文章、转发信息等，实质方面是借助移动互联网之方便、快捷，依托实实在在产品销售或服务提供进行销售。微商经营伴随着的刑事法律风险包括销售伪劣产品罪，组织、领导传销犯罪，诈骗罪，走私犯罪，税收犯罪等。

2015—2020年，可以说是微商的黄金时期，市场造就了很多做大做强的企业，也出现了一些涉嫌组织、领导传销活动罪的企业。那么，我们该如何防范微商走向传销活动罪呢？笔者认为，既可参照上述社交电商防范传销的要点，也要针对微商销售商品的特有性质进行防范。

（一）产品质量及价格合理程度，避免产品成为道具

微商相较于社交电商更侧重于商品销售或服务提供。社交电商重运营模式，而微商重商品与服务。微商也运用了社交电商的分销层级元素，因此，微商要更加注重销售商品的质量与服务内容，否则就很容易让销售与服务成为形式。大多数微商销售商品均是通过照片或视频让人感受与体验，微商销售的产品的质量好坏决定着消费者的评价程度，而评价度决定着企业的市场声誉，这些均是符合市场原理与内在逻辑的。

正规的企业在经营时都比较关注产品的质量，并会为保证产品的质量作出各种投入，包括研发、生产、售后等方面。与正规企业不同，靠发展人员数量生存的传销组织并不太注重产品的质量，而是仅把产品当成道具来对待，把销售产品当成用来扩大传销组织的"由头"，无心于保证企业的市场声誉，无心于依靠产品质量抢占消费市场。因此，传销组织所销售的产品往往质量较差，经不起消费者的长久使用。

由于传销活动首先的成立要件是"入门费"，如果我们的产品质量投入不足，消费者又为此付出了费用，长久下去，产品就会转化为"道具"，消费者购买商品或接受服务的费用，就会被理解为"入门费"。

需要注意的是，很多的微商企业都要求线下的实体商店，通过预存费用或达到一定消费金额的方式，以成为微商的代理商，从而可以获得相应的优惠。这些方式也是市场的一种正常经营行为，法律上本不予干涉。但是，如前所述，当微商销售的商品质量较差或长期不如意，而商品的定价与商品自身价值严重背离时，代理商预存的费用或一定消费金额费用，就会被容易理

解为"入门费"。因此，法律上规定的"入门费"和我们实际销售的商品费用之厘清，还在于销售的商品的质量与定价程度。

（二）产品是实际发生运输，还是停留在炒作阶段

微商销售有一种常见现象，就是让代理商反复进货与囤货。一些微商企业通过召集代理商到某酒店、某会所召开企业招商会、产品发布会等活动，让代理商拼命进货或囤货，鼓励代理商招收下级小代理商、会员，而商品却不见流通。长久下去，就会造成货物并未真正流通到消费者手中，成为内部人员的买空、卖空。那么，这种情况很危险，短期内可以，如果长期下去，就是在炒作的风险。

产品是否实际发生运输是判断一家正规微商企业是否滑入传销风险的重要指标。可以说，大部分的微商企业是朝着正规经营、想干出一番事业而来的，而有的企业之所以走向传销，也是因为自己法律意识不强、在涉传销问题上不懂才造成被查处的局面，如"人某某惠""斑某拉"案件等。

此外，微商如何处理客户退货也是衡量指标。当销售的商品存在质量或瑕疵问题时，消费者可以享有退、换货的权利，这是现代市场经济得以运营的正常要求。如果对产品的退、换货机制进行严格的限制或不允许退换货，以及不允许代理商退出，就会使消费者支付的购买费用成为"入门费"，代理商缴纳的资金也属于"入门费"，这样下去，就势必会转化成为组织、领导传销活动。

（三）公司的宣传方式是否合理

往往一家企业在步入传销活动之前，其宣传广告肯定是又虚、又假且违反了广告法。而组织、领导传销活动中有一个特点就是代理商会曲解有关政策、夸大产品功效、营销和实际不符，因此，一家企业的销售模式出现问题，大都是由宣传与营销违反广告法开始的。

微商由于销售的商品大都以小型日常消费类为主，如化妆品、女士用品、保健品、生活日用品等，而这个领域产品生产厂家特别多，人们生活中又必须，竞争也较为激烈。有的企业产品有了一定创新就让代理商拼命打广告夸大宣传，吸引众人的目光，引起消费欲望。但是，消费者对产品肯定会

有购买和体验的过程，如果产品质量不过关，久而久之，消费者对产品会逐渐失去信任，而之前交纳的代理费或进的货物，又不得不脱手，为此顺着公司政策，意图把之前缴纳的费用赚回来。一些企业对除其销售的商品进行高度的鼓吹外，还对高额返利进行宣传。

企业的商品宣传和研发投入是此起彼伏的。一旦企业在过度夸大宣传方面有成效，内部研发投入精力和资金比例就会减少，若企业内部研发精力和资金较足，新研发产品出来确实是更优质于前产品的，那么宣传不用过度，只需要通常普通报道适当加以技巧，产品一样广受市场欢迎。

（四）"团队计酬"问题

"团队计酬"既不能简单地认为它无罪，也不能当然地归纳它就属于有罪，要根据实际情况具体分析。但是，从司法实务落实来看，"团队计酬"被判决有罪者为多，而被认定为无罪的法院判例目前在中国裁判文书网上还没有。❶

据统计，2014年中国裁判文书网公布的涉及组织、领导传销活动罪的案件共有160件，其中不涉及真实的产品销售或提供服务的共有128件，占总数的80.0%。涉及真实的产品销售或提供服务的有32件，占总数20.0%，这其中，产品为媒介、实为拉人头的占总数的12.5%（20件），有产品销售且伴随拉人头、多种形式混合的占总数的7.5%（12件）。这12件可以理解为"团队计酬"型组织、领导传销活动罪。❷ 而且，这种"团队计酬"转化成传销犯罪的数量在逐年增加。

进一步分析、追根溯源"团队计酬"问题，就是产品销售之计酬依据是建立在人员数量增加之上，还是建立在产品销售业绩之上，或两者兼具，谁为主、谁伴随的问题。在现实案件中，往往两者都有，那么，谁为主、谁伴随呢？必须从销售商品的销售价格和应有的价值、占比重大小上衡量；是否"价格虚高"，"虚高"部分是否转化成变相"拉人头"之动力，即价格与价值考量上，是否货真价实、物有所值、物美价廉，这是实务上的价格定论。

---

❶ 张元龙.团队计酬无罪问题论[EB/OL].[2020-04-03].http://club.kdnet.net/dispbbs.asp?id=13634310&boardid=25.

❷ 阎慧鸣.组织、领导传销活动罪司法实务问题研析——基于对2014年判决的160个案例的考察[J].北京警察学院学报，2017（1）：16-25.

例如，笔者所在团队办理的湖南某济公司产品在东莞地区涉嫌传销活动案，该产品相比较市场同类其他产品，真是货真价实、物美价廉、物有所值，而且公司总部实际对产品研发投入了较高成本。当然，该案司法机关虽然履行追诉职能，却前后未查封、冻结该公司及代理公司一分钱、一分物，可谓是处理得相当好的一宗针对团队计酬侦办的典型案件。

然而，对于价格和价值之比例问题，我国又没有针对各行业或领域产品出台更具体的定价细则，对于某款产品的价格应在其价值上加价多少没有更细的规定。当然，这需要考虑中国目前的国情。当前，市场经济尚未完善，各行各业处于发展和摸索之中，国家不可能对各个行业所出的每款产品都给予政府指导价，只能由市场来调节，由厂家根据产品质效和市场定位，以及消费者接受程度定价。政府可以定一定区间，产品价格上浮不能超过应有价值的多少，有一个比例。例如，美国就有规定产品的价格上浮不能超过应有价值的50%。笔者认为，当市场经济环境越趋成熟，国家肯定会有这样的细则出台，这属于立法尚需提升与完善之处。

团队计酬虽然使法律为其无罪开了道"口子"，但在司法实务中却很难落实。微商绝大多数是围绕销售商品进行运营的，当微商被调查时，很多企业或平台均拿着自己的经营销售属于团队计酬，应该按无罪对待。但是，笔者前有所述，要做到真正的无罪的团队计酬，还是得坚持商品的流动性，以及商品的定价与市场之合理性，还要结合企业研发新产品的资金比例和代理商销售商品宣传册口径与广告词。例如，2019年笔者所在团队为广东某某保健鞋业有限公司做企业合规，该企业按合规方案有效防范传销，目前企业运营较好，还在走向上市之路。

综上，社交电商和微商是电商领域的新"品种"，却因社交分销属性，成为电商领域最容易涉嫌组织、领导传销活动罪的类型。只有了解和熟悉两种电商运营的内在原理和逻辑与传销活动高度的重叠性，而又有着不同，我们才能明白传销犯罪内在原因，从而有效防范。我国已经全面铺开企业的合规建设，自2020年以来，全国大多数地区已经通过行政或刑事程序试点企业合规建设，对于通过企业合规建设的社交电商与微商企业，给予一定程度容忍与宽容，从而引导企业走向经营稳定、长远和规范之路。

第四章　组织、领导传销活动罪构成要件、风险识别与合规

第六节　司法实务案例展示与评析

一、司法案例展示

（一）案情❶

2011年6月，被告一叶某生等人成立上海宝乔网络科技有限公司（以下简称"宝乔公司"），先后开发"经销商管理系统网站""金乔网商城网站"（以下简称"金乔网"），以网络为平台，或通过招商会、论坛等形式，宣传、推广金乔网的经营模式。

金乔网的经营模式是：①经上线经销商会员推荐并缴纳保证金成为经销商会员，无须购买商品，只需发展下线经销商，根据直接或者间接发展下线人数获得推荐奖金，晋升级别成为股权会员，享受股权分红。②经销商会员或消费者在金乔网经销商会员处购物消费满120元以上，向宝乔公司支付消费金额10%的现金，即可注册成为返利会员参与消费额双倍返利，可获一倍现金返利和一倍的金乔币（虚拟电子货币）。③金乔网在全国各地设立省、地区、县（市、区）三级区域运营中心，各运营中心设区域代理，由经销商会员负责本区域会员的发展和管理，享受区域范围内不同种类业绩一定比例的提成奖励。

2011年11月，被告二叶某松经他人推荐加入金乔网，缴纳三份保证金并注册了三个经销商会员号。因发展会员积极，经金乔网审批成为浙江省区域总代理，负责金乔网在浙江省的推广和发展。

截至案发，金乔网注册会员3万余人，其中注册经销商会员1.8万余人。在全国各地发展省、地区、县三级区域代理300余家，涉案金额1.5亿余元。其中，叶某松直接或间接发展下线经销商会员1886人，收取浙江省区域会员

---

❶ 最高检第十批指导性案例[EB/OL].(2018-07-12)[2022-06-01].https://mp.weixin.qq.com/s?__biz=MzA4MjQ5MzIxNQ==&mid=2650491621&idx=2&sn=80a4f95680ad8c4751831bc679397aac&chksm=878b0095b0fc89830cc43e15284500302ce2706584858d1505901a76fcc71741379e000fcb66&scene=27.

保证金、参与返利的消费额10%现金、区域代理费等共计3000余万元，通过银行转汇给叶某生。叶某松通过抽取保证金推荐奖金、股权分红、消费返利等提成的方式非法获利70余万元。

（二）争议焦点

金乔网是否符合组织、领导传销活动罪的特征。

（三）辩护意见

金乔网没有入门费，所有的人员都可以在金乔网注册，不缴纳费用也可以成为金乔网的会员。金乔网没有设层级，经销商、会员、区域代理之间不存在层级关系，没有证据证实存在层级获利。金乔网没有拉人头，没有以发展人员的数量作为计酬或返利依据。直接推荐才有奖金，间接推荐没有奖金，没有骗取财物，不符合组织、领导传销活动罪的特征。

（四）公诉意见

金乔网的人、财、物及主要活动目的，在于引诱消费者缴纳保证金、消费款，并从中非法牟利。其实质是借助公司的合法形式，打着电商旗号进行网络传销。

金乔网缴纳保证金和消费款才能获得推荐佣金和返利的资格，本质系入门费。上线会员可以通过发展下线人员获取收益，并组成会员、股权会员、区域代理等层级，本质为设层级。以推荐的人数作为发放佣金的依据系直接以发展的人员数量作为计酬依据，区域业绩及返利资金主要取决于参加人数的多少，实质属于以发展人员的数量作为提成奖励及返利的依据，本质为拉人头。金乔网缺乏实质的经营活动，不产生利润，以后期收到的保证金、消费款支付前期的推荐佣金、返利，与所有的传销活动一样，人员不可能无限增加，资金链必然断裂。传销组织人员不断增加的过程实际也是风险不断积累和放大的过程。金乔网所谓经营活动本质是从被发展人员缴纳的费用中非法牟利，具有骗取财物的特征。

（五）法院观点

法庭经审理，认定检察机关出示的证据能够相互印证，予以确认。被告人及其辩护人提出的不构成组织、领导传销活动罪的辩解、辩护意见不成立。

最终以组织、领导传销活动罪判处被告人叶某生有期徒刑7年,并处罚金人民币150万元。以组织、领导传销活动罪判处被告人叶某松有期徒刑3年,并处罚金人民币30万元。扣押和冻结的涉案财物予以没收,继续追缴两被告人的违法所得。

二、案件评析及启示

(一)案例评析

该案是最高人民检察院发布的指导性案例,最高人民检察院在指导意义部分作了如下阐述。

随着互联网技术的广泛应用,微信、语音视频聊天室等社交平台作为新的营销方式被广泛运用。传销组织在手段上借助互联网不断翻新,打着"金融创新"的旗号,以"资本运作""消费投资""网络理财""众筹""慈善互助"等为名从事传销活动。常见的表现形式有:组织者、经营者注册成立电子商务企业,以此名义建立电子商务网站。以网络营销、网络直销等名义,变相收取入门费,设置各种返利机制,激励会员发展下线,上线从直接或者间接发展的下线的销售业绩中计酬,或以直接或者间接发展的人员数量为依据计酬或者返利。这类行为,不管其手段如何翻新,只要符合传销组织骗取财物、扰乱市场经济秩序本质特征的,应以组织、领导传销活动罪论处。

由此可见,无论是传统的采用线下模式开展的传销犯罪,还是新兴的利用电子商务平台进行的传销犯罪,只要符合组织、领导传销活动罪的特征,都会受到国家大力的打击和制裁。并且新型的利用电子商务平台进行的传销犯罪,由于传播速度快、涉及范围广、社会危害严重,更加会受到国家的监管和惩处。

就该案而言,虽然被告人称金乔网是一种消费模式的创新,但在实际的发展过程中,其既存在要求缴纳"入门费"的行为,又在组织内部形成了三级以上的层级,"拉人头"是其的一种营利模式,自然就落入组织、领导传销活动罪的制裁范围。

(二)案例启示

电商企业的兴起在给传统的实体零售模式带来巨大冲击之时,也对我国经济发展起着不小的促进作用。电商企业的成型,实际上可谓是人类发挥创新性精神的结果,是值得鼓励和肯定的。但是,电商企业在发展过程中,不能过分地只追求模式上的创新,而忽视了法律风险的规避。

对于处于初创期的电商企业来说,往往最需要的就是流量,需要有大量的人知晓并使用该电商企业所设立的平台。为此,电商企业便会制定各种引流方案,不断地给予新加入的成员各种优惠,试图最快、最广地拥有庞大的客户群体,如此反而可能会陷入涉嫌组织、领导传销活动罪的泥潭。因此,电商企业经营者在发展初期切忌急躁冒进,可以通过构建合规体系的方式,预防和识别经营中存在的法律风险(尤其是行政法律、刑事法律方面的风险)。就上述案例中的电商企业而言,若能早点识别出企业经营模式中存在的刑事法律风险,对企业的运营模式及时进行整改,或许也不至于遭受刑事处罚。

第五章　非法吸收公众存款罪构成要件、风险识别与合规

非法吸收公众存款罪在电商领域表现最为突出的要数P2P（个人对个人的借贷）网络借贷平台涉嫌犯罪。P2P网络借贷平台的发展借助移动互联网强劲发展的势头，而立法上对互联网金融仍是观望姿态。2013—2015年，网络借贷平台累计达上万家，网络上资金托管交易统计达2500亿元。网络借贷平台在2016年后逐渐出现暴雷风险，有的平台经营者携款潜逃，一些不理性投资者将责任归咎于政府，还引发了影响社会稳定和经济秩序的重大案件。当然，除了P2P网络借贷平台涉嫌非法吸收公众存款罪，还有其他电商平台由于把握不好，也轻易地涉嫌该罪。例如，电商经营者利用掌控平台的优势，轻易发动平台用户筹集资金用于企业经营活动；社交电商经营者向代理商或用户筹集资金用于某商业活动；微商平台经营者让代理商筹集资金给付提前进货费用等，上述这些情况处理不好和记账不明确、责任不清晰，就很容易涉嫌非法吸收公众存款罪。

非法吸收公众存款罪是"非法集资"类型中入罪门槛较低的罪名。法律上只要求行为人针对不特定对象吸收资金并达到一定数额即可认定为非法吸收公众存款罪，它侵犯的客体是国家的金融管理制度，而无论行为人是否用于企业经营活动。就以电商领域最常见的P2P网络借贷平台涉嫌非法吸收公众存款活动为例，2010—2018年，全国P2P网络借贷平台快速野蛮生长，然而，P2P网络借贷平台暴露出来的平台逃废债和借款人难以维权等很多问题无法从根本上解决。2018年始，全国各省市不得不相继颁布通知，严禁P2P网络借贷平台继续存在，由此P2P网络借贷平台在中国宣告退出历史舞台。

而按《电子商务法》定义的电商企业经营涉嫌非法吸收公存款罪的案例

也时常出现。主要表现为电商企业在经营中经常以进货或囤货、扩大生产、境外上市等，让平台代理商或会员向公司支付一定数额的款项，公司承诺一定时期还本付息，代理商或会员继续向社会公开宣传筹集资金，而事后公司经营出现问题，在定取集资诈骗罪条件尚不够情况下，则认定为非法吸收公众存款罪。

第一节　非法吸收公众存款罪概念及特征

非法吸收公众存款罪规定在我国《刑法》第176条，是侵犯公民财产权的罪名。

一、概念

非法吸收公众存款罪是指违反国家金融管理法律、法规的规定，非法吸收公众存款或变相吸收公众存款，扰乱金融秩序的行为。根据国务院《非法金融机构和非法金融业务活动取缔办法》第4条第1款第（四）项的规定，"非法吸收公众存款，是指未经中国人民银行批准，向社会不特定对象吸收资金，出具凭证，承诺在一定期限内还本付息的活动"；"变相吸收公众存款，是指未经中国人民银行批准，不以吸收公众存款的名义，向社会不特定对象吸收资金，但承诺履行的义务与吸收公众存款性质相同的活动"。

二、特征

（一）非法性

非法吸收公众存款罪要求"未经有关部门依法批准或者借用合法经营的形式吸收资金"，但这里的"非法"并不限于"未经有关部门依法批准"，只要是违反了法律、法规、规章等，即使经过有关部门依法批准的吸收资金，也可能属于非法吸收公众存款，如骗取有关部门的批准而进行的吸收公众存款的行为。

（二）公众性

非法吸收公众存款形式上是利用新闻媒体、推介会、传单、手机短信等渠道向社会公众传播信息，但实质上是在向公众或社会的不特定对象吸纳资金投入。但是，公开并不要求非出资人或某区域内多数人知悉，如利用地下钱庄进行集资活动。公众性在于"不特定对象"。从形式上看，若出资者与吸收者分别订立了借款协议，其集资对象为一定数量且可控的，属于熟人融资模式，则并不构成本罪；从实质上看，若出资者和吸收者之间缺乏联系，也未向社会公众宣传，只是在亲友和单位范围内针对一定对象吸引融资的，也不属于非法吸收或者变相吸收公众存款。

（三）存款性

非法吸收公众存款罪的设立在于打击扰乱金融秩序的行为，因此只有非法吸收的资金属于存款时，才有可能构成本罪。在金融学上，存款是指存款人将资金存入银行或者其他金融机构，并由银行或者其他金融机构向存款人支付利息，存款人据此得到收益的一种经济活动。存款是银行最重要的信贷资金来源。只有在资金可能与金融机构建立起存款法律关系的前提下才可能构成本罪。区分资金与存款，一方面可观察客户的资金是否已经存入银行，另一方面观察客户的资金是否存在即将存入银行，而后因集资人高额利息回报诱惑转而投入集资人处的情况。另外，非法吸收公众存款罪的行为人还会承诺在约定期限内以金钱、物品等形式还本付息或给予高额利润作为回报。

第二节　非法吸收公众存款罪构成要件

一、客体要件

本罪侵犯的客体是国家金融管理制度。假如我国对公众存款的吸收缺乏规范的机制和监管秩序，将会导致我国的存贷款监管秩序陷于紊乱。设立本罪，就是为了维护国家的金融管理秩序，确保资金安全。

二、客观要件

本罪在客观方面表现为行为人实施了非法吸收公众存款或变相吸收公众存款，扰乱金融秩序的行为。

（一）非法吸收公众存款或变相吸收公众存款

《最高人民法院关于审理非法集资刑事案件具体应用法律若干问题的解释》第1条规定："违反国家金融管理法律规定，向社会公众（包括单位和个人）吸收资金的行为，同时具备下列四个条件的，除刑法另有规定的以外，应当认定为刑法第一百七十六条规定的'非法吸收公众存款或者变相吸收公众存款'：

（一）未经有关部门依法许可或者借用合法经营的形式吸收资金；

（二）通过网络、媒体、推介会、传单、手机信息等途径向社会公开宣传；

（三）承诺在一定期限内以货币、实物、股权等方式还本付息或者给付回报；

（四）向社会公众即社会不特定对象吸收资金。"

上述是构成非法吸收公众存款或变相吸收公众存款的条件。

第2条规定："实施下列行为之一，符合本解释第一条第一款规定的条件的，应当依照刑法第一百七十六条的规定，以非法吸收公众存款罪定罪处罚：

（一）不具有房产销售的真实内容或者不以房产销售为主要目的，以返本销售、售后包租、约定回购、销售房产份额等方式非法吸收资金的；

（二）以转让林权并代为管护等方式非法吸收资金的；

（三）以代种植（养殖）、租种植（养殖）、联合种植（养殖）等方式非法吸收资金的；

（四）不具有销售商品、提供服务的真实内容或者不以销售商品、提供服务为主要目的，以商品回购、寄存代售等方式非法吸收资金的；

（五）不具有发行股票、债券的真实内容，以虚假转让股权、发售虚构债券等方式非法吸收资金的；

（六）不具有募集基金的真实内容，以假借境外基金、发售虚构基金等方式非法吸收资金的；

（七）不具有销售保险的真实内容，以假冒保险公司、伪造保险单据等方式非法吸收资金的；

（八）以网络借贷、投资入股、虚拟币交易等方式非法吸收资金的；

（九）以委托理财、融资租赁等方式非法吸收资金的；

（十）以提供'养老服务'、投资'养老项目'、销售'老年产品'等方式非法吸收资金的；

（十一）利用民间'会''社'等组织非法吸收资金的；

（十二）其他非法吸收资金的行为。"

以 P2P 为例，P2P 于 2007 年在我国产生，是合法的民间借贷行为，但实践中存在着非法吸收公众存款的风险。因 P2P 本质上属于借款人向社会公众集资的模式，网络的开放性又决定了宣传的公开性与出资人的不特定性。P2P 网络借贷平台形成"资金池"是构成非法吸收公众存款的原因。P2P 网络借贷平台以理财投资名义向出资人收集资金并形成"资金池"，并实际对资金实施管理、支配、放贷等控制行为，由于平台没有获得有关部门的许可就行使吸收存款及房贷等金融功能，并就承诺一定期限还本付息进行公开宣传，这就符合非法吸收公众存款罪的客观要件。但是，由于民间存在强大的资金使用需求，同时网络又扩大了出资对象的范围及不确定性，从构成犯罪的必要性和现实性考虑，应对 P2P 网络借贷模式给予一定的宽容。[1]

第 3 条规定："非法吸收或者变相吸收公众存款，具有下列情形之一的，应当依法追究刑事责任：

（一）非法吸收或者变相吸收公众存款数额在 100 万元以上的；

（二）非法吸收或者变相吸收公众存款对象 150 人以上的；

（三）非法吸收或者变相吸收公众存款，给存款人造成直接经济损失数额在 50 万元以上的。

非法吸收或者变相吸收公众存款数额在 50 万元以上或者给存款人造成直接经济损失数额在 25 万元以上，同时具有下列情节之一的，应当依法追究

---

[1] 肖怡. 我国 P2P 网贷平台触及非法集资犯罪红线的研究 [J]. 法学杂志，2019，40（1）：98-105.

刑事责任：

（一）曾因非法集资受过刑事追究的；

（二）二年内曾因非法集资受过行政处罚的；

（三）造成恶劣社会影响或者其他严重后果的。"

（二）扰乱国家金融秩序

在非法吸收公众存款行为中，集资人赚利息差的功能性特征与金融机构的存贷功能相同，应当认定构成扰乱国家金融秩序。因此，扰乱国家金融秩序也是非法吸收公众存款的必然结果，只要认定行为人构成非法吸收公众存款，就势必产生扰乱国家金融秩序的后果。

吸收存款主要用于正常的生产经营活动，能够及时清退的可免予刑事处罚。《最高人民法院关于审理非法集资刑事案件具体应用法律若干问题的解释》第6条第2款规定："非法吸收或者变相吸收公众存款，主要用于正常的生产经营活动，能够在提起公诉前清退所吸收资金，可以免予刑事处罚；情节显著轻微危害不大的，不作为犯罪处理。"这类非法集资犯罪活动作从轻处理，是因为这类非法集资犯罪活动所引发的金融风险相对较小，出资人所面临的投资风险相对较低。

《刑法》第176条规定："非法吸收公众存款或者变相吸收公众存款，扰乱金融秩序的，处三年以下有期徒刑或者拘役，并处或者单处罚金；数额巨大或者有其他严重情节的，处三年以上十年以下有期徒刑，并处罚金；数额特别巨大或者有其他特别严重情节的，处十年以上有期徒刑，并处罚金。

单位犯前款罪的，对单位判处罚金，并对其直接负责的主管人员和其他直接责任人员，依照前款的规定处罚。

有前两款行为，在提起公诉前积极退赃退赔，减少损害结果发生的，可以从轻或者减轻处罚。"

根据《最高人民法院关于审理非法集资刑事案件具体应用法律若干问题的解释》第5条的规定，"数额巨大或者有其他严重情节"具体是指："（一）非法吸收或者变相吸收公众存款数额在5000万元以上的；（二）非法吸收或者变相吸收公众存款对象5000人以上的；（三）非法吸收或者变相吸收公众存款，给存款人造成直接经济损失数额在2500万元以上的。非法吸收或者变相吸收公众存款数额在 2500 万元以上或者给存款人造成直接经济损失数额在 1500 万元以上，同时具有本解释第三条第二款第三项情节的，应当认定为'其他特别严重情节'。"

三、主体要件

本罪的主体为一般主体，凡是达到刑事责任年龄且具有刑事责任能力的自然人均可构成本罪。单位也可作为犯罪主体。此处的单位，既可以是从事吸收公众存款业务的商业银行等银行机构，以及证券公司等非银行金融机构，还可能是其他的非金融机构。

金融机构成立本罪的情形包括以下几种：不具备吸收存款资格的金融机构进行吸收公众存款的活动；具备吸收存款资格的金融机构以擅自提高利息等违规手段吸收存款，或者未获有关部门批准以存款外的名目向公众吸收资金。

四、主观要件

本罪在主观上表现为故意，即行为人明知自己非法吸收公众存款的行为会破坏金融市场秩序，并期待甚至放任这个后果出现。本罪不需要以非法占有为目的，过失也不构成本罪。

对政策的错误认识是否可以认定为无犯罪主观故意？在杨某确、汪某刚非法吸收公众存款案中，法院认定 1997 年修订的《刑法》就规定了非法吸收公众存款罪，因此政策认识错误这一理由一般不予支持。[1]

只要行为人主观上存在从大多数人处吸取存款的故意，客观上也采取了可能吸收大多数人存款的手段，即使最终仅从少数人处吸收了大额存款，也可以构成本罪的既遂。

---

[1] （2017）川 11 刑终 92 号二审刑事裁定书。

第三节　非法吸收公众存款罪实务常见争议

一、非法吸收公众存款与民间借贷

近年来，非法吸收公众存款罪案件数量迅猛增长，这与小微企业融资困难和社会资金投资无门有很大关系。从形式上来看，非法吸收公众存款和民间借贷都是借贷行为；但从政策来看，吸收公众存款只能由银行进行，企业非法吸收存款则会涉嫌犯罪。实践中，非法吸收公众存款和民间借贷的边界不明且相互交织，如何认定、区分二者常常是案件的争议点。

在司法实践中，民间借贷与非法吸收公众存款罪的区别如下。

第一，企业借款的目的、主要用途不同。民间借贷吸取资金的主要目的通常是企业生存和经营，而非法吸收公众存款罪的目的则是把所吸收的资金用来放贷以获利。因此，民间借贷行为没有侵犯国家金融管理制度。只要是用于正常营业活动，即便在后期发生了资金链断裂、不能偿债的情况，也不涉嫌非法吸收公众存款罪，可以采用民事诉讼程序解决争议。

第二，行为的对象不同。民间借贷通常是行为人向家人、好友、邻居或自己所熟识或了解的人借款，借贷范围一般较窄；非法吸收公众存款罪的主要行为对象通常是社会不特定对象，借款范围也相当广泛。

第三，侵害的客体不同。民间借贷后无力还款，侵害的是债权人的债权，而非法吸收公众存款罪侵犯的客体是国家金融管理制度。

此外，还可以从以下几个方面区分民间借贷与非法吸收公众存款罪。

① 从吸取资金的用途上。在我国，进行货币或资本的运营需要受从业资质、经营许可机制等一系列金融法律法规规制，而非法吸收公众存款罪规定的是行为人在未获批准或尚未获得国家许可的情形下，以所获取的资金进行货币或资本运营牟利，这一做法严重违反了我国金融机构规章制度，也破坏了我国金融机构的社会秩序，属非法行为。民间借贷属于正当的民事社会关系，所获取的资金是为了生产经营和生活这些正当目的。

② 有无抵押、担保、支付利息。借款往来中，具有抵押、担保、支付利息等民事法律行为特征，部分借款还经民事判决确认为民间借贷，受害人可以通过民事诉讼程序挽回损失。非法吸收公众存款中的"存款"通常意义上是指将款项存入金融机构或其他单位获取利息，并且这种"存款"不要求金融机构或其他单位对存款人提供担保或抵押，不能因存在高额利息的情况而将有担保或抵押的"借款"行为认定为是一种变相的"存款"。

③ 特定人与非特定人的关系确定。从表现形式上，必须有明确证据表明当事人利用新闻媒体、介绍会、传单、手机短信等方法，向社会公众宣传。此外，在实质上，行为人与出资人有直接关系的，如亲友关系、工作关系，可认定为特定对象；经由第三方联系的，可认定为不特定对象。在廖某犯非法吸收公众存款罪一案中，法庭认为向某某分别在会同市人行道板工程工地、小寨大桥施工中做水电工，视为单位内部员工，认定为特定对象；而闫某某、杨某某、赵某等三人与李某某之间均是好朋友，也认定为特定对象；宋某1与李某某是熟人关系，与廖某并不熟，通过李某某的介绍借款十多万元给了廖某，认定为不特定对象。❶ 然而，与亲属关系不同，工作关系非天然关系。因此，在徐某诉余某蓉非法吸收公众存款一案中，由于公司员工流动性极大，不具有一般单位员工的稳定性，与"单位内部特定对象"的情况有所不同，况且对于下级员工自买的金额已计入公司业绩，作为上级绩效提成的依据，据此，法院最终认定该案中向员工吸收的资金计入非法集资的资金中。❷

④ 在数额认定上，由于非法吸收公众存款活动中可能交织着民间借贷，而民间借贷部分不应当计入非法吸收公众存款活动的数额中。在以下三种情形下，向亲友或者单位内部人员吸收资金的行为构成非法吸收或者变相吸收公众存款，吸收的资金应当与向不特定对象吸收的资金一并计入犯罪数额。一是在向亲友或者单位内部人员吸收资金的过程中，明知亲友或者单位内部人员向不特定对象吸收资金而予以放任的；二是以吸收资金为目的，将社会人员吸收为单位内部人员，并向其吸收资金的；三是向社会公开宣传，同时向不特定对象、亲友或者单位内部人员吸收资金的。

---

❶ （2017）湘1225刑初25号一审刑事判决书。

❷ （2017）沪01刑终297号二审刑事判决书。

另外，非法吸收公众存款入罪要求人数达一定数量，如果仅向几个人吸收存款，不构成非法吸收公众存款的行为。根据《最高人民法院关于审理非法集资刑事案件具体应用法律若干问题的解释》第 3 条，非法吸收或者变相吸收公众存款对象 150 人以上的应当追究刑事责任，这里的 150 人可作为"不特定对象"的人数参考。

二、单位犯罪问题

单位犯罪，是指相对于自然人犯罪而言，由单位、公司等实施的犯罪行为。根据《最高人民法院关于审理非法集资刑事案件具体应用法律若干问题的解释》第 14 条的规定："单位实施非法吸收公众存款、集资诈骗犯罪的，依照本解释规定的相应自然人犯罪的定罪量刑标准，对单位判处罚金，并对其直接负责的主管人员和其他直接责任人员定罪处罚。"《全国法院审理金融犯罪案件工作座谈会纪要》规定："以单位名义实施犯罪，违法所得归单位所有的，是单位犯罪。"

所谓"以单位名义实施犯罪"，大体的特征有业务开展活动是以单位名义进行，所有的宣传资料、开会会场布置、会议内容说明、与客户签订合同、收款账号等，是以单位为外在表现形式。具体可参考以下几项：①对外广告宣传图，是否印单位商标、标识、单位名称。②在对外公司宣传演讲场合，是否由公司的负责人出面讲话，并对单位行为进行说明。③对外签订的合同、借款协议书，是否以单位名义盖章。在转账证明书、收款单位上，看是不是单位的账号。④在租赁场地、会议室举办的活动时，看是否以单位名义签订、盖章和付款。⑤是否有明示。在一些对外公开场合、开会、论坛等活动，单位负责人是否公开讲明以单位进行。⑥是否有默示，如公司的人员、业务员开展"非吸"活动，是否有单位出具的公函、说明，盖公司章，签署单位印章等以单位形式实施的活动。❶

上述这些情况，虽具有"以单位名义"的外部形态，但在诉讼中，不具有完全的说服力。此外，非"以单位名义"的情况下，也存在构成单位犯

---

❶ 张元龙.论单位犯罪中"以单位名义"实务解读[EB/OL].（2017-12-11）[2022-07-01]. http ://blog.sina.com.cn/s/blog_ead92e930102x0t0.html.

第五章 非法吸收公众存款罪构成要件、风险识别与合规

罪的可能性，这就需要考察单位犯罪的实质要件，即"违法所得归单位所有"。❶ 在李某兴非法吸收公众存款罪、合同诈骗罪一案中，法院认为："本案上诉人李某兴虽然相当一部分借款是以江西丰瑞实业有限公司名义开发房地产投资为由借款，但实际上只是上诉人李某兴为了方便借款的理由，该借款并没有体现公司意志，在具体非法吸收资金犯罪过程中，上诉人李某兴都是以其个人名义或借公司名义向不特定对象非法吸收资金，往来款项基本通过其个人账户或其指定账户收支，出借人的资金均是汇入自己实际控制的银行账户进行操控，完全没有体现单位意志，所吸纳的资金没有证据证明完全是为了丰瑞公司的利益且吸纳资金部分用途不明，故本案应全部认定为上诉人李某兴个人犯罪，不属单位犯罪。"❷

此外，《最高人民法院关于审理单位犯罪案件具体应用法律有关问题的解释》第 2 条规定了构成单位犯罪的消极条件："个人为进行违法犯罪活动而设立的公司、企业、事业单位实施犯罪的，或者公司、企业、事业单位设立后，以实施犯罪为主要活动的，不以单位犯罪论处。"《最高人民法院、最高人民检察院、公安部关于办理非法集资刑事案件若干问题的意见》规定："单位设立后，判断单位是否以实施非法集资犯罪活动为主要活动，应当根据单位实施非法集资的次数、频度、持续时间、资金规模、资金流向、投入人力物力情况、单位进行正当经营的状况以及犯罪活动的影响、后果等因素综合考虑认定。"在实务中，以下情况可认定为"为进行违法犯罪活动而设立""以实施犯罪为主要活动的"：①集资诈骗所得未归单位所有，集资款项均打入个人账户，由被告人占有、支配。②公司成立后除了涉案行为未进行其他经营。❸ ③在公司成立后，虽以公司名义向外吸收存款，但并未召集股东会，属擅自所为，故不宜以单位犯罪论处。❹ ④无法证明以自己或公司的名义向社会不特定公众非法吸收公众存款事先经过了公司股东决定、受单位委托，也无法证明大部分的违法所得也都归了公司。❺

---

❶ 高蕴嶙.单位犯罪中"以单位名义"应作实质解释[EB/OL].（2018-06-06）[2022-07-01].https：//www.spp.gov.cn/spp/llyj/201806/t20180606_380852.shtml.

❷ （2018）赣 08 刑终 69 号二审刑事判决书。

❸ （2017）苏 09 刑终 545 号二审刑事裁定书。

❹ （2017）陕 0829 刑初 14 号刑事一审判决书。

❺ （2017）赣 07 刑终 441 号二审刑事裁定书。

在全某某非法吸收公众存款一案中，法院通过"涉案合同由公司与被害人所签订，涉案投资款由公司收取"确认了公司的意志；涉案金额占主营业务金额比例小于百分之十，确认公司主要从事合法正常的经营活动，而不是主要从事违法犯罪活动，认定该案为单位犯罪。[1]因此，单位主营业务的运行情况及所得资金的归属是认定单位犯罪的关键因素。

综上，可以说非法吸收公众存款罪是电子商务经营者面对公众筹集资金，最容易涉嫌金融犯罪的首个门槛级罪名。但是，这种犯罪刑罚并不重，一般判处在三年以下有期徒刑或拘役。如果非法吸收者将吸收资金及时退还，可以给予从轻、减轻或免除处罚。但是，如果对于数额特别巨大的或造成其他严重后果的，可以处三年以上十年以下有期徒刑。单位可以成为该罪名的构罪主体，对于单位犯该罪的，对单位判处罚金，对有直接责任的主管人或直接责任人员进行刑事处罚。

第四节　非法吸收公众存款罪风险识别与合规

非法吸收公众存款罪的立法依据是《刑法》第 176 条，《最高人民法院关于审理非法集资刑事案件具体应用法律若干问题的解释》也对该罪名作出具体的规定。那么，我们如何识别非法吸收公众存款行为的具体要件呢？笔者认为，可以从以下六个方面进行。

一、是否存在吸收或变相吸收公众存款的行为

吸收或变相吸收公众存款行为是非法吸收公众存款罪的客观构成要件。正如《最高人民法院关于审理非法集资刑事案件具体应用法律若干问题的解释》中所列举的典型的吸收公众存款的行为，利用电子商务平台实施的吸收或变相吸收公众存款的行为，也不外乎上述范围，只不过会结合电子商务平台自身的特点而呈现出一种新的表现形式，如扬州市顺久电子商务有限公司

---

[1] （2018）粤 0106 刑初 1229 号一审刑事判决书。

非法吸收公众存款罪一案。[1]2015年年初，扬州市顺久电子商务公司开始采用订单消费模式开展"经营"活动，主要采取以下三种方式：①合作期限9年，消费金额满人民币5000元，期满可获利12%；②合作期限9年，消费金额满人民币10 000元，期满后可获利13%；③合作为期9个月，客户资金达人民币20 000万元，到期后可收益14%。若客户不拿公司的产品，则除上述返利之外，在两年后按照投资金额20%再行回收。公司业务员根据吸收投资金额拿相应提成（客户每投资人民币20 000元，业务员拿人民币300元，一月一结）。公司主要采用口口相传、业务员宣传、召开酒会等方式向社会不特定多数人宣传上述订单消费模式，招揽公众投资并与客户签订《订单合同》（以扬州市顺久电子商务有限公司的名义与被害人签订），以购买订单的名义吸收客户投资款，并承诺定期返本付息。透过该案可以看出，通过电子商务平台实施的非法吸收公众存款行为，同样也是打着消费的名头，凭借高额的返利来吸引社会大众进行投资。

由此，在识别电商企业是否存在非法吸收公众存款行为时，既可以从企业有无直接向社会吸收资金的情况来加以判断，也可以通过企业是否"巧立名目"间接向社会吸收资金为依据。例如，企业在销售商品或提供服务时，是否存在预先收取大额费用，且该费用远远高于商品或服务本身的价值的情况；是否存在以销售商品或提供服务名义收取费用，但却没有真实的商品交易或未实际提供服务的情况；是否存在向消费者预先收取费用，但合约的履行期限却分为若干阶段，并通过承诺给予回报让消费者同意。

电商企业除了需要防范由于自身的经营模式带来的非法吸收公众存款风险之外，还应注意自己的商业伙伴是否存在非法吸收公众存款的行为，以避免给其他公司或个人非法吸收资金提供帮助，避免构成非法吸收公众存款共同犯罪。

二、公司是否具备吸收公众资金的资质

不是任何机构实施的吸收公众存款的行为都是法律所禁止的，只有那些

---

[1] 投资一万得辆车？15人中招　5起非法集资案昨集中宣判.[EB/OL].(2018-06-16)[2024-03-05]. https://www.sohu.com/a/236075626_158052.

不具有开展吸收存款业务资质的企业实施的吸收公众存款的行为，才具有非法性。《中华人民共和国商业银行法》第2条规定："本法所称的商业银行是指依照本法和《中华人民共和国公司法》设立的吸收公众存款、发放贷款、办理结算等业务的企业法人。"第11条："设立商业银行，应当经国务院银行业监督管理机构审查批准。未经国务院银行业监督管理机构批准，任何单位和个人不得从事吸收公众存款等商业银行业务，任何单位不得在名称中使用'银行'字样。"又如《储蓄管理条例》第4条规定："本条例所称储蓄机构是指经中国人民银行或其分支机构批准，各银行、信用合作社办理储蓄业务的机构，以及邮政企业依法办理储蓄业务的机构。"第8条："除储蓄机构外，任何单位和个人不得办理储蓄业务。"同时，《中国人民银行关于金融机构设置或撤并管理的暂行规定》第6条规定："设置金融机构，必须按本暂行规定向审批单位申请。经审核获得批准的，由批准单位发给'经营金融业务许可证'。在本暂行规定公布前设立的金融机构，应补办审批手续，领取'经营金融业务许可证'。'经营金融业务许可证'由中国人民银行统一制发。"从以上法律规定可知，要具备吸收公众存款的资质，必须获得国家相关主管部门的批准，并且还需获得'经营金融业务许可证'。"

就电商企业而言，其经营范围主要是指利用网络和信息网络营销产品及提供售后服务。以销售商品为主的电商企业，从主营业务上就应知晓自身不具备吸收公众存款的资质；而以提供服务为主的电商企业，在未经审批及获得相关资质的情况下，则应避免从事金融类服务，尤其是P2P借贷服务。《电子商务法》第2条第3款的规定："法律、行政法规对销售商品或者提供服务有规定的，适用其规定。金融类产品和服务，利用信息网络提供新闻信息、音视频节目、出版以及文化产品等内容方面的服务，不适用本法。"由此可知，电商企业提供金融类服务，已超越了《电子商务法》规定的电商企业的经营范围。另《网络借贷信息中介机构业务活动管理暂行办法》第5条规定："拟开展网络借贷信息中介服务的网络借贷信息中介机构及其分支机构，应当在领取营业执照后，于10个工作日以内携带有关材料向工商登记注册地地方金融监管部门备案登记……网络借贷信息中介机构完成地方金融监管部门备案登记后，应当按照通信主管部门的相关规定申请相应的电信业务经营许可；未按规定申请电信业务经营许可的，不得开展网络借贷信息中介业务。"

第6条:"开展网络借贷信息中介业务的机构,应当在经营范围中实质明确网络借贷信息中介。"因此,若电商企业想开展金融类服务,尤其是通过网络平台吸收社会资金,开展借贷中介业务,则必须获得相关审批。

电商企业的经营者或者拟经营者,应对上述关于开展吸收公众存款业务的法律规定进行了解,以及时识别和预防相关风险。

三、吸收资金的方式是否公开宣传

无论是公司的设立还是正常运营,都离不开融资行为。对于已上市的股份公司而言,可采用发行证券的方式进行融资;对未上市的股份或者有限责任公司而言,则可通过向银行贷款、小范围内吸引投资人投资的方式获得资金。不同类型公司吸收资金的方式是有差异的。就已上市股份有限公司而言,若其采用公开发售股票的方式来吸收资金,则可以通过各大媒体、宣传会等来对公司公开发售股票的行为进行宣传,只不过股票必须在证券交易所交易。但是,对于未上市的股份有限公司和有限责任公司,若其通过媒体、推介会、传单、手机短信等途径向社会公开宣传融资行为,那么就极有可能属于非法融资,因为这类公司不具有向社会公开宣传融资的资质。

四、公司获取的资金是否源自社会不特定对象

除了可以从吸收资金的宣传方式是否具有社会公开性上判断电商企业涉嫌非法吸收公众存款罪的风险外,所吸收资金的来源是否属于社会不特定对象,也可以成为判断电商企业涉嫌非法吸收公众存款罪的风险因素之一。假设电商公司在融资的过程中采用了一些营销手段,如短信、小范围的推广等,但仅是在公司有关工作人员的亲属或是机构面向一定范围开展的,其获得的融资也仅限上述范围,则无法判定该行为属于非法吸纳公众存款的行为。此外,还需注意的是,如果电商企业所吸纳的资金确实是公司有关人员的亲戚朋友或是公司内的特殊人群所交纳的,但公司有关人员的亲戚朋友所交纳的款项是来自于社会不特定对象,或公司在吸收了不特定对象作为企业内部人员以后,再吸纳这部分人的钱财,则这一行为构成非法吸收公共存款的行为。

因此,电商企业除了要注重审查公司吸收资金的宣传方式是否合法之

外，对于公司所吸收资金的来源也要谨慎判断，着重确认该资金是否来自社会不特定对象，进而识别企业的涉刑风险。

五、是否作出高回报承诺

随着人们理财观念的增强，越来越多的闲散资金被用作投资，过往的单纯向银行存款的投资行为已不能满足人们的需求，越来越多的人开始选用收益较大的理财方式，如购买股票、基金等。也正是由于人们理财观念的增强，一定程度上给不具有吸收公众存款资质的企业以可乘之机。这些企业往往会许诺各种高回报，如提高借款利率、承诺返本付息、承诺给予股份及分红、承诺分期给予超过所交货款的实物等方式，引诱大众将资金投向企业。

给予消费者各类优惠，可以帮助电商企业在很大程度上获得更多的消费市场。电商企业在实施某一重大优惠措施之前，最好预先判断所承诺的优惠是否具有合理性，所承诺的优惠到底达到的是吸收消费者资金的效果，还是刺激消费者进行消费的效果，进而再采取相应的纠正措施。

六、公司是否将吸收的资金用于实际经营

当公司要发展、建设时，需要足够的资金予以保障；当公司面临危机、缺乏现金流时，仍需要足够的资金帮助公司脱离困境。对大多数吸收公众存款的企业来说，吸收资金的目的是帮助企业更好地经营。因此，如果电商企业确实进行了非法吸收公众存款的活动，之后又把所吸收的资金全部投入企业的运营中，那就完全符合非法吸收公众存款罪的构成条件；但若电商企业实施了非法吸收公众存款的行为之后，并没有将该资金用于公司的经营，而是用于个人挥霍等私人用途，那么就极有可能涉嫌集资诈骗型犯罪。

第五节 社交电商、微商经营合规

按照对电子商务的广义理解，P2P也属于电商，因此，电子商务领域最容易涉嫌非法吸收公众存款行为的当属P2P网络借贷平台。可以说，P2P网

络借贷平台是国家在互联网快速发展到一定阶段后对于线上借贷关系给予私权利的大胆尝试,然而效果并不理想。P2P反映出来的影响社会稳定等一系列问题无法从根本上解决,有些国家也相继禁止P2P网络借贷平台继续发展下去。我国也于2018年由各省、自治区与直辖市政府对P2P网络借贷平台采取抑制和叫停措施,直至2019年,P2P网络借贷平台彻底退出历史舞台。

我国电子商务涉嫌的非法集资活动,笔者认为主要集中在社交电商和微商。社交电商和微商由于其天然的社交和计酬连接属性,使他们自身能形成代理关系并吸收很多会员。电商的运营很大程度依赖于代理商与会员进行的经营行为。由此,电商企业利用自己的平台优势作出一些筹集资金的行为,容易涉嫌非法吸收公众存款罪。那么,电商企业应如何有效防范非法吸收公众存款行为呢?笔者认为有以下几点。

一、防范吸收或变相吸收公众存款的行为

非法吸收公众存款罪侵犯的客体主要是国家的金融管理秩序,即不具备国家金融资质的企业不能直接或变相进行金融活动。因此,企业内部用于企业经营所筹集的必要的资金是允许的,法律上不予干涉。但是,内部筹资若演变成外部吸收存款,则触犯了国家的法律规定。

2021年我国《刑法修正案(十一)》对非法吸收公众存款罪、集资诈骗罪有关条文作出修改,以及2022年2月24日最高人民法院发布《关于修改〈最高人民法院关于审理非法集资刑事案件具体应用法律若干问题的解释〉的决定》,对原司法解释中有关非法吸收公众存款罪、集资诈骗罪的定罪处罚标准进行了修改与完善,即对于有如下情形之一的应当刑事立案:①非法吸收或者变相吸收公众存款数额在100万元以上的;②非法吸收或者变相吸收公众存款对象150人以上的;③非法吸收或者变相吸收公众存款,给存款人造成直接经济损失数额在50万元以上的等。

因此,社交电商或微商在筹集用于企业经营活动的必要资金时,要注意和把握前述涉及吸收资金之刑事风险的边界。

二、防范筹集的资金来源于不特定对象

企业针对内部相关人员或内部特定对象进行的必要借款，且用于生产经营的业务行为，均不得被确认为非法吸收公众存款的行为。但是，需要注意的是，要防止内部员工筹集资金行为的扩散与扩大，并涉及社会上的不特定对象。虽然资金是由单位相关人员交纳的，但若单位相关人员或其亲友所交纳的资金来自社会不特定对象，而且是单位内部人员通过一定的宣传方式（如微信朋友圈、微信群）针对不特定对象进行的，那么也可能涉嫌非法吸收公众存款。一来，这类社会不特定人员对收益的预期比较高，一旦不能兑现，随时可能控告公司或到处举报，影响社会稳定；二来，外面人员不了解企业实际经营状态，与公司管理层之间缺乏沟通与了解，相互不信任，企业被投诉概率高，被举报非法吸收资金行为的概率也高。

所以说，电商企业要谨慎判断，注意防范筹集的资金是否来自社会不特定对象，进而识别企业的涉刑事法律风险。

三、注意代理商"共同参股"替代集资问题

社交电商和微商企业通常都是采取一种比较新型的经营模式或公司有一项重大并有影响力的产品上市，一举打开市场，从而使一大批经销商成为地区代理商，一些销售员成为公司的会员。而电商企业以新型的经营模式或销售模式，通过网络让代理商和会员形成利益上的连接，公司召开会议或产品发布会增大自身凝聚力，让代理商和会员积极开拓市场和销售企业商品。有的企业以公司到境外、境内上市，新产品上市等招商会形式进行宣传，鼓励代理商购买原始股份、提前进货囤货、入股公司经营等，让代理商成为公司的股东，以共同参股的形式筹集巨额资金。而招商会的规模可以很大，通过媒体、传单、微信图片、手机短信等途径向代理商及社会公开宣传。对于电商企业来说，参加的人数越多越好，只要出钱即可签约成股东等。

如果代理商或者会员企业是企业长期合作的投资代理商，同企业早有合作协议或入股合同的，投资款必须用于电商平台的合法经营，符合约定用途，且按运营收益比例分配小股东利益。所以，笔者认为，只要电子商务平

台的运营总体上遵循电子商务法的规定，就无法界定为非法吸收公众存款行为。例如，代理商若是规定对方只要交钱即可成为或参股成为股东，则难免事后产生问题，也很容易涉及非法吸收公众存款的行为。

第六节　司法实务案例展示与评析

一、案例展示

（一）案情[1]

浙江望洲集团有限公司（以下简称"望洲集团"）于2013年2月28日成立，被告人杨某国为法定代表人、董事长。自2013年9月起，望洲集团开始在线下进行非法吸收公众存款活动。2014年，杨某国利用其实际控制的公司又先后成立上海望洲财富投资管理有限公司（以下简称"望洲财富"）、望洲普惠投资管理有限公司（以下简称"望洲普惠"），通过线下和线上两个渠道开展非法吸收公众存款活动。其中，望洲普惠主要负责发展信贷客户（借款人），望洲财富负责发展不特定社会公众成为理财客户（出借人），根据理财产品的不同期限约定7%～15%的年化利率募集资金。在线下渠道，望洲集团在全国多个省、市开设门店，采用发放宣传单、举办年会、发布广告等方式进行宣传，理财客户或者通过与杨某国签订债权转让协议，或者通过匹配望洲集团虚构的信贷客户借款需求进行投资，将投资款转账至杨某国个人名下42个银行账户，被望洲集团用于还本付息、生产经营等活动。在线上渠道，望洲集团及其关联公司以网络借贷信息中介活动的名义进行宣传，理财客户根据望洲集团的要求在第三方支付平台上开设虚拟账户并绑定银行账户。理财客户选定投资项目后将投资款从银行账户转入第三方支付平台的虚拟账户进行投资活动，望洲集团、杨某国及望洲集团实际控制的担保公司为理财客户的债权提供担保。望洲集团对理财客户虚拟账户内的资金进行调

---

[1] 最高人民检察院第十七批指导性案例 [ED/OL].（2020-03-25）[2024-03-05].https://www.spp.gov.cn/xwfbh/wsfbt/202003/t20200325_457166.shtml#1.

配，划拨出借资金和还本付息资金到相应理财客户和信贷客户账户，并将剩余资金直接转至杨某国在第三方支付平台上开设的托管账户，再转账至杨某国开设的个人银行账户，与线下资金混同，由望洲集团支配使用。

因资金链断裂，望洲集团无法按期兑付本息。截至2016年4月20日，望洲集团通过线上、线下两个渠道非法吸收公众存款共计64亿余元，未兑付资金共计26亿余元，涉及集资参与人13 400余人。其中，通过线上渠道吸收公众存款11亿余元。

（二）争议焦点

该案争议焦点是涉案公司经营业务属于正常的民间借贷业务，还是刑法上的非法吸收公众存款的犯罪行为？

（三）辩护意见

望洲集团的网上交易不构成犯罪，不应计入犯罪数额。我国法律允许P2P行业先行先试，望洲集团设立资金池、开展自融行为的时间在国家对P2P业务进行规范前，没有违反刑事法律，属民事法律调整范畴，不应受到刑事处罚，犯罪数额应扣除通过线上模式流入的资金。

（四）公诉意见

望洲集团在线上经营所谓网络借贷信息中介业务时，承诺为理财客户提供保底和增信服务，获取对理财客户虚拟账户内资金进行冻结、划拨、查询等的权限，归集客户资金设立资金池，实际控制、支配、使用客户资金，用于还本付息和其他生产经营活动，超出了网络借贷信息中介的业务范围，属于变相非法吸收公众存款。杨某国等被告人明知其吸收公众存款的行为未经依法批准而实施，具有犯罪的主观故意。

望洲集团在线上开展的网络借贷中介业务已从信息中介异化为信用中介，其对理财客户投资款的归集、控制、支配、使用及还本付息的行为，本质与商业银行吸收存款业务相同，并非国家允许创新的网络借贷信息中介行为，不论国家是否出台有关网络借贷信息中介的规定，未经批准实施此类行为，都应当依法追究刑事责任。因此，线上吸收的资金应当计入犯罪数额。

（五）法院认为

望洲集团以提供网络借贷信息中介服务为名，实际从事直接或间接归集资金，甚至自融或变相自融行为，本质是吸收公众存款。判断金融业务的非法性，应当以现行刑事法律和金融管理法律规定为依据，不存在被告人开展P2P业务时没有禁止性法律规定的问题。望洲集团的行为已经扰乱金融秩序，破坏国家金融管理制度，应受刑事处罚。

2018年2月8日，杭州市江干区人民法院作出一审判决，以非法吸收公众存款罪，分别判处被告人杨某国有期徒刑九年六个月，并处罚金人民币五十万元；判处被告人刘某蕾有期徒刑四年六个月，并处罚金人民币十万元；判处被告人吴某有期徒刑三年，缓刑五年，并处罚金人民币十万元；判处被告人张某婷有期徒刑三年，缓刑五年，并处罚金人民币十万元。在案扣押冻结款项分别按损失比例发还；在案查封、扣押的房产、车辆、股权等变价后分别按损失比例发还。不足部分责令继续退赔。宣判后，被告人杨某国提出上诉后又撤回上诉，一审判决已生效。

二、案例评析及启示

（一）案例评析

该案属于典型的公司通过平台从事非法吸收公众存款活动，涉事公司已经声明"国家允许P2P行业先行先试，望洲集团设立资金池、开展自融行为的时间在国家对P2P业务进行规范之前，没有违反刑事法律"，但企业相关责任人员最终仍被法院以非法吸收公众存款罪定罪处罚。这体现了国家对金融业务有严格的管理制度，不容任何企业有"钻空子"的机会。同时也说明我国政府在金融监管上的基本态度："金融需要发展和创新，而中国金融创新也需要合理防范可能产生的风险，因此需要严格执行金融监管法律法规，特别是按照法律规定必须经过批准后才开展的金融服务活动，不允许未经许可而以创新的名义私自进行。"

（二）案例启示

利用互联网开展各类经营活动的企业，要及时了解国家相关的法律法规，以做到适法经营。法律虽然具有一定的滞后性，但法律的滞后性也总会有被立法者所注意到的时候，并会通过相关的立法活动纠正。毫无疑问，利用互联网开展各类业务是当今社会的热潮，也是当前促进经济发展的重要手段。互联网类经营模式的创新性和前沿性使国家法律制度的管控存在真空地带，但相关经营者不应希冀于真空地带会一直存在，而应充分发挥公司法务部门或者合规部门的作用，时刻关注国家制定的与自身经营业务相关的法律规定，以预防将来可能存在的法律风险。

第六章　集资诈骗罪构成要件、风险识别与合规

集资诈骗罪是电子商务领域容易涉及且比较重的一个罪名。集资诈骗罪相当于是集资加诈骗的犯罪，先是非法吸收公众的资金，然后不用于企业经营活动，而是以占有为目的，个人挥霍掉资金或用于违法活动或携款潜逃、不知去向的犯罪。电子商务经营者如果把握不好，很容易涉嫌此罪。一些经营者利用平台的优势或创新模式体现的凝聚力，通过向代理商或用户、消费者筹集资金，当资金聚集到相当大量时，个别经营者受金钱诱惑不能自控，将资金转移或用于个人高消费，导致资金流失不能还给受害人，致使企业不能继续经营下去导致案发。

集资诈骗罪也是"非法集资"类型中最重的罪名。因为其具有了非法吸收公众存款和骗取他人金钱两种手段，因此，刑法上对于集资诈骗罪的处罚相当重。非法吸收公众存款只是将社会不特定对象的资金吸收，用于自身企业经营活动，扰乱我国的金融管理制度；集资诈骗罪侵犯的则是复杂客体，不仅扰乱了国家的金融管理制度，还侵犯了公私财产所有权。

在电子商务平台经营中，涉嫌集资诈骗罪的情形时常有之。一方面，电商企业以公司需要扩大生产、囤货或企业上市为由，通过让代理商和会员提前进货、购买原始股等方式筹集资金，且企业负责人将企业资金用于挥霍、违法犯罪活动或转移至境外等，涉嫌集资诈骗罪；另一方面，社交电商、微商销售让代理商和会员形成了上下级计酬或返利的关系，随着逐步做大，通过开招商会、新产品发布会等方式，让代理商和会员支持资金，之后却不能如约供货，钱款去向不明或占为己有，涉嫌组织、领导传销活动罪和集资诈骗罪两个罪名，法律上"择一重处"。

第一节　集资诈骗罪概念及特征

集资诈骗罪规定在我国《刑法》第192条，是以侵犯公私财产权利为客体的犯罪。

一、概念

集资诈骗是以非法占有为目的，使用诈骗方法非法集资的行为，以达到骗取集资款的目的。集资诈骗罪往往以互联网为载体，组织化、智能化、集团化的程度日益增强，涉案人数与金额不断增多。

二、特征

集资诈骗罪也是诈骗罪的一类，因此具备诈骗犯罪的本质特征——用诈骗方法获取他人财物。诈骗犯罪的基本构造是：行为人实施欺骗行为—对方（受骗者）产生错误认识—对方基于错误认识处分财产—行为人或第三者取得财产—被害人遭受财产损失。

诈骗就是虚构事实或隐瞒真相。不同形式的诈骗罪所采取的诈骗方法的具体形式并不相同，以集资诈骗罪来说，依据《最高人民法院关于审理诈骗案件具体应用法律的若干问题的解释》第3条第2款的规定："'诈骗方法'是指行为人采取虚构集资用途，以虚假的证明文件和高回报率为诱饵，骗取集资款的手段。"

第二节　集资诈骗罪构成要件

一、客体要件

本罪侵犯的客体为复杂客体，既侵犯了公私财产所有权，也侵犯了国家金融制度。集资诈骗通过欺诈手法蒙骗了社会公众，不但导致投资人的损失，同时更影响了金融机构存款、信贷产品等业务的顺利开展，严重损害了国家的金融管理秩序。

二、客观要件

（一）非法集资

《最高人民法院关于审理诈骗案件具体应用法律的若干问题的解释》第3条将"非法集资"界定为法人、其他组织或者个人，未经有关机关的批准，向社会公众募集资金的行为。募集资金存在两种形式，一种是面向特定对象的集资活动，一种是面向不特定对象的集资活动。针对特定对象的集资活动即民间借贷，而针对不特定对象的集资活动则涉嫌非法集资。根据证券法、公司法、商业银行法等法律规定，向社会公众吸收资金的合法形式主要有依法成立的金融机构吸收存款，公司企业依照法定程序发行股票、债券等。除此之外，任何主体擅自向社会公众融资的行为都是违法的。因此，企业经有关部门批准后可以向社会公众募集资金，且资金必须用于生产经营。此外，非法集资针对的是资金，若犯罪对象是非资金的财物，则属于一般的诈骗罪。

（二）使用诈骗方法

诈骗者通常利用投资人趋利心切，以及部分投资人没有投资意识、盲目投资的心态，诱之以高收益，打消投资人的顾虑，使其失去相应的投资风险意识，心甘情愿地投以重金。具体表现形式包括：虚构企业经营业绩，伪装企业经营有方、效益良好；先期斥巨资（一般也是诈骗所得）制造名企效应，罩上炫目光环；向社会公益事业投入赞助，大肆宣扬塑造"形象"；租借高档办公设施，精心装潢，大张旗鼓举行各类庆典，展示公司"实力雄厚"；不惜用"糖衣炮弹"贿赂地方官员，谎称得到有关政府领导和部门同意，借以狐假虎威，显示有来头、有靠山，编造实际上并不存在的企业或者企业计划，伪造有关批件，骗取社会公众信任；打着兴办"高精尖"高科技

企业或者集体企业的幌子，以优厚的红利为诱饵等。❶

（三）因果关系

诈骗犯罪是结果犯，结果犯的既遂不仅要求有犯罪行为，而且必须发生法定的犯罪结果，即欺诈行为和获财结果必须同时存在且具备因果关系，方可判断其犯罪行为既遂。行为人已经开展了诈骗活动，取得了其他人财物，但他人交付物品并非因陷于错误认识，而是其他因素所造成，不能认定为诈骗既遂。

（四）数额较大

《刑法》第192条明文规定，集资诈骗应当达到金额较大的标准，才能成立本罪。《最高人民法院关于审理诈骗案件具体应用法律的若干问题的解释》第3条规定："个人进行集资诈骗数额在20万元以上的，属于'数额巨大'；个人进行集资诈骗数额在100万元以上的，属于'数额特别巨大'。单位进行集资诈骗数额在50万元以上的，属于'数额巨大'；单位进行集资诈骗数额在250万元以上的，属于'数额特别巨大'。"

集资诈骗数额的认定是实务中的争议焦点。行为人出于多得赔偿的心态，往往多报损失金额；公诉机关在指控时，往往根据审计报告直接判定，缺少全局性的综合判断。在诈骗金额的认定上，首先，应当仅针对指控的被告人与报案人的往来部分进行认定；其次，被害人提供的银行单证、收据等显示的款项应当转入被告人账户；最后，已返还的款项以报案人的陈述和银行单据为根据，按有利于被告人原则认定。总之，集资诈骗数额的认定，需要有特定化证据予以支持❷，被告人的供述和辩解是扣减数额的重要依据。

《最高人民法院关于审理非法集资刑事案件具体应用法律若干问题的解释》第8条第3款规定："集资诈骗的数额以行为人实际骗取的数额计算，在案发前已归还的数额应予扣除。"除此之外，未向社会公开宣传，在亲友或

---

❶ 集资诈骗的主要表现形式是什么？[OE/OL].（2015-09-06）[2020-11-16].http://www.leiyang.gov.cn/ztzl/ffhdjffjzzt/xcwd/20200215/i1281377.html.

❷ 王兆忠，雷涛，刘旎．集资诈骗罪审理中常见疑难问题认定与证明[J].法律适用，2019（16）:99-108.

者单位内部针对特定对象吸收资金的部分应予扣除；预先扣除的利息、复利，应该从犯罪数额中扣除。因此，不能仅仅凭投资人、出借人提交的借条、借款合同、投资凭证来确定集资诈骗的数额，还需要对照相关银行流水、当事人对此的相关供述来对相关数额进行认定。

三、主体要件

集资诈骗罪的犯罪主体是复杂主体，具备刑事责任能力，年满16周岁的自然人和单位均可涉嫌本罪。而一般诈骗罪的犯罪主体只能是自然人。

四、主观要件

本罪在主观方面是故意，并且行为人具有非法占有的目的。"非法占有为目的"是集资诈骗罪和非法吸收公众存款罪的根本区别。实务中，对于已经采取强制措施的非法集资刑事案件，司法人员通常都认为，如果有证据能够证明行为人是以非法占有为目的，则以集资诈骗罪定性，否则就以非法吸收公众存款罪处理，以此作为案件处理的备选方案或者"下台阶"。[1]

《最高人民法院关于审理非法集资刑事案件具体应用法律若干问题的解释》第7条第2款规定："使用诈骗方法非法集资，具有下列情形之一的，可以认定为'以非法占有为目的'：

（一）集资后不用于生产经营活动或者用于生产经营活动与筹集资金规模明显不成比例，致使集资款不能返还的；

（二）肆意挥霍集资款，致使集资款不能返还的；

（三）携带集资款逃匿的；

（四）将集资款用于违法犯罪活动的；

（五）抽逃、转移资金、隐匿财产，逃避返还资金的；

（六）隐匿、销毁账目，或者搞假破产、假倒闭，逃避返还资金的；

（七）拒不交代资金去向，逃避返还资金的；

（八）其他可以认定非法占有目的的情形。"

---

[1] 王新.非法吸收公众存款罪的规范适用[J].社会科学文摘，2019（9）：65-67.

以上情况需要提供证据予以认定，即能够查明不用于生产经营活动或者用于生产经营活动与筹集资金规模明显不成比例、筹集资金用于逃匿、违法犯罪活动等情况，如果无法查清集资款项的去向，应坚持有利于被告的原则，不宜认定其具有非法占有的目的。❶

集资诈骗罪中的非法占有目的，应当根据具体情形进行认定。行为人部分非法集资行为具有非法占有目的的，对该部分非法集资行为所涉集资款以集资诈骗罪定罪处罚；非法集资共同犯罪中部分行为人具有非法占有目的，其他行为人没有非法占有集资款的共同故意和行为的，对具有非法占有目的的行为人以集资诈骗罪定罪处罚。需要注意，使用"诈骗方法"不等于"非法占有为目的"，认定"非法占有为目的"需要同时考虑投入生产的实际情况、是否具有还款行为和能力、事后态度及是否具有归还财物的意图、集资者的辩解是否客观和合理等。❷

第三节　集资诈骗罪实务常见争议焦点

实务中，集资诈骗罪与非法吸收公众存款罪容易混淆，在定罪量刑上也容易产生争议。《全国法院审理金融犯罪案件工作座谈会纪要》显示，集资诈骗罪和非法吸收公众存款罪在客观上均表现为向社会公众非法募集资金，区别的关键在于行为人是否具有非法占有的目的。对于以非法占有为目的的非法集资，或者在非法集资过程中产生了非法占有他人资金的故意，均构成集资诈骗罪。因此，是否具有非法占有目的是集资诈骗罪认定的重要标准。

在实务中，非法占有目的认定常存有争议。当判断集资行为是否具有非法占有目的时，一方面看行为人是否以诈骗手段取得资金，另一方面也要看行为人是否有永久占有资金的意图。不能仅依据较大金额的非法集资款无法返还，就判断当事人存在非法占有的目的。此外，行为人取得资金后，虽存

---

❶ 李勤.非法吸收公众存款罪与集资诈骗罪区分之问——以"二元双层次"犯罪构成理论为视角[J].东方法学，2017（2）：145-153.

❷ 王兆忠，雷涛，刘旎.集资诈骗罪审理中常见疑难问题认定与证明[J].法律适用，2019（16）：99-108.

在将资金用于个人消费或挥霍的情形,但如果将大部分资金用于投资或生产经营活动,也不应仅以此便认定具有非法占有的目的。如果拿部分非法集资款去高消费,但资金链断裂后积极将所购买的物品出售或抵债还债的,可以排除非法占有的意图。马克昌教授认为,将不法占有理解为不法所有,才是各种金融诈骗罪中"以不法占有为目的"的真正含义。

行为人是否具有非法占有目的,应当根据集资后资金的总体运用方式来认定。❶《最高人民法院关于审理非法集资刑事案件具体应用法律若干问题的解释》第7条规定了八种可以认定为"以非法占有为目的"的非法集资情形。

① 集资后不用于生产经营活动或者用于生产经营活动的资金与筹集资金规模明显不成比例,致使集资款不能返还的。一方面,"明显不成比例"没有准确的数值,根据法院的相关判决,非法集资款中仅有18%左右用于生产经营就可被认定为"明显不成比例"。但是,实务中的情形会更为复杂。比如,行为人集资后部分用于生产经营,部分用于消费或偿债。根据《全国法院审理金融犯罪案件工作座谈会纪要》的规定:"行为人将大部分资金用于投资或生产经营活动,而将少量资金用于个人消费或挥霍的,不应仅以此便认定具有非法占有的目的。"如果行为人把这些资金中的大部分用作生产经营,而用于个人消费或者挥霍的资金未超出预期收益,即便事后因经营失败而无法退还所集资款,也不能以此认定行为人具有非法占有的目的。在实践中,"明显不成比例"难以确切衡量,机械依据数字限定有可能扩大打击面、阻碍民营企业发展,应尽量采取存疑有利被告人的角度,采用相对宽容的态度来认定。

另一方面,集资后不用于生产经营活动或者用于生产经营活动的资金与筹集资金规模明显不成比例的,要与集资款不能返还存在因果关系,不能仅凭集资的投入行为及不能返还的后果来直接认定二者具有直接关系。刑事司法中,对于尚未发生的事实应当保持司法上的理性,避免滑入重刑主义和刑法工具主义。❷

---

❶ 方彬微.集资诈骗罪与非法吸收公众存款罪的区分 [J].人民司法(案例),2016(29):30.
❷ 邢红霞,田然.司法推定的证明方法及其限制——以集资犯罪"非法占有目的"为视角展开[J].法律适用,2019(22):77-86.

②肆意挥霍集资款，致使集资款不能返还的。一方面，"挥霍"指消费性支出，用于个人消费，如购买奢侈品、名表、名车，但需要考虑此类支出在总集资款中的占比，如果只占一小部分则不能就此认定"非法占有为目的"。同时，应当注意的是，企业家的"挥霍"不能等同于普通老百姓的"挥霍"，二者的消费规模有一定差距是正常的，应当具体问题具体分析，区分所谓高消费是属于"挥霍"还是"消费"范畴。另一方面，非法集资款用于生产经营、投资活动通常不属于"非法占有为目的"，但如果此类投资活动仅用作对外宣传资本实力雄厚的假象，属于欺骗手段，这类支出就应被认定为"非法占有为目的"。此外，挥霍集资款应与不能返还存在因果关系。

③携带集资款逃匿的。携款潜逃的事实可证明当事人存在拒绝退还所集资款的主观目的，如果因其他事由逃匿的，不构成"非法占有为目的"。

④将集资款用于违法犯罪活动的。将"用于违法犯罪活动"作为认定非法占有目的的一种情形，一方面是基于政策考虑，以体现从严打击的需要；另一方面由于用于违法犯罪的资金应当没收，因此行为人故意犯罪当然会导致资金不能返还。

⑤抽逃、转移资金、隐匿财产、逃避返还资金的。

⑥隐匿、销毁账目，或者搞假破产、假倒闭，逃避返还资金的。

⑦拒不交代资金去向，逃避返还资金的。

⑧其他可以认定非法占有目的的情形。实务中很多案件案发多年，资产依然难以变现，无法弥补被害人的损失。这也充分说明，有资产并不能绝对排除其具有非法占有的故意。

以上规则为"非法占有为目的"的司法判断提供了相对明确的指导，但"非法占有为目的"的最终认定应当经得起社会生活常识、经验法则的检验和约束，必须符合科学、合理的基本要求，并应当允许行为人证伪和反驳。

另外，对于在非法集资过程中产生的以非法占有为目的，应只对在非法占有目的支配下进行的非法集资行为以集资诈骗罪处理。一方面，共同犯罪中，共犯的故意内容可能有不同，所以对具有非法占有目的的行为人定集资诈骗罪，而不具有以非法占有为目的的行为人则可能构成非法吸收公众存款罪，不可一概而论；另一方面，行为人在实施集资行为的整个过程中，以非法占有为目的不一定贯穿始终,对非法占有目的产生前的行为以非法吸收公众存款罪处理,其后的行为才构成集资诈骗罪。例如,在尚某某等犯集资诈骗罪一案[1]中,法院认定,尚某某等人在共同非法集资刑事犯罪中,因他们均没有非法占有集资款的犯罪目的,他们的行为均构成非法吸收公众存款罪。

同时,应注意,同一集资行为的不同参与人的主观状态应当区分对待,公司职员如果知晓企业进行的是犯罪活动仍继续任职,仅领取工资也可构成从犯。

集资诈骗罪正式列入刑法罪名是 1997 年,当时最高刑期是死刑,最典型案例就是浙江"本色集团"法定代表人吴某案。后来,全国人大常委会在十八届三中全会上,决定要逐渐降低适用死刑的犯罪。《刑法修正案(九)》正式将集资诈骗罪的死刑处罚废除,改为最高刑期为无期徒刑。最高刑期虽然作了调整,但在新时期该罪名一样可以严重威慑企业。目前,集资诈骗罪仍然是电子商务领域涉嫌犯罪最重的罪名。根据我国《刑法》第 192 条的规定,集资诈骗罪以三年以上有期徒刑为起刑期,对于数额较大的处三年以上七年以下有期徒刑,并处罚金;对于数额巨大或者有其他严重情节的,处七年以上有期徒刑或无期徒刑并处罚金或者没收财产。对于单位犯前款罪的对单位判处罚金,并对具直接负责的主管人员和其他直接责任人员,依照前款的规定处罚。

第四节 集资诈骗罪构罪风险识别

集资诈骗罪规定于我国《刑法》第 192 条,《最高人民法院关于审理非法集资刑事案件具体应用法律若干问题的解释》对该罪名作出了解释。笔者认为,应该从以下几个方面来识别和防范集资诈骗罪。

一、是否存在非法集资的行为

同非法吸收公众存款罪一样,集资诈骗罪的客观行为也包括非法集资。

---

[1] (2017)陕刑终 315 号二审刑事判决书。

一般而言，合法的企业集资行为必须具备以下四个要件。①集资的主体应当是符合《公司法》规定的有限责任公司或者股份有限公司或者其他依法设立的具有法人资格的企业。②公司、企业聚集资金的目的，是为了用于公司、企业的设立或者公司、企业的生产和经营，不得用于弥补公司、企业的亏损和其他非经营性开支。③公司、企业募集资金主要通过发行股票、债券或者融资租赁、联营、合资等方式进行，其中发行股票和债券是主要的集资方式。④公司、企业在资金市场上募集资金的行为必须符合法律的规定，即募集资金的行为必须按照《公司法》及其他有关募集资金的法律、法规的规定，严格按照法定的方式、程序、条件、期限、募集的对象等进行，违反法律规定募集资金的行为是不允许的。❶反之，若不具有合法资质的公司、企业，以各种不正当的方式向社会不特定对象公开募集资金，便属于非法集资行为，将会受到刑法的规制。

电子商务企业对自身采用的可能涉及通过直接或间接的方式募集公众资金的行为，应审慎判断，准确确定相关行为的合法性。另外，除了集资行为的非法性外，集资诈骗罪中的非法集资行为也是针对社会不特定对象进行的，也会采用某种公开宣传的方式，向社会广而告之相关项目，从而达到吸引投资者的目的。

二、是否有虚构事实、隐瞒真相的行为

集资诈骗罪作为诈骗罪的一种，其客观行为要件自然也包括行为人采取虚构事实、隐瞒真相的方式，诱骗他人进行投资。《最高人民法院关于审理非法集资刑事案件具体应用法律若干问题的解释》第2条规定的11种行为，同样也属于诈骗行为，包括：①不具有房产销售的真实内容或者不以房产销售为主要目的，以返本销售、售后包租、约定回购、销售房产份额等方式非法吸收资金的；②以转让林权并代为管护等方式非法吸收资金的；③以代种植（养殖）、租种植（养殖）、联合种植（养殖）等方式非法吸收资金的；④不具有销售商品、提供服务的真实内容或者不以销售商品、提供服务为主要目的，以商品回购、寄存代售等方式非法吸收资金的；⑤不具有发行股票、

---

❶ 张军.刑法（分则）及配套规定新释新解（上）[M].9版.北京：人民法院出版社，2016：697.

债券的真实内容，以虚假转让股权、发售虚构债券等方式非法吸收资金的；⑥不具有募集基金的真实内容，以假借境外基金、发售虚构基金等方式非法吸收资金的；⑦不具有销售保险的真实内容，以假冒保险公司、伪造保险单据等方式非法吸收资金的；⑧以网络借贷、投资入股、虚拟币交易等方式非法吸收资金的；⑨以委托理财、融资租赁等方式非法吸收资金的；⑩以提供"养老服务"、投资"养老项目"、销售"老年产品"等方式非法吸收资金的；⑪利用民间"会""社"等组织非法吸收资金的。

以上11类行为均属于法律规定的需要受到刑法规制的通过诈骗方式募集资金的行为，但不排除还有其他类型的行为。因此，在识别电商企业涉嫌集资诈骗的刑事风险时，本质上还是得关注其所销售的商品或者已提供的服务是否真实，是否存在仅以销售商品或者以提供服务为由头，实则达到骗取钱财的目的。

三、有否实际经营及筹集资金是否用于企业经营活动

正常经营活动的开展是企业得以立足、发展的基本要求。对于实际没有经营活动的企业，却以各类具有良好市场前景的投资项目，引诱社会公众交纳钱财，明显具有集资诈骗的意味。因此，可以从某一电商企业是否存在正常的经营活动来判断其相关行为的涉刑风险。

在非法吸收公众存款罪中，虽然也存在着非法集资的行为，但涉案企业的主要目的在于将所募集的资金用于公司的生产经营，帮助公司解决资金不足的问题，公司的领导人并不会将所募集的资金据为己有。而从事集资诈骗活动的企业则不同，这类企业往往会成为公司管理人员谋取私利的工具，所募集的资金带来的经济利益，只会归相关管理人员个人享有或使用，而不会为公司的生产经营作出任何贡献。故而，在识别此种情况下电商企业涉嫌集资诈骗的风险时，既可以从公司角度来考量，也可以从公司管理人员的角度来分析。在公司层面上，若某电商企业实际实施了非法集资的行为，但公司现金流的流向却不是各大经营项目，公司并未因所募集的资金获得任何好处，那么便有可能存在集资诈骗的风险；在公司管理人员的层面上，若相关管理人员打着公司的名义从事非法集资的行为，却中饱私囊，将所募集的资

金用于个人，并挥霍无度，那么同样也有可能涉嫌集资诈骗罪。

四、是否将募集的资金用于违法犯罪

在判断实施了非法集资行为的行为人是否构成集资诈骗罪时，最重要的就是判断行为人对于涉案集资款项是否具有占有目的。而除行为人将集资款用作个人挥霍以外，将集资款项用于违法犯罪也一样能判断行为人有非法占有该集资款项的目的。一方面，用于违法犯罪的集资款无法带来合法利益，投资人有可能因此而面临资金上的损失。另一方面，用于违法犯罪的集资款也终将可能被当作赃款来处理。根据《刑法》第64条的规定："犯罪分子违法所得的一切财物，应当予以追缴或者责令退赔；对被害人的合法财产，应当及时返还；违禁品和供犯罪所用的本人财物，应当予以没收。"虽然这意味着在行为人将集资款用于违法犯罪之后，投资人还是有机会获得财产的返还，但非法集资人在将集资款用于违法犯罪时，就代表其放弃了相关钱款的合法性，使相关集资款处于随时可能遭受灭失的风险之中，此时就可以认定行为人有非法占有该集资款的目的。

若电商公司通过直接或间接的途径进行了违规筹集资金的活动，并将该集资款用于违法犯罪活动，那么可以在很大程度上认定其具有占有集资款的目的。

五、是否有逃避返还资金的行为

实施集资诈骗的行为人主要目的是占有相关集资款，其会实施各类行为达到该目的。例如，当涉案企业募集的资金款进入了公司账户，或者进入了公司管理人员的账户，为避免公安机关对相关集资款进行追缴，避免受害人通过民事诉讼的方式强制执行涉案的钱款，非法集资人会通过抽逃、转移资金、隐匿财产的手段，达到隐瞒相关钱款去向的目的；还有些企业为了不让集资诈骗的行为暴露，就会伪造公司经营效益不好，相关投资项目面临巨大亏损的情况，再采用隐匿、销毁账目，或者假破产、假倒闭，让人误以为相关企业仅仅是因为经营上的问题导致不能向投资人归还投资款，非法集资人

进而实现占有集资款的目的；更有甚者，当非法集资活动曝光以后，面对公安机关讯问时，如果非法集资人拒不交代款项去向，或者存在逃避归还款项的明显目的等情况，就可以认定一些犯罪分子存在占有集资款的目的。

综合以上因素，电商企业在实施了非法集资行为之后，抽逃、转移资金、隐匿财产、隐匿、销毁账目，或者假破产、假倒闭等，逃避返还资金的，则可以认定相关企业具有非法占有集资款的目的。

六、是否给被害人造成损失

在判断相关集资行为是否构成集资诈骗罪时，还需要考量最终有无给投资人造成财产上的损失。若存在相关的非法集资行为，但却不存在被害人，没有给相关投资人造成损失，则不能认定存在集资诈骗行为。此外，被害人有财产损失的，其原因需要能归结于非法集资人因非法占有目的而采取的不当行为，若非法集资人实际将集资款用于企业的生产经营，同时给投资人造成的损失也是因为企业经营不当，从而造成无法向投资人返还资金，那么便不能认为存在集资诈骗罪中所指的损失。

《最高人民法院关于审理非法集资刑事案件具体应用法律若干问题的解释》第5条第3款规定："集资诈骗的数额以行为人实际骗取的数额计算，在案发前已归还的数额应予扣除。行为人为实施集资诈骗活动而支付的广告费、中介费、手续费、回扣，或者用于行贿、赠与等费用，不予扣除。行为人为实施集资诈骗活动而支付的利息，除本金未归还可予折抵本金以外，应当计入诈骗数额。"由此可知，在认定投资人的具体损失数额时，要对投资人已经获得返还的本金进行扣除，再判断实际有无造成投资人损失。

在识别电商企业涉嫌集资诈骗的风险时，同样也可以从有无给相关投资人造成损失来进行判断。若无，则说明不存在集资诈骗的行为；若有，则需再细究造成投资人损失的原因，是否可归结于非法集资人意图占有集资款的恶意，从而识别相关刑事风险。

七、消费者投资电商企业目的的考量

电商平台的主要功能为出售产品并提供售后服务，大多数消费者通过电商平台消费的主要目的也是获得相应的商品或者服务。而在集资诈骗活动中，电商平台被不当利用，呈现畸形发展，电商平台内的非法经营者的主要目的已不仅限于推销产品或提供服务，而在于通过各种表面的经营行为，达到隐藏非法集资的目的，而消费者也不再仅仅把电商平台当成消费的渠道，而是看作投资的工具，希冀通过交纳一定资金的方式，获得资本所带来的红利。

事实上，若消费者与电商经营者之间并不存在某种交易关系，或者仅存在少量的交易内容，而消费者仍愿意源源不断地把钱交予电商经营者，那么同样也可以怀疑其中是否涉嫌集资诈骗。

第五节　社交电商、微商经营合规

非法吸收公众存款罪和集资诈骗罪，是电商平台融资或股权众筹常涉及的罪名。前者的入罪难度相对较小，仅面向不特定目标吸收资金还本付息即可构罪；而后者则主要是以非法占有资金为目的，不仅吸收投资，而且事后个人还挥霍所吸收的钱款，或将钱款占为己有，笔者重点阐述和分析集资诈骗罪的骗取要件之防范问题。

一、防范企业将钱款不用于企业经营上

到目前，可以说企业单纯依靠打造商业模式就能盈利的时代已经结束。某电商企业只依靠某种商业模式或某项目，而无真实的商品或服务就能吸引大量的人大规模的参与投资的时期已经不复存在。随着国家5G网络的铺开，直播电商和短视频的存在，人们更注重和看得清企业生产经营或服务的真实面目，如果只是打造概念，难以再吸引人广泛关注和投资。因此，电商企业应把精力投放到企业实实在在的生产经营上或真实服务的打造上。

而集资诈骗相较于非法吸收公众存款的最大区别是不将钱款用于经营上。非法吸收公众存款是把钱款用于生产经营，企业负责人不占有钱款；集资诈骗则是主要用于或绝大部分用于非生产经营上。例如，企业负责人将钱

款不用于约定目的，要么转移到国外用于个人挥霍、用于违法和犯罪上，即钱款用途没有经过公司股东的集体讨论，企业负责人权力过于集中，钱款用途和企业生产经营上没有因果关系，对于企业经营没有好处。因此，电商企业经营要防范集资诈骗最主要的一点是要注意不要把筹集的资金用在与生产经营不相关的事项上。

二、防范电商企业经营的一般欺诈演变成骗取行为

比较常见的情形是，集资诈骗罪案件一旦发生，企业负责人往往辩解公司的钱用在了生产经营上。例如，笔者团队所办理的广东佛某某公司被控集资诈骗罪一案中，该企业负责人就称代理商筹集上来的资金，一部分是用于企业发放员工工资、支付写字楼租金、购买并囤积了大量货物；一部分是用于企业经营有关的未来可以发展很好的"动漫城"项目上；一部分是用于购买海南三亚的别墅、湖南某地的别墅，将来作为办公室使用。而该辩解意见部分能成立，部分难以成立。首先，用于发放工资、支付房租和购买货物是有记录的；其次，用于"动漫城"并没有经过股东会议和代理商会议，也没有记录，只是底下部分人有过沟通；最后，购买海南三亚、湖南某地的别墅用的又是企业负责人亲戚的名字，以及别墅将来办公用难有说服力。

因此，电商企业把握好钱款的用途，对于防范集资诈骗罪有帮助。而要弄明白该问题，还得从电商平台经营者的骗取是实质骗取还是形式骗取着手。民事欺诈是指在违背真实意思的情况下实施的民事法律行为。对于民事欺诈行为，只要有隐瞒真情让对方作出错误意思表示即可成立，是以行为定论。而刑事诈骗（包括集资诈骗、合同诈骗、一般诈骗）不同，它采取行为定论加结果定论等于主观目的论。我国刑法上以行为人主观上"具有非法占有为目的"判定诈骗。民事上实施欺诈行为，使得对方陷入错误认识，目的在于取得合同交易机会；刑事上实施诈骗行为，使得对方陷入错误认识并达成交易，目的还不在于此，而在于将对方资金骗取后实际占有。前者从客观行为（无论形式和实质，形式反映实质）上考量，而后者从主、客观相统一（形式和实质统一）上考量。

电商平台经营者是形式骗取还是实质性骗取，对确定集资诈骗罪也有很

大作用。比如，某电商平台的经营者编造业绩和发展前景，意图把公司产品做大做强，并募集代理商资金进行运营活动，之后隐瞒经营的实效抑或经营管理活动不规范，代理商意见较大，投诉和控告要求退还资金。这时需要区分处理。虽然形式上该经营者是在编造业绩和发展前景，在行为上也是隐瞒经营的真实效果。但是，实质上经营者和受害人主观意图的方向是相同的，都是为了生产经营，为了赚取利益。过程中虽存在夸大业绩或不实的情况，实质上是经营所致，不能完全就认为经营者以占有为目的。

第六节　司法实务案例展示与评析

一、案例展示

（一）案情[1]

2016年年底，陈某（另案处理）注册成立浙江龙商惠电子商务有限公司（以下简称"龙商惠公司"）。为探寻公司新的经营模式，获取相关经济利益，陈某与施某武（另案处理）、被告人陈某芳、李某勇等人合谋以所谓"商品证券化"的形式，将基因检测项目打包成基因检测产品与资产包捆绑发售。具体经营模式为：投资人以1万元的价格购买1个基因检测产品（实际为委托北京博奥生物有限公司检测，成本为380元/个）后，获取在公司电子交易平台上以1000元/个的价格配购20个资产包的资格，资产包可以自由交易。2017年3月至5月，陈某联系北京汇智通财科技有限公司开发了"龙惠云"电子交易平台，并进行相关功能和参数的设置，开通电子交易终端。

为广泛招揽投资人，被告人陈某芳、李某勇、方某花和陈某、施某武、黄某进、马某露等人，偷换概念、混淆视听、夸大其词，通过现场会、微信、宣传PPT等方式，向社会公众灌输龙商惠公司发售资产包是响应国家大力发展资产证券化的号召。宣称资产包"限量发售、循环交割、包接尾

---

[1] （2020）浙07刑终473号二审刑事裁定书。

盘""单边上扬、只涨不跌、包接尾盘",每日涨跌幅度为10%,涨至1万元封顶,骗取投资者信任。在实际经营过程中,利用平台软件制造资产包价格不断上扬的假象,进一步诱骗大量不明真相的投资者投资,所有投资人通过平台转入第三方资金支付平台的入金,由陈某实际掌控分配。

在龙商惠公司运营过程中,陈某、陈某芳、施某武、李某勇、黄某进、方某花、马某露等人组织严密,分工明确。陈某为董事长、陈某芳为总裁,负责该公司的全面工作;施某武为副总裁、李某勇为市场总监、方某花为客服主管兼市场开发,三人与黄某进、马某露等大市场领导人一起负责开拓市场、招揽投资人进行投资。龙商惠公司相继发行了三期资产包,先后利诱李某1、金某2、郭某等全国各地众多投资人投资,至案发造成投资人损失数百万元以上。同时,陈某、陈某芳、施某武、李某勇、黄某进、方某花、马某露等人通过佣金返还、手续费、奖金等方式获取了巨额非法利益。被告人陈某芳违法所得人民币200多万元,被告人李某勇违法所得人民币80多万元,被告人方某花违法所得人民币30多万元。

(二)争议焦点

被告人是否具有非法占有集资款的目的。

(三)辩护意见

①被告人在主观上不是以非法占有为目的;②因公诉机关所指控涉案金额事实不清、证据不足,公司的投资、经营等情况尚未查清,对各被告人认定非法吸收公众存款罪为宜;③案发后,被告人拿出了部分款项退还给受害人,积极退赃。

(四)公诉意见

为了广泛吸引新投资人,对被害人陈某芳、李某勇、方某华、陈某、施某武、黄某进、马某露等人经常进行偷换观念、混淆视听、夸大之词,大肆宣称资产包"限量发售、循环交割、包接尾盘""单边上扬、只涨不跌、包接尾盘",每日涨跌幅度为10%,涨至1万元封顶,骗取投资者信任。全国各地逾2000余名投资人投资,至案发造成投资人损失累计人民币900万元以上。

公诉机关认为，被告人陈某芳、李某勇、方某花及其团伙以非法占有为目的，使用诈骗的方法非法集资，数额特别巨大。

（五）法院认为

股权证书、被害人的陈述、龙商惠平台资料、基因检测数据统计表、善后方案复印件、被告人的供述等能够相互印证，证实被告人与同伙对外宣称发售资产包是响应发展资产证券化，"限量发售、循环交割、包接尾盘""单边上扬、只涨不跌、包接尾盘"骗取投资者信任，吸引"投资"，非法占有目的明确。辩护人认为原告在主观上并不是以非法占有资金为目的，不构成集资诈骗，系非法吸收公众存款行为的意见，本院不予采纳。

最终认定被告人陈某芳犯集资诈骗罪，判处有期徒刑十三年，并处罚金人民币四十万元。被告人李某勇犯集资诈骗罪，判处有期徒刑十年二个月，并处罚金人民币三十万元。被告人方某花犯集资诈骗罪，判处有期徒刑六年六个月，并处罚金人民币十二万元。

二、案例评析及启示

（一）案例评析

该案中，所谓的"资产包"已经超越了传统商品的范围，涉案电商企业名义上打着买卖商品的旗号，实则为买空卖空的行为。所谓的"资产包"，既不具有使用价值，又不具有交换价值；既不属于传统的实物商品，也不属于新型的虚拟产品。电商企业开展销售行为的意图并不在于通过销售产品获利，而在于通过一定的名义达到敛财的目的；消费者购买产品的目的也不在于使用产品，而在于通过购买产品达到获得高额利润的目的。从这些特征可以看出，该案毫无疑问存在非法集资行为，非法集资人在获得集资款后未及时向消费者返还，给消费者造成经济损失，从而构成集资诈骗罪。

（二）案例启示

尽管市场上出现的产品的类型琳琅满目，产品的营销方法也是多种多样，但产品具有使用价值与交换价值的本质却没有变化。电商经营者在经营过程中，不要企图钻法律空子，通过虚构各种实际不存在的商品销售活动，达到非法目的。企业管理者要对销售部门出具的对企业发展影响性较大的销售方案进行严格审核，既要防范员工剑走偏锋给企业带来刑事风险，也要坚决杜绝管理者自身的违法犯罪念头，坚持做好合法、合规经营。

第七章　非法经营罪构成要件、风险识别与合规

　　非法经营罪是指未经许可经营专营、专卖物品或其他限制买卖的物品，买卖进出口许可证、进出口原产地证明及其他法律、行政法规规定的经营许可证或批准文件，或从事其他非法经营活动，扰乱市场秩序，情节严重的行为。非法经营涉及的面很广，最高人民法院、最高人民检察院分别以解释的形式对有关专营、专卖的领域进行了列举。涉及非法经营的司法解释有《最高人民法院、最高人民检察院关于办理妨害预防、控制突发传染病疫情等灾害的刑事案件具体应用法律若干问题的解释》《最高人民法院、最高人民检察院关于办理非法生产、销售、使用禁止在饲料和动物饮用水中使用的药品等刑事案件具体应用法律若干问题的解释》《最高人民法院关于审理破坏森林资源刑事案件适用法律若干问题的解释》《最高人民法院关于审理破坏野生动物资源刑事案件具体应用法律若干问题的解释》《最高人民检察院关于非法经营国际或港澳台地区电信业务行为法律适用问题的批复》等内容。

　　国家对于特种行业实行特许经营许可。未获得有关行政机关许可而从事特种行业经营，以牟利为目的，故意为之且情形严重的自然人或单位，可能涉及非法经营罪。非法经营罪前身为投机倒把罪。后来，投机倒把罪作为"口袋罪"被1997年《刑法》取消，后又以非法经营罪保留至今，但司法实务中，仍然争议不断。

第一节　非法经营罪概念及特征

　　非法经营罪规定在我国《刑法》第225条之中。

一、概念

非法经营罪是指违反国家规定，从事非法经营活动，扰乱市场秩序，情节严重的行为。❶

二、特征

不是所有的经营活动都涉及非法，只有法律明确规定不能从事的经营活动才可能涉嫌非法。非法经营罪具备四个方面特征。

（一）非法性

构成本罪的前提条件是违反国家有关法规。如果不是违反国家法规，就不能确定为本罪。

（二）经营性

非法经营罪要求行为人从事经营活动。经营活动有两个构成要素：一是行为的内容是提供商品或者服务；二是行为的目的是营利，即提供商品或服务的目的是赚取利润。非法经营活动包括：①未经许可经营法律、行政法规规定的专营、专卖物品或者其他限制买卖的物品；②买卖进出口许可证、进出口原产地证明以及其他法律、行政法规规定的经营许可证或者批准文件的；③未经国家有关主管部门批准非法经营证券、期货、保险业务的，或者非法从事资金支付结算业务的；④其他严重扰乱市场秩序的非法经营行为。

（三）扰乱市场秩序

非法经营罪打击的行为是未经许可从事特定物品或者特定行业的经营行为，因此该罪保护的是市场准入秩序，而非市场管理秩序。此外，成立非法经营罪要求非法经营行为扰乱市场秩序达到一定的危害程度，否则也就不具备与《刑法》第225条规定的非法经营罪相当的社会危害性和刑事处罚的必要性，因而不构成非法经营罪。

---

❶ 高铭暄，马克昌.刑法学[M].9版.北京：北京大学出版社，2019：461.

（四）情节严重

非法经营罪是情节犯，非法经营行为只有达到"情节严重"的程度才可能构成本罪，否则非法经营行为仅可能构成行政违法。

作为典型的贪利型犯罪，认定标准应以非法经营数额为主要依据。同时，社会影响的恶劣程度、犯罪的动机、手段等也可作为参考依据。

第二节 非法经营罪构成要件

一、客体要件

非法经营罪侵犯的客体是国家限制买卖的物品和经营许可证的市场管理制度。在我国，一些有关国计民生、人民生命健康安全和公共利益的物资，经营者必须经过有关部门批准，获取经营许可证后才能从事经营活动。没有经过经营许可而擅自予以经营的即非法经营，会扰乱市场管理制度，进而影响市场经济的健康运行。本罪的犯罪对象主要是专营、专卖物品或者其他限制买卖的物品，进出口许可证、进出口原产地证明及其他法律、法规规定的经营许可证、批准文件。

二、客观要件

（一）违反国家规定

根据《刑法》第96条的规定，"违反国家规定"是指违反全国人大及其常委会、国务院制定的法律。由国务院各个部委制定的行政规章、地方人大制定的地方性法规、地方政府制定的行政规章，均不属于国家规定范围之列。

（二）从事非法经营活动

非法经营的内容具体包括以下四类。

① "专营、专卖物品"指在市场经济条件下，只有对个别关系国计民生的重要货物、产品才必须纳入专营、专卖的范畴。所谓专营，一般是指由政府颁发的专营权，主要是具有垄断性质的服务或某些特殊权利。根据现有有效法律、行政法规的规定，只有食盐是专营的。所谓专卖，是对特定消费物资的生产和销售，由国家专卖部门垄断经营和管理的制度。根据现行法律的规定，只有烟草是专卖的。"其他限制买卖的物品"是指国家在一定时期实行限制性经营的物品，如化肥、农药等，这类物品不是固定不变的。

② "进出口许可证"是由国务院对外经济贸易管理部门及其授权机构签发，允许商品进口或出口的证书。"进出口原产地证明"是指在国际贸易中，对某一特定产品的原产地进行确认的证明文件。"其他法律、行政法规的经营许可证或者批准文件"是指法律、行政法规规定的所有的经营许可证或者批准文件，如矿产开采、森林采伐、野生动物狩猎等许可证。

③ "非法从事资金支付结算业务"是指地下钱庄非法从事商业银行才能开展的接受客户委托代收代付，从付款单位存款账户划出款项，转入收款单位存款账户，以此完成客户之间债权债务清算或资金调拨的业务活动。

④ "其他严重扰乱市场秩序的非法经营行为"作为一个"口袋条款"，涉及诸多情况。根据现有立法及司法解释，与电子商务领域相关的非法经营行为具体包括以下几种。

A. 违规删除、发布信息。例如，网络有偿删帖服务，通过网络加入大量危机公关、负面舆情处理QQ群、微信群，发布能够帮忙删帖的相关广告信息，与有删帖需要的客户联系，根据客户要求删除帖子所在的网站和帖子内容。《最高人民法院、最高人民检察院关于办理利用信息网络实施诽谤等刑事案件适用法律若干问题的解释》第7条第1款规定："违反国家规定，以营利为目的，通过信息网络有偿提供删除信息服务，或者明知是虚假信息，通过信息网络有偿提供发布信息等服务，扰乱市场秩序，具有下列情形之一的，属于非法经营行为'情节严重'，依照刑法第二百二十五条第（四）项的规定，以非法经营罪定罪处罚：（一）个人非法经营数额在五万元以上，或者违法所得数额在二万元以上的；（二）单位非法经营数额在十五万元以上，或者违法所得数额在五万元以上的。"

B. 哄抬物价、牟取暴利。《最高人民法院、最高人民检察院关于办理妨害预防、控制突发传染病疫情等灾害的刑事案件具体应用法律若干问题的解释》第6条："违反国家在预防、控制突发传染病疫情等灾害期间有关市场经营、价格管理等规定，哄抬物价、牟取暴利，严重扰乱市场秩序，违法所得数额较大或者有其他严重情节的……"

C. 非法买卖外汇。《最高人民法院、最高人民检察院关于办理非法从事资金支付结算业务、非法买卖外汇刑事案件适用法律若干问题的解释》第2条："违反国家规定，实施倒买倒卖外汇或者变相买卖外汇等非法买卖外汇行为，扰乱金融市场秩序，情节严重的……"

D. 非法出版。《最高人民法院关于审理非法出版物刑事案件具体应用法律若干问题的解释》第11条："违反国家规定，出版、印刷、复制、发行本解释第一条至第十条规定以外的其他严重危害社会秩序和扰乱市场秩序的非法出版物，情节严重的……"第15条："非法从事出版物的出版、印刷、复制、发行业务，严重扰乱市场秩序，情节特别严重，构成犯罪的……"

E. 擅自经营国际电信业务。《最高人民法院关于审理扰乱电信市场管理秩序案件具体应用法律若干问题的解释》第1条："违反国家规定，采取租用国际专线、私设转接设备或者其他方法，擅自经营国际电信业务或者涉港澳台电信业务进行营利活动，扰乱电信市场管理秩序，情节严重的……"

F. 擅自发行、销售彩票。《最高人民法院、最高人民检察院关于办理赌博刑事案件具体应用法律若干问题的解释》第6条："未经国家批准擅自发行、销售彩票，构成犯罪的……"

G. 非法经营证券业务。《最高人民法院、最高人民检察院、公安部、中国证券监督管理委员会关于整治非法证券活动有关问题的通知》规定，任何单位和个人经营证券业务，必须经证监会批准。未经批准的，属于非法经营证券业务；涉嫌犯罪的，以非法经营罪追究刑事责任。对于中介机构非法代理买卖非上市公司股票，涉嫌犯罪的，以非法经营罪追究刑事责任。

H. 非法经营烟草专卖品。《最高人民法院、最高人民检察院关于办理非法生产、销售烟草专卖品等刑事案件具体应用法律若干问题的解释》第1条第5款："违反国家烟草专卖管理法律法规，未经烟草专卖行政主管部门许可，无烟草专卖生产企业许可证、烟草专卖批发企业许可证、特种烟草专卖经营企业许可证、烟草专卖零售许可证等许可证明,非法经营烟草专卖品,情节严重的……"

I.擅自发行基金份额募集基金。《最高人民法院关于审理非法集资刑事案件具体应用法律若干问题的解释》第11条:"违反国家规定,未经依法核准擅自发行基金份额募集基金,情节严重的……"

J.生产、销售国家禁用非食品原料。《最高人民法院、最高人民检察院关于办理危害食品安全刑事案件适用法律若干问题的解释》第11条第1款:"以提供给他人生产、销售食品为目的,违反国家规定,生产、销售国家禁止用于食品生产、销售的非食品原料,情节严重的……"

K.生产、销售赌博功能的电子游戏设施设备或者其专用软件。《最高人民法院、最高人民检察院、公安部关于办理利用赌博机开设赌场案件适用法律若干问题的意见》第4条:"以提供给他人开设赌场为目的,违反国家规定,非法生产、销售具有退币、退分、退钢珠等赌博功能的电子游戏设施设备或者其专用软件,情节严重的……"

(三)扰乱市场秩序

作为罪状的"扰乱市场秩序",是对危害后果的描述,非法经营行为都只有扰乱了市场秩序,才能成为刑法评价的对象。如果非法经营行为既没有严重破坏社会秩序,也不具有与《刑法》第225条确定的非法经营行为相当的社会危险性及刑事处罚的必要,则不构成非法经营罪。

在王某军非法经营再审改判无罪案中,法院判定被告人王某军于2014年11月至2015年1月,没有办理粮食收购许可证及工商营业执照而买卖玉米的事实清楚,其行为违反了当时的国家粮食流通管理有关规定,但尚未达到严重扰乱市场秩序的危害程度,不具备与《刑法》第225条规定的非法经营罪相当的社会危害性和刑事处罚的必要性,不构成非法经营罪。原审判决认定王某军构成非法经营罪适用法律错误,检察机关提出的王某军无证照买卖玉米的行为不构成非法经营罪的意见成立,原审被告人王某军及其辩护人提出的王某军的行为不构成犯罪的意见成立,法院均予以采纳。❶

---

❶ 指导案例97号:王力军非法经营再审改判无罪案[EB/OL].(2019-08-28)[2021-07-15].https ://splcgk.court.gov.cn/gzfwww/qwal/qwalDetails?id=ff8080816c22fc85016cd5f2be250dd7.

（四）情节严重

根据《刑法》第225条的规定："违反国家规定，有下列非法经营行为之一，扰乱市场秩序，情节严重的，构成非法经营罪。"其中，"情节严重"作为非法经营罪的构成要件，即只有当非法经营行为到达"情节严重"的程度才能构成非法经营罪。司法实践中，"情节严重"一般以数额认定。根据《最高人民检察院、公安部关于公安机关管辖的刑事案件立案追诉标准的规定（二）》第71条第1款第（十二）项的规定，从事其他非法经营的，具有下列情形之一的，可以认定为"情节严重"：

"（一）个人非法经营数额在五万元以上，或者违法所得数额在一万元以上的；（二）单位非法经营数额在五十万元以上，或者违法所得数额在十万元以上的；（三）虽未达到上述数额标准，但二年内因同种非法经营行为受过二次以上行政处罚，又进行同种非法经营行为的；（四）其他情节严重的情形。"

广东省高级人民法院2013年10月16日发布的《全省法院经济犯罪审判工作座谈会纪要》规定，其他非法经营行为，个人非法经营数额在5万元以上或者违法所得数额在1万元以上的，属于"情节严重"；个人非法经营数额在200万元以上或者非法所得数额在40万元以上的，属于"情节特别严重"。

由于实践中可能遇到的非法经营案件种类繁多，司法解释对不同种类的经营行为的定罪要素和定罪标准不完全相同，需要在处理具体案件时，既以司法解释的相关规定为依据，也要从《刑法》第225条所确定的不同情形的行为样态对社会的危害本质上把握具体条件，做到罪责一致。❶ 不仅要考察非法经营额，同时还要根据行为人是否采取了非法经营行为，以及有没有给国家经济带来了严重损失，还是造成了其他更严重的经济后果等多方面综合判断是否入罪。

三、主体要件

本罪的主体是一般主体，即一切达到刑事责任年龄、具有刑事责任能力的自然人。本罪的主体不限于经商之人，依法成立、具有责任能力的单位也

---

❶ 卢建平，楼伯坤．对非法经营罪罪状要素司法认定的新思考[J]．人民检察，2018（11）：21-27.

可以成为本罪的主体。

四、主观要件

非法经营罪的主观要件是直接故意，有谋求不法利益的目的。在司法实践中，可以从以下几个方面来判断行为人的主观状态。① 行为人经营活动的专业知识水平及经营时间的长短；② 所经营的物品是否为社会公众所熟知的国家专营、特许经营或者限制买卖类物品；③ 是否因该经营活动受到过处罚。如果当事人并不是以谋取不法利益为目的，而是因为不了解法规、政策买卖经营许可证的，就不应该以犯罪论处，应当由主管部门对其追究行政责任。

第三节　非法经营罪实务常见争议焦点

一、违反国家规定

司法实践中，经常出现争议的问题就是国务院政府办公室转发的有关部门及各个部委的规章，究竟是不是属于国务院的法律规定。《最高人民法院关于准确理解和适用刑法中"国家规定"的有关问题的通知》规定："'国务院规定的行政措施'应当由国务院决定，通常以行政法规或者国务院制发文件的形式加以规定。以国务院办公厅名义制发的文件，符合以下条件的，亦应视为刑法中的'国家规定'：（1）有明确的法律依据或者同相关行政法规不相抵触；（2）经国务院常务会议讨论通过或者经国务院批准；（3）在国务院公报上公开发布。"

该通知强调："各级人民法院在刑事审判工作中，对有关案件所涉及的'违反国家规定'的认定，要依照相关法律、行政法规及司法解释的规定准确把握。对于规定不明确的，要按照本通知的要求审慎认定。对于违反地方性法规、部门规章的行为，不得认定为'违反国家规定'。"

在丁某军非法经营案中，判决认定刑法中的"违反国家规定"是指违反全国人民代表大会及其常委会制定的法律和规定，国务院制定的行政法规、规定的行政措施、发布的决定和命令。《中华人民共和国陆生野生动物保护实施条例》于 1992 年 2 月 12 日由国务院批准，同年 3 月 1 日由林业部发布，根据 2011 年 1 月 8 日《国务院关于废止和修改部分行政法规的决定》第一次修订，根据 2016 年 2 月 6 日《国务院关于修改部分行政法规的决定》第二次修订。虽然该条例形式上类似于部门规章，但因其由国务院批准，实质上应具有行政法规效力。❶

二、属于行政违法还是刑事犯罪

如果行为人不具备刑法明文规定的非法经营犯罪行为的具体构成要件，就不构成违法犯罪，违法行为应由相关的行政机关依法查处。在李某峰非法经营案中，法院在认定非法经营成品油是否构成犯罪时，关键看其所经营的产品是不是法律、行政部门法规所规定的专营、专卖产品或是其他限制买卖的物品。汽油规定在国务院《危险化学品安全管理条例》里，属于行政法规；而柴油规定在商务部《成品油市场管理办法》里，属于部门规章，所以被告人李某峰非法经营汽油，违反的是行政法规，且非法经营数额在 5 万元以上，构成非法经营罪；其经营的柴油，违反部门规章，尽管非法数额达 5 万元以上，但不符合刑法规定的非法经营罪的构成要件，不构成犯罪，其销售柴油的行为应由行政主管部门依法处罚。❷

三、违反程序性规定

依据 2011 年 4 月 8 日《最高人民法院关于准确理解和适用刑法中"国家规定"的有关问题的通知》的规定："各级人民法院审理非法经营犯罪案件，要依法严格把握刑法第二百二十五条第（四）项的适用范围。对被告人的行为是否属于刑法第二百二十五条第（四）项规定的'其他严重扰乱市场秩序的非法经营行为'，有关司法解释未作出明确规定的，应当作为法律适用问题，逐级向最高人民法院请示。"在钟某非法经营再审案中法院认为，审判程序上，该案于 2012 年重新审判时该规定已出台，依照该通知的规定，对钟

---

❶ （2019）湘 1081 刑初 20 号一审刑事判决书。
❷ （2016）豫 1424 刑初第 759 号一审刑事判决书。

某的行为是否属于非法经营行为,应当逐级向最高人民法院请示,而原审法院未经请示直接以该条规定对钟某定罪量刑,违背了相关程序规定。[1]

第四节 非法经营罪风险识别

在电子商务领域,经营者要结合自身所销售商品或提供服务的类别,了解相关行业的具体监管法规,从是否具有电子商务经营许可证,是否获得行政主管部门对于特定商品或服务经营的行政许可等方面来加以判断和识别自身可能涉及的刑事风险。

一、是否具有电子商务经营许可证

电子商务是指经营者通过互联网等信息网络销售商品或者提供服务。在此种情况下,经营者既是商品的销售者、服务的提供者,又是互联网等信息网络平台的创建者或者使用者。《电子商务法》第10条:"电子商务经营者应当依法办理市场主体登记。"第12条:"电子商务经营者从事经营活动,依法需要取得相关行政许可的,应当依法取得行政许可。"第27条第1款:"电子商务平台经营者应当要求申请进入平台销售商品或者提供服务的经营者提交其身份、地址、联系方式、行政许可等真实信息,进行核验、登记,建立登记档案,并定期核验更新。"《中华人民共和国电信条例》第7条:"国家对电信业务经营按照电信业务分类,实行许可制度。经营电信业务,必须依照本条例的规定取得国务院信息产业主管部门或者省、自治区、直辖市电信管理机构颁发的电信业务经营许可证。未取得电信业务经营许可证,任何组织或者个人不得从事电信业务经营活动。"《互联网信息服务管理办法》第7条第1款:"从事经营性互联网信息服务,应当向省、自治区、直辖市电信管理机构或者国务院信息产业主管部门申请办理互联网信息服务增值电信业务经营许可证……申请人取得经营许可证后,应当持经营许可证向企业登记机关办理登记手续。"由此可知,对于电子商务平台经营者来说,既要从国务院信

---

[1] (2016)川刑再2号再审刑事判决书。

息产业主管部门或者省、自治区、直辖市电信管理机构处获得电信业务经营许可证,在经营平台内自有商品或者服务时,又要向市场监督管理部门办理市场主体登记,获得营业执照;而对于电子商务平台内的经营者而言,则必须办理市场主体登记,获得营业执照。经营特殊业务的,还需获得行政机关的特殊许可。

如上,无论是识别电子商务平台经营者涉嫌非法经营的风险,还是识别电子商务平台内的经营者的涉刑风险,都应关注其有无进行市场主体登记,有无取得市场监督管理部门颁发的营业执照。同时,还应特别关注其是否获得电信业务经营许可证。

二、是否具有经营特殊商品的许可证

一般来说,经营者获得市场监督管理部门颁发的营业执照,即可开展相关的商品交易活动。但是,对于特殊商品的交易,由于国家有着严格的管控,如果经营者在未取得经营特殊商品许可证的情况下却对相关的特殊商品实施了销售行为,那么便属于无证经营,有可能面临刑事处罚。根据现行法律的规定,国家目前对商品交易实施许可制的情况可作如下列举。

(一)烟草买卖

《中华人民共和国烟草专卖法》第3条规定:"国家对烟草专卖品的生产、销售、进出口依法实行专卖管理,并实行烟草专卖许可证制度。"由此,任何经营者实施的烟草买卖行为,都必须首先获得所在地烟草专卖行政主管部门颁发的许可证件。另从《关于办理假冒伪劣烟草制品等刑事案件适用法律问题座谈会纪要》第3条可知,个人或单位未经烟草专卖行政主管部门许可,无生产许可证、批发许可证、零售许可证,而生产、批发、零售烟草制品,达到相应数额标准的,即可认定为非法经营罪。另外,《烟草专卖许可证管理办法》第12条规定:"申请烟草专卖批发企业许可证,应当具备下列条件:(一)有与经营烟草制品批发业务相适应的资金;(二)有固定的经营场所和必要的专业人员;(三)符合烟草专卖批发企业合理布局的要求;(四)国家烟草专卖局规定的其他条件。"第13条:"申请烟草专卖零售许可证,应当具备下列条件：(一)有与经营烟草制品零售业务相适应的资金；(二)有与住所相独立的固定经营场所；(三)符合当地烟草制品零售点合理布局的要求；(四)国家烟草专卖局规定的其他条件。"因此，烟草专卖许可证一般只授权经营者在部分地区定点经营，且必须有实体的固定经营场所，而电子商务经营者无疑是不符合申请烟草专卖许可证条件的。故而，电子商务平台经营者如有发现他人在自己的平台上从事销售香烟的活动，应及时封停相应店铺，情节严重的应报警处理，维护国家的烟草买卖秩序。

(二)食盐买卖

《食盐专营办法》第2条规定："国家实行食盐专营管理。"第12条："国家实行食盐定点批发制度。非食盐定点批发企业不得经营食盐批发业务。"最高人民检察院虽然于2020年3月27日发布了《关于废止〈最高人民检察院关于办理非法经营食盐刑事案件具体应用法律若干问题的解释〉的决定》，并提到："该解释废止后，对以非碘盐充当碘盐或者以工业用盐等非食盐充当食盐等危害食盐安全的行为，人民检察院可以依据《最高人民法院、最高人民检察院关于办理生产、销售伪劣商品刑事案件具体应用法律若干问题的解释》(法释〔2001〕10号)、《最高人民法院、最高人民检察院关于办理危害食品安全刑事案件适用法律若干问题的解释》(法释〔2013〕12号)的规定，分别不同情况，以生产、销售伪劣产品罪，或者生产、销售不符合安全标准的食品罪，或者生产、销售有毒、有害食品罪追究刑事责任。"但是，基于国家对食盐实行专营管理，对于不具有经营食盐资格的单位或个人，擅自开展食盐经营业务，同样需要受到刑法规制。

(三)销售麻醉药品或者精神药品

《麻醉药品和精神药品管理条例》第22条规定："国家对麻醉药品和精神药品实行定点经营制度。"即不属于国家批准的定点经营机构，不得经营麻醉药品和精神药品。而《全国法院毒品犯罪审判工作座谈会纪要》规定："行为人出于医疗目的，违反有关药品管理的国家规定，非法贩卖上述麻醉药品或者精神药品，扰乱市场秩序，情节严重的，以非法经营罪定罪处罚。"此处的麻醉药品和精神药品，是指国家规定管制的能够使人形成瘾癖的麻醉药品或者精神药品。以电商形式经营的各大药店，以及其他普通的电子商务经营者，应严格掌握和遵守相关法律规定，不投机取巧，杜绝从事非法贩卖麻醉药品和精神药品的行为。

（四）经营药品

《中华人民共和国药品管理法》第51条："从事药品批发活动，应当经所在地省、自治区、直辖市人民政府药品监督管理部门批准，取得药品经营许可证。从事药品零售活动，应当经所在地县级以上地方人民政府药品监督管理部门批准，取得药品经营许可证。无药品经营许可证的，不得经营药品。"由此可知，药品经营者必须取得药品经营许可证之后，才能开展经营。涉及药品销售的电商平台经营者，要注重审查自身是否具备药品经营资质。若具有药品经营资质，则要审查相关资质是否到期、所经营的药品是否超过许可范围。

综合以上论述，电子商务企业在经营香烟、食盐、麻醉药品和精神药品、普通药品时，要注意审核自身是否具备相关许可证件、经营范围是否超过许可范围、经营期限是否超过许可期限。而对于电子商务平台经营者来说，应严格审核在平台上销售的上述几类产品的经营者是否具备相关资质，并开展定期抽查，确保经营者的相关资质一直处于有效状态。

三、是否具有经营特定服务的许可证

除了经营特殊的商品需要获得特定的资质之外，提供一些专门性的服务也要有相关的资质。若经营者在未获得国家许可的情况下向社会公众提供相应的服务，那么便有非法经营的风险。结合现有法律规定，目前需要获得特定许可后才能提供的服务包括以下几种。

（一）经营电信业务

《中华人民共和国电信条例》第7条："国家对电信业务经营按照电信业务分类，实行许可制度……未取得电信业务经营许可证，任何组织或者个人不得从事电信业务经营活动。"第9条："经营基础电信业务，须经国务院信息产业主管部门审查批准，取得《基础电信业务经营许可证》。经营增值电信业务，业务覆盖范围在两个以上省、自治区、直辖市的，须经国务院信息产业主管部门审查批准，取得《跨地区增值电信业务经营许可证》；业务覆盖范围在一个省、自治区、直辖市行政区域内的，须经省、自治区、直辖市电信管理机构审查批准，取得《增值电信业务经营许可证》。"这是行政法规有关电信业务实行特许制度的规定。另根据《最高人民检察院关于非法经营国际或港澳台地区电信业务行为法律适用问题的批复》的规定："违反《中华人民共和国电信条例》规定，采取租用电信国际专线、私设转接设备或者其他方法，擅自经营国际或者香港特别行政区、澳门特别行政区和台湾地区电信业务进行营利活动，扰乱电信市场管理秩序，情节严重的，应当依照《刑法》第二百二十五条第（四）项的规定，以非法经营罪追究刑事责任。"因此，电子商务经营者若想利用电子商务平台开展电信业务，必须获得相关的基础电信业务许可证或者增值电信业务许可证，以有效防范刑事法律风险。

（二）发行基金份额

《中华人民共和国证券投资基金法》第50条："公开募集基金，应当经国务院证券监督管理机构注册。未经注册，不得公开或者变相公开募集基金。"所谓公开募集基金，包括向不特定对象募集资金、向特定对象募集资金累计超过二百人，以及法律、行政法规规定的其他情形。因此，要向社会发行基金份额募集基金，必须首先在国务院证券监督管理机构注册。《最高人民法院关于审理非法集资刑事案件具体应用法律若干问题的解释》第7条规定："违反国家规定，未经依法核准擅自发行基金份额募集基金，情节严重的，依照刑法第二百二十五条的规定，以非法经营罪定罪处罚。"电子商务平台经营者，应注意审查自身行为是否涉及募集基金，如果涉及，则应及时停止，或者办好相关的手续。

（三）从事资金支付结算业务

所谓支付结算业务，是指商业银行或者支付机构在收付款人之间提供的货币资金转移服务。《非法金融机构和非法金融业务活动取缔办法》第5条规定："未经中国人民银行依法批准，任何单位和个人不得擅自设立金融机构或者擅自从事金融业务活动。"《非金融机构支付服务管理办法》第2条第1款规定："本办法所称非金融机构支付服务，是指非金融机构在收付款人之间作为中介机构提供下列部分或全部货币资金转移服务：（一）网络支付；（二）预付卡的发行与受理；（三）银行卡收单；（四）中国人民银行确定的其他支付服务。"第3条："非金融机构提供支付服务，应当依据本办法规定取得《支付业务许可证》，成为支付机构。支付机构依法接受中国人民银行的监督管理。未经中国人民银行批准，任何非金融机构和个人不得从事或变相从事支付业务。"由此可知，电子商务企业若要开展网络支付服务，必须经中国人民银行批准，依法取得《支付业务许可证》。另根据《最高人民检察院关于办理涉互联网金融犯罪案件有关问题座谈会纪要》的规定："未取得支付业务许可从事该业务的行为，违反《非法金融机构和非法金融业务活动取缔办法》第四条第一款第（三）（四）项的规定，破坏了支付结算业务许可制度，危害支付市场秩序和安全，情节严重的，适用刑法第二百二十五条第（三）项，以非法经营罪追究刑事责任。"电子商务企业（尤其是经营电子商务平台的企业）在日常的经营过程中，要仔细审查自身业务中是否存在网络支付服务，是否充当着第三方支付平台的角色。如是，则应放弃该部分业务，与合法的第三方支付机构进行合作，或者在符合条件的情况下，取得中国人民银行的《支付业务许可证》后再进一步展开经营。

（四）发行、销售彩票

《彩票管理条例》第3条规定："国务院特许发行福利彩票、体育彩票。未经国务院特许，禁止发行其他彩票。禁止在中华人民共和国境内发行、销售境外彩票。"由此可知，国家对于彩票发行实施特许制度。另《最高人民法院、最高人民检察院关于办理赌博刑事案件具体应用法律若干问题的解释》第6条规定："未经国家批准擅自发行、销售彩票，构成犯罪的，依照刑法第二百二十五条第（四）项的规定，以非法经营罪定罪处罚。"

如上，经营者在经营电信业务时，一要保证自身具有经营电信业务的许可证，二要保证所经营的电信业务都在许可范围和许可期限之内。经营者在通过电子商务平台发行、销售彩票时，不能有任何违规操作，若不具备相关资质，则不应从事发行、销售彩票。对于发行基金份额带来的风险，电子商务经营者需要注意的就是不要通过假借其他名头的方式，实际从事非法发行基金份额。在资金支付业务的非法经营风险上，无论是电子商务平台经营者，还是平台内的经营者，都有可能涉及这方面的风险，而最需要注意的就是电子商务平台经营者在不具有《支付业务许可证》时，要避免从事只有支付机构才能开展的业务，即在买家和商户之间充当中介，收取买家的货款，然后再将货款转账给卖家，从而收取手续费，这种行为是坚决禁止的。

四、是否具有其他严重扰乱市场秩序的行为

（一）经营非法出版物

《出版物市场管理规定》第2条第2款规定："出版物是指图书、报纸、期刊、音像制品、电子出版物。"《电子出版物出版管理规定》第2条第1款规定："电子出版物，是指以数字代码方式，将有知识性、思想性内容的信息编辑加工后存储在固定物理形态的磁、光、电等介质上，通过电子阅读、显示、播放设备读取使用的大众传播媒体，包括只读光盘（CD-ROM、DVD-ROM等）、一次写入光盘（CD-R、DVD-R等）、可擦写光盘（CD-RW、DVD-RW等）、软磁盘、硬磁盘、集成电路卡等，以及新闻出版总署认定的其他媒体形态。"而所谓非法出版物，是指相关出版物的内容具有《出版管理条例》第25条❶规定的其中一种情形。并不是经营任何非法出版物的行为都应被认定非法经营罪。根据《最高人民法院关于审理非法出版物刑事案件具体应用法律若干问题的解释》第11条的规定，违反国家规定，出版、印刷、复制、发行该解释第1条至第10条规定以外的其他严重危害社会秩序和扰乱市场秩序的非法出版物，情节严重的，才需要依照《刑法》第225条第1款第（三）项的规定，以非法经营罪定罪处罚。因此，对于电子商务平台经营者来说，既要审查自营的出版物是否涉及非法出版物，以规避涉罪风险，还应审查平台内的经营者是否存在经营非法出版物的行为，以避免沦为帮助犯；对于电子商务平台内的经营者来说，不应铤而走险，需规范经营，

---

❶ 《出版管理条例》第25条规定："任何出版物不得含有下列内容：（一）反对宪法确定的基本原则的；（二）危害国家统一、主权和领土完整的；（三）泄露国家秘密、危害国家安全或者损害国家荣誉和利益的；（四）煽动民族仇恨、民族歧视，破坏民族团结，或者侵害民族风俗、习惯的；（五）宣扬邪教、迷信的；（六）扰乱社会秩序，破坏社会稳定的；（七）宣扬淫秽、赌博、暴力或者教唆犯罪的；（八）侮辱或者诽谤他人，侵害他人合法权益的；（九）危害社会公德或者民族优秀文化传统的；（十）有法律、行政法规和国家规定禁止的其他内容的。"

对于非法出版社，应坚决不经营，不能唯利是图。

（二）有偿从事删除网络信息或者发布虚假信息服务

删帖和淘宝刷单是电子商务经营者最容易触碰到的两个行为，经营者或者为了自身的利益，从事帮别人删除负面信息的业务，或者为了提高自身的市场美誉度，聘请他人为自己提供虚假好评。这些行为都是法律所禁止的。《最高人民法院、最高人民检察院关于办理利用信息网络实施诽谤等刑事案件适用法律若干问题的解释》第7条规定："违反国家规定，以营利为目的，通过信息网络有偿提供删除信息服务，或者明知是虚假信息，通过信息网络有偿提供发布信息等服务，扰乱市场秩序，具有下列情形之一的，属于非法经营行为'情节严重'，依照刑法第二百二十五条第（四）项的规定，以非法经营罪定罪处罚：（一）个人非法经营数额在五万元以上，或者违法所得数额在二万元以上的；（二）单位非法经营数额在十五万元以上，或者违法所得数额在五万元以上的。"因此，电子商务经营者既要审查和防范自身是否存在有偿删帖和刷单的行为，又要禁止聘请他人为自己删帖和刷单的行为。

五、经营行为是否严重扰乱市场秩序

对于电子商务经营者来说，从经营行为是否严重扰乱市场秩序来规避自身风险非常难把控，因为《刑法》第225条非法经营罪中仅规定了三种扰乱市场秩序入罪的行为，即"（一）未经许可经营法律、行政法规规定的专营、专卖物品或者其他限制买卖的物品的；（二）买卖进出口许可证、进出口原产地证明以及其他法律、行政法规规定的经营许可证或者批准文件的；（三）未经国家有关主管部门批准非法经营证券、期货、保险业务的，或者非法从事资金支付结算业务的。"但同时，《刑法》第225条第1款第（四）项还留下了一条兜底条款，即还存在"其他严重扰乱市场秩序的非法经营行为"。因此，电子商务经营者除了要规避以上提到的特定商品经营和服务经营的涉罪风险之外，在新开展一项业务之前，还应仔细检索相关的法律规定，审查是否存在为法律所不允许的情况。在法律都没有明确规定时，则应根据自身业务对社会经济是否存在积极的促进作用,来判断是否存在扰乱市场秩序的行为。同时,还可以就有关业务向市场监管部门咨询,询问是否属于合法经营,以此来识别涉罪风险。

综上所述,电子商务经营者在识别涉嫌非法经营罪的法律风险时,要结合自身所经营商品或服务的特性,了解所处行业的具体监管法规,从是否获得电信业务许可证、是否获得行政主管部门对于特定商品或服务经营的行政许可、是否严重扰乱市场秩序等方面来加以判断。

第五节 微商、直播带货经营合规

大部分的非法经营行为是通过线下完成的,电子商务出现后,一些平台经营者或平台用户,利用便捷的线上方式加速完成非法经营商品的交易。据笔者观察,电子商务涉嫌非法经营行为的重灾区主要集中在微商销售、直播带货销售领域。

非法经营是针对合法经营而言的,只要企业经营者或个人能够遵循国家法律法规的规定,办理专营、专卖领域申领相关的牌照或绕开专营、专卖领域商品,那么是可以有效防范该罪名的。

盐类、烟草实施国家专营专卖,这个是常识,一般的企业经营者和社会个人都知道。但是,对于药品的销售,有的经营者法律意识不强,在销售前没有办理经营许可证,从而涉嫌非法经营罪。例如,对于麻醉药品或者精神药品的销售,应当经所在地省、自治区、直辖市人民政府药品监督管理部门批准,取得药品经营许可证。当前,有一些销售减肥保健品的行为触及非法经营,而销售者以为自己销售的减肥保健品仅仅是保健品,不是药品,没有对内中保量作鉴定从而涉嫌非法经营罪,这也是需要电商经营者注意的。

有一种情况是,有的企业发展很迅速,有比较好的创新商业模式,为了把公司做大做强,向代理商和会员内部认购股票或发行内部的基金证券。按照国家有关要求,对于公开募集证券或资金的,应当经国务院证券监督管理机构注册和登记,未经登记注册,就不得公开或变相公开募集资金。因此,上述行为是违法行为。除此外,企业经营者还要注意笔者前面所述的,筹集的资金必须用于企业经营上,如果用于企业经营外,或用于个人挥霍,还可能涉嫌非法吸收公众存款罪、集资诈骗罪。

第六节　司法实务案例展示与评析

一、案例展示

(一)案情 ❶

被告人余某芝、杨某干(另案处理)为谋取非法利益,经合谋,于2016年8月16日合伙注册成立承基电子商务公司,为逃避打击,将公司的股东登记为与公司经营无实质关系的卢某生(法定代表人)、程某梅。余某芝联系购买了深圳市金智软件有限公司所谓的"现货订购系统软件"后,余某芝等人使用该模拟仿真交易系统,在网上搭建所谓的"白银、原油现货交易"平台,利用伪造的政府回复批文,冒充合法经营,组织公司的业务人员在互联网上发布广告,声称"佣金日返、头寸月结、出入金安全秒到"等内容,吸引并层层发展各级代理商。各级代理机构再利用互联网、电话等新媒体发展目标客户,并对客户进行了所谓的"现货交易""T+0交易模式""低风险、高回报"等误导性宣传,诱使客户在该交易平台注册投资,进行不以实物交割为目的的所谓"白银""原油"等大宗商品的期货交易。该交易平台不与外部系统对接,系统内所发生的交易均为内部交易,客户的交易行为实质上是与平台对赌,客户的交易亏损(即所谓的"头寸")和交易手续费(即所谓的"佣金")则成为承基电子商务公司与代理商的共同营利,由承基电子商务公司与其代理商按预先约定的比例分配。在经营过程中,被告人余某芝负责公司组织、领导和日常运营管理,杨某干负责公司的财务与代理商报酬的计算、发放等工作,被告人胡某文受承基电子商务公司雇佣,作为公司技

---

❶ (2019)皖0705刑初118号一审刑事判决书。

术和客服方面的主要人员,为代理商联系的投资人开户,负责交易平台的技术维护,获取工资型收入。

2016年9月初,被告人王某娇见有利可图,在汪某的介绍下,向余某芝等人实际投资10万元,与汪某一同成为承基电子商务公司股东,并在余某芝的安排下,以每月2000元的好处(即所谓的"工资"),将其亲戚吴某妹的身份证件提供给承基电子商务公司,2016年9月8日,吴某妹被登记成为公司的名义法定代表人。王某娇实质拥有10%左右的股份,并以该比例参与所谓的"股东分红",参与财务签字和公司管理。

2017年5月,被告人余某芝关闭承基电子商务公司电子交易平台。2017年8月至2018年3月,被告人余某芝未经国家主管部门批准,在俞某龙经营的安森公司发起设立的非法期货交易平台开设6号会员单位"瑞海信义商贸有限公司",非法经营银矿石、石蜡、炭黑等商品期货交易;被告人胡某文作为"瑞海信义商贸有限公司"技术和客服方面的主要人员,负责招揽代理商,为投资人开户并负责平台的维护,保证平台的运营和公司盈利。

经依法审计鉴定,2016年9月2日至2017年5月17日,承基电子商务公司电子交易平台共吸收472名投资人入金23 426 577元,出金23 304 567元。其中,交易获利的投资人有54人,获利金额54万余元;交易盈亏持平的投资人有40人,交易亏损的投资人为378人,亏损金额为12 023 872元。2017年8月至2018年3月,余某芝的"瑞海信义商贸有限公司"非法经营数额为9 341 805元。王某娇的"安徽景池商贸有限公司"非法经营数额为995 698元。

经中国证券监督管理委员会安徽监管局认定,安徽承基电子商务公司、安徽安森国际商品购销有限公司的交易平台均不具备证监会批准的经营证券期货业务的资质。

(二)争议焦点

被告人余某芝非法经营的具体数额为多少;被告人王某娇是否实施了非法经营行为,是否具有非法经营罪的主观故意。

(三)公诉意见

被告人余某芝、王某娇、胡某文违法国家规定,未经国家有关主管部门批准，非法经营期货业务，扰乱市场秩序，情节严重，其行为已触犯《中华人民共和国刑法》第二百二十五条第一款第（三）项，犯罪事实清楚，证据确实、充分，应当以非法经营罪追究其刑事责任。

（四）辩护意见

本案的非法经营犯罪格局系多方的违法犯罪行为共同支撑形成的，将罪责全部归于本案被告人余某芝有失公允；承基电子商务公司交易平台尚有40名投资人不盈不亏，是否参与交易没有查清，未参与交易客户的入金数额不应认定为非法经营数额；被告人王某娇不是承基电子商务公司的发起人，也不是假批文的来源人，在得知批文系伪造后立即关停117号会员，遣散员工，表明其没有非法经营的主观故意；王某娇未获得应有的非法利益，非承基电子商务公司的核心层。

（五）法院认为

刑法明确规定，未经国家有关主管部门批准经营证券、期货属非法经营，涉案单位承基电子商务公司、瑞海信义商贸有限公司和景池商贸有限公司经营期货属非法经营已经确认无疑，被告人等均明知所经营业务不在公司工商登记范畴，且经营的期货平台与合法期货并无对接，纯属对赌平台，故被告人称不知道经营违法的辩解不成立；本案被告人的非法经营数额已由专业鉴定意见确认，余某芝被羁押后，瑞海信义商贸有限公司的非法经营数额仍是其犯罪行为的延续，故不应扣除。

最终宣判，被害人余某芝因犯非法经营罪，被判有期徒刑三年零六个月，并处罚金人民币8万余元；被害人王某娇犯非法经营罪，被判有期徒刑二年零六个月，并处罚金人民币4万余元；被害人胡某文犯非法经营罪，被判有期徒刑一年零六个月，宣告缓刑二年，并处罚金人民币2万余元。

二、案例评析及启示

（一）案例评析

该案被告人虽然合法成立了电子商务公司，但在公司成立后并没有开展合法的电子商务业务，而是一方面利用伪造的政府回复批文冒充合法经营，以让外人相信其具有合法的资质，另一方面又通过虚假的交易项目，假借名头，实则非法经营期货业务，达到谋取非法利益的目的。这类行为虽然可以在短期内逃避监管和实现非法牟利，但其本质上是未经国家批准的非法业务，且给投资者带来巨大的损失风险，迟早会受到法律的制裁。

（二）案例启示

无论是电子商务平台经营者还是平台内的经营者，在预备开展某项业务时，都应掌握与业务相关的法律规定，并及时向行政主管机关申请相关的许可证件，切莫为了一时之得失，心存侥幸观念而实施非法经营的行为，否则迟早会受到法律的严惩。另外，对于正处于经营阶段的电子商务经营者，要加强合法意识，定期让法律专业人士审查相关业务的合法性，保证企业平稳、持续发展。

第八章　虚假广告罪构成要件、风险识别与合规

虚假广告罪规定在我国《刑法》第222条。根据《最高人民检察院、公安部关于公安机关管辖的刑事案件立案追诉标准的规定（二）》第67条的规定："广告主、广告经营者、广告发布者违反国家规定，利用广告对商品或者服务作虚假宣传，涉嫌下列情形之一的，应予立案追诉：（一）违法所得数额在十万元以上的；（二）假借预防、控制突发事件的名义，利用广告作虚假宣传，致使多人上当受骗，违法所得数额在三万元以上的；（三）利用广告对食品、药品作虚假宣传，违法所得数额在三万元以上的；（四）虽未达到上述数额标准，但两年内因利用广告作虚假宣传，受过行政处罚二次以上，又利用广告作虚假宣传的；（五）造成严重危害后果或者恶劣社会影响的；（六）其他情节严重的情形。"

司法实务中，电子商务平台经营或传统企业应用电商模式销售产品，直接被以虚假广告罪追究刑事责任的案例不多见，而电商平台或传统企业应用电商模式销售商品以虚假广告的方式，构成其他犯罪的多见。例如，有的电商企业或传统企业应用电商模式销售化妆品、保健品、药品、小型日用品等，以大量违法广告法的宣传内容，朝着公司预定的方向推进，最终导致公司涉嫌非法集资犯罪，组织、领导传销活动罪，销售假冒伪劣商品罪等。

第一节　虚假广告罪概念及特征

虚假广告行为是市场经济主体比较容易涉及的行为。直接由市场监督管理机构作出行政处罚的涉及虚假广告行为的案例较多，直接作出刑事犯罪处

罚的案例相对较少。但是，在电子商务领域，企业经营者在线上实施虚假广告行为比较常见，因此，该罪名是电商企业经营常需要防范的罪名。

一、概念

虚假广告罪，是指广告主、广告经营者、广告宣传信息发布者违反国家规定，利用广告宣传方式对产品或者服务作虚假宣传，情节严重的行为。虚假广告罪是1997年《刑法》增设的罪名，旨在惩治日益泛滥的虚假广告行为。在电子商务领域，网络广告作为一种全新的媒体传播工具登上舞台，它传播的范围更广，超越时空限制，形式多样且成本更低。在这一背景下，网络虚假广告也逐渐滋生。目前我国针对网络虚假广告主要采取行政和民事手段进行处罚，但随着对网络监管的加强，企业应当重视虚假广告罪的风险防范。

二、特征

① 利用广告。本罪中所指的广告特指商品经济广告，即广告宣传主体利用媒体向大众传播产品和劳务信息，吸引人们关注，并设法使人们购买或使用的公开宣传推广行为。在虚假广告罪中，欺骗利用的特定工具仅限于广告，因为本罪的立法目的在于通过约束广告行为、维护广告秩序来保障市场交易秩序。

② 虚假广告宣传。主要是对产品的基本特性、产地、用途、品质、价位、制造商、生产日期、有效期、售后服务，又或者对产品服务的具体内容、形式、品质、价位等作不实际的、含有欺骗内容的广告宣传。虚假广告宣传的欺骗手法主要有利用伪造的证明、执照行骗，挂靠在知名企业或政府相关工作单位行骗，利用拥有相当权威性的报纸、播音、电视节目等传播媒体行骗，利用社区中的各界名人行骗等。

③ 本罪主体是特殊主体，由广告主、广告经营者和广告发布者构成。但是，需要注意的是，在电子商务领域，广告的主体更加广泛，广告主、广告经营者和广告发布者会有重合。

第二节　虚假广告罪构成要件

一、客体要件

虚假广告罪所侵害的客体是市场交易秩序，虚假广告行为通过对正常市场经济交易秩序的侵害而危害社会。《广告法》第5条规定，广告主、广告经营者、广告发布者应当遵循公平、诚实信用的原则。所谓广告，是指产品经营者和服务提供者自行承担费用，采取以某种载体或是形式径直或是间接地展示自身所销售的产品和所提供的服务的一种宣传手段。除了传统的媒体广告，利用宣传单、微信群发布消息，利用电子邮件与论坛、搜索引擎、网络视频在互联网上制作网页，营销人员口头宣传等都是广告的形式。随着经济发展，广告业也随之壮大，虚假广告逐渐滋生。从经济学的角度观察，市场交易秩序乃是指为了保证市场经济交易主体在所有交易过程中均获利的一个条件。交易秩序保障的是交易主体均获益的条件，而非交易主体获益本身。以此而言，所谓交易秩序的侵害，是指对交易主体获取交易利益条件的侵害，而非对交易主体获取的交易利益本身的侵害。❶

二、客观要件

虚假广告罪在客观方面表现为广告主、广告经营者和广告发布者，利用广告对商品或服务作虚假宣传，情节严重的行为。

（一）违反国家规定（即广告管理法规）的行为

广告管理法规主要指《广告法》《中华人民共和国食品安全法》《互联网广告管理办法》《反不正当竞争法》等。虚假广告罪是行政犯。只有触犯广告管理法规且情节严重的行为才可以构成本罪。

---

❶ 黎邦勇，张洪成.重新认识虚假广告罪的法益位阶及构成要件[J].中国刑事法杂志，2009（7）：42-48.

第八章　虚假广告罪构成要件、风险识别与合规

（二）利用广告作虚假宣传

根据《广告法》第 28 条的规定："广告有下列情形之一的，为虚假广告：

（一）商品或者服务不存在的；

（二）商品的性能、功能、产地、用途、质量、规格、成分、价格、生产者、有效期限、销售状况、曾获荣誉等信息，或者服务的内容、提供者、形式、质量、价格、销售状况、曾获荣誉等信息，以及与商品或者服务有关的允诺等信息与实际情况不符，对购买行为有实质性影响的；

（三）使用虚构、伪造或者无法验证的科研成果、统计资料、调查结果、文摘、引用语等信息作证明材料的；

（四）虚构使用商品或者接受服务的效果的；

（五）以虚假或者引人误解的内容欺骗、误导消费者的其他情形。"

产品和服务的广告宣传常具有夸大特性，但不可仅凭夸大的特性就判断是虚假广告。对产品和服务的广告宣传，必须做到能够使一般人陷于认知错误的程度才可能是虚假广告。人们通常认为，在广告宣传内容相对抽象时，一般不能使一般人陷于认知错误。

从虚假广告罪与相关罪名的关系上看，一方面，在有规范性文件明文规定的情况下，如果行为人利用报刊、推介会、传单、手机短信等方式向社会发布旨在吸引公众存款的各类虚假消息，虚假广告是行为人的宣传手段，构成非法吸收公众存款罪；对行为人中既是产品制造商、销售单位，又是产品广告发布商的，如果行为人生产、发布虚假广告销售假冒伪劣产品或者劣质、有毒、影响健康的食品，假药、劣品，不符合卫生标准的食品，不符合卫生标准的化妆品，导致消费者在使用过程中出现中毒死亡等重大事故的或者其他严重食源性疾病，对生命安全构成危险的，按照重罪吸收轻罪原则，以生产、销售伪劣商品罪中的相应犯罪定罪处罚。对于在主体上不属于生产、销售厂家的其他行为人的虚假广告行为仍以虚假广告罪论处，上述情形为从重处罚情节。行为人违反我国的商标管理法规、国家专利管理法律及广告管理法规，在同一类产品上使用了与其他注册商标一样的商标，又或者在专利许可有效期内，冒充他人已获得国家授权的专利，并为其产品或专利产品作出虚假宣传的，已分别构成假冒商标罪、假冒专利罪、虚假广告罪，应

予以数罪并罚。❶ 另一方面，在没有规范性文件明文规定的情况下，虚假广告罪与诈骗罪存在行为犯与结果犯的关系，虚假广告罪是诈骗犯罪的刑法前置。当行为人利用广告虚假宣传，造成他人财产损失数额较大的，构成诈骗罪。❷ 行为人构成诈骗罪的情况下，其根本目的在于非法占有被害人的钱财，而不是仅限于损害公平的市场竞争和侵害被害人的正当消费权益。❸

（三）情节严重

本罪为情节犯，不仅要求具有违反国家规定，利用虚假广告对商品或服务作虚假宣传的行为，而且还必须达到情节严重的程度才能构成本罪。情节严重，主要包括多次实施虚假广告行为的，为多人实施虚假广告行为的，违法所得数额较大的，致使多人受骗上当的，造成恶劣影响的，相信广告宣传的内容而接受所宣传的商品、服务，致使生产、经营、生活等造成严重损失或受阻的，导致人身伤亡的严重后果的，等等。

《最高人民检察院、公安部关于公安机关管辖的刑事案件立案追诉标准的规定（二）》第 67 条规定："广告主、广告经营者、广告发布者违反国家规定，利用广告对商品或者服务作虚假宣传，涉嫌下列情形之一的，应予立案追诉：（一）违法所得数额在十万元以上的；（二）假借预防、控制突发事件、传染病防治的名义，利用广告作虚假宣传，致使多人上当受骗，违法所得数额在三万元以上的；（三）利用广告对食品、药品作虚假宣传，违法所得数额在三万元以上的；（四）虽未达到上述数额标准，但二年内因利用广告作虚假宣传受过二次以上行政处罚，又利用广告作虚假宣传的；（五）造成严重危害后果或者恶劣社会影响的；（六）其他情节严重的情形。"

《最高人民法院关于审理非法集资刑事案件具体应用法律若干问题的解释》第 12 条规定："广告经营者、广告发布者违反国家规定，利用广告为非法集资活动相关的商品或者服务作虚假宣传，具有下列情形之一的，依照刑法第二百二十二条的规定，以虚假广告罪定罪处罚：

（一）违法所得数额在 10 万元以上的；

---

❶ 邹来水、陈占敏. 司法实践中如何认定虚假广告罪[EB/OL].（2017-12-26）[2021-08-01].https：//www.chinacourt.org/article/detail/2017/12/id/3139756.shtml.

❷ 杨曙光. 对虚假广告罪适用难的理论思考[J]. 人民检察，2017（13）：53-56.

❸（2019）沪 0106 刑初 709 号一审刑事判决书。

（二）造成严重危害后果或者恶劣社会影响的；

（三）二年内利用广告作虚假宣传，受过行政处罚二次以上的；

（四）其他情节严重的情形。

明知他人从事欺诈发行证券，非法吸收公众存款，擅自发行股票、公司、企业债券，集资诈骗或者组织、领导传销活动等集资犯罪活动，为其提供广告等宣传的，以相关犯罪的共犯论处。"

三、主体要件

本罪的主体为特殊主体，即广告主、广告经营者和广告发布者。广告主，是指为推销商品或者提供服务，自主或者委托他人设计、制作、发布广告的法人、其他经济组织或者个人。广告经营者，是指受委托提供广告设计、制作、代理服务的法人、其他经济组织或者个人。广告发布者，是指为广告主或者广告主委托的广告经营者发布广告的法人或者其他经济组织。本罪主体既可以是达到刑事责任年龄、具备刑事责任能力的自然人，也可以是单位。单位犯本罪的实行两罚制，对单位判处罚金，对其直接负责的主管人员和其他责任人员，依规定追究刑事责任。

广告宣传代言人并不构成虚假广告罪的犯罪主体。主要原因有以下几个方面：第一，刑法明确规定了虚假广告罪的犯罪主体，是广告主、广告经营者和广告发布者，广告代言人不属于这三方中的任何一方；第二，虚假广告罪是行政犯，行政违法是成立此罪名的前提；第三，虚假广告罪在主观方面要求行为人具有主观故意，而当前并没有相关行政管理法律规定广告代言人的注意义务，因此难以通过行为人违反注意义务进而推定为明知。

互联网的发展特性使得广告主、广告经营者和广告发布者可以三位一体，任何人都可以在互联网发布广告，因此任何人都可能成为虚假广告罪的犯罪主体。那么互联网的服务商是否应该承担虚假广告罪的刑事责任呢？在此应该明确，网络服务商不可能对其传输的每一条信息甄别筛选，去伪存真，所以一般不应使其承担刑事责任。然而一旦互联网服务商发布自己的广告，成为广告主、广告经营者或广告发布者中的一个或几个，其行为达到本

罪构成要件，也应该承担刑事责任，因为其身份已经发生了变化。❶

四、主观要件

虚假广告罪主观方面表现为直接故意，即明知是不真实的广告而故意作虚假宣传。过失不构成本罪。行为人一般都具有营利目的，但其他目的的动机不影响本罪成立。

第三节 司法实务常见争议焦点

一、广告内容的界定

广告以其宣传目的而言，可分为商业广告与公益广告，只有商业广告才是刑法意义上的广告。所谓商业广告，是指以达成某种交易为目的的产品或服务的宣传。而判断一个广告究竟是不是商业广告的标准是看广告的目的是否意在达成基于信用的市场交易。"广告"意指"广而告之"，即受众范围是不特定公众，特定主体间商业活动传递的信息不应视为广告。

二、虚假宣传行为的认定

《广告法》第 28 条规定了五种虚假广告情形。在实务中，虚假宣传的界定非常复杂。首先，对商品或服务的夸大宣传需要足以使一般人陷入认识错误。不能笼统地认为艺术夸张是虚假宣传，因为艺术夸张是广告的常见手法，认定艺术夸张涉嫌虚假广告，需要达到对商品或服务的夸大宣传足以使一般人陷入认识错误的程度。若消费者对其产品有质疑，可以通过消费者协会或者打假机构进行处罚。不仅没有处罚，还有许多客户反复购买产品，这就说明消费者对其购买的产品是有着很清晰的认知能力，不存在误解或者受

---

❶ 李希慧，沈元春.虚假广告罪若干问题探究 [J].河北法学，2005（12）：18-20+26.

欺骗的消费行为。❶

其次，违法广告不必然构成虚假广告。《广告法》中同时规定了许多行政违法广告行为，《广告法》第55条规定，只有违反特定条款，构成犯罪的，才追究刑事责任。而对于其他行政违法广告，如在广告中使用或者变相使用中华人民共和国的国旗、国歌、国徽、军旗、军歌、军徽，"国家级""最高级""最佳"等用语，应认定为"违法广告"，由工商行政管理部门处罚，不构成虚假广告罪。

最后，失真广告不构成虚假广告罪。失真广告是指广告主对自己的商品或服务过分自信而造成夸大事实的商业广告，或者由于广告主与广告经营者、广告发布者的理解不同而导致的广告失实等情况。虽然行为人在客观上作了不真实的广告，但不具备故意欺骗的主观故意，因此不构成虚假广告罪。

三、情节严重

情节严重是成立本罪的重要标准之一。《关于公安机关管辖的刑事案件立案追诉标准的规定（二）》第67条规定了六种应予立案追诉的涉嫌虚假宣传的情形。可以看出，对虚假广告罪的影响主要从财产得失和行政处罚的客观表现来判断。

首先，关于违法所得数额的计算。违法所得数额是指行为人凭借虚假广告而获得的总收入减去其总成本后余下的利润。一方面，在计算违法所得时，应从账户收入上减去其生产成本（包括广告费、员工工资、产品成本、物流费、场地租赁、办公用品费用等）；另一方面，应扣除非涉案产品产生的营业额和行为人涉案前经营其他项目产生的营业额。

其次，消费者损失的计算。消费者的损失应是经二手交易处理后相比购买价格差价部分。

最后，行政处罚的前置。虚假广告罪是行政犯，犯罪构成要件以行政违法为基准，没有触犯广告管理法规或者触犯广告管理法规但行为情节尚不属严重的则不构成本罪。

因此，主要由县级以上人民政府履行市场监督管理部门的职责对企业的

---

❶ （2018）辽1322刑初174号一审刑事判决书。

虚假宣传行为进行查处，而不是在没有任何行政处罚，也没有任何停业整改的前提下直接刑事问责。

第四节　虚假广告罪风险识别

广告是经营者宣传商品或服务的必要手段，对企业抢占市场份额、吸引潜在消费群体、扩大市场知名度等起着积极的促进作用。但是，广告宣传并不能肆意妄为，而应符合《广告法》等相关法律的规定。《广告法》第4条规定："广告不得含有虚假或者引人误解的内容，不得欺骗、误导消费者。"第55条规定："违反本法规定，发布虚假广告的，由市场监督管理部门责令停止发布广告，责令广告主在相应范围内消除影响，处广告费用三倍以上五倍以下的罚款，广告费用无法计算或者明显偏低的，处二十万元以上一百万元以下的罚款；两年内有三次以上违法行为或者有其他严重情节的，处广告费用五倍以上十倍以下的罚款，广告费用无法计算或者明显偏低的，处一百万元以上二百万元以下的罚款，可以吊销营业执照，并由广告审查机关撤销广告审查批准文件、一年内不受理其广告审查申请。"上述是《广告法》有关禁止宣传及虚假宣传需要面临的法律责任的规定。不仅如此，广告发布者进行虚假宣传的行为，还有可能面临刑事法律风险。《刑法》第222条规定："广告主、广告经营者、广告发布者违反国家规定，利用广告对商品或者服务作虚假宣传，情节严重的，处二年以下有期徒刑或者拘役，并处或者单处罚金。"为此，电子商务经营者规范自身广告宣传行为，对广告内容加以审查时，可以从以下方面识别虚假广告的刑事法律风险。

一、广告内容对商品或服务的描述是否具体、明确

广告虽然是一种宣传手段，允许存在一定的夸大空间，但不能肆意夸大，对产品或服务作出不切实的宣传。《广告法》第8条第1款规定："广告中对商品的性能、功能、产地、用途、质量、成分、价格、生产者、有效期限、允诺等或者对服务的内容、提供者、形式、质量、价格、允诺等有表示的，应当准

确、清楚、明白。"第 2 款："广告中表明推销的商品或者服务附带赠送的，应当明示所附带赠送商品或者服务的品种、规格、数量、期限和方式。"

因此，电商经营者无论是销售商品，还是提供服务，在进行广告宣传时都应对与商品或服务有关的具体事项表达清楚、明白，对于商品或服务存在的相关优惠措施也应表达清楚，不能含糊不清。

二、产品的性能或功能是否与宣传内容相符

消费者购买商品的主要目的在于满足自身需求，并根据自身的需求选择具有相应性能或功能的产品。因此，若经营者实际销售的产品不具有所宣传的功能，不仅不能使消费者满意，还可能面临虚假宣传的风险。比如，我国某企业在海外购入了家用量子治疗器（量子保健管理器）250 台，为进一步提高商品的销售量，获取更大的利益，该企业成为这些商品的国内独占代理，并将自己编写的相关信息载入该商品的中文介绍书中。在介绍书封页印有"量子"字眼，介绍书内经常出现"放饮用水瓶。可将装置内的频率数据引入水中。"的相关内容。经查，该产品与量子没有任何特别关联，产品名称中使用"量子"字样只是为了误导相关公众认为该产品是高科技产品。❶此即为虚假宣传行为。另外，电商经营者在销售一些特殊商品时，还应遵守特殊的广告规则。

（一）销售医疗、药品、医疗器械时应遵循的宣传规则

《广告法》第 16 条规定："医疗、药品、医疗器械广告不得含有下列内容：

（一）表示功效、安全性的断言或者保证；

（二）说明治愈率或者有效率；

（三）与其他药品、医疗器械的功效和安全性或者其他医疗机构比较；

（四）利用广告代言人作推荐、证明；

（五）法律、行政法规规定禁止的其他内容。

药品广告的内容不得与国务院药品监督管理部门批准的说明书不一致，

---

❶ 沈阳市市场监督管理局公布十起典型食品药品等虚假违法广告案例 [EB/OL].（2019-10-23）[2021-08-06]. https://www.sohu.com/a/348903501_777543.

并应当显著标明禁忌、不良反应。处方药广告应当显著标明'本广告仅供医学药学专业人士阅读',非处方药广告应当显著标明'请按药品说明书或者在药师指导下购买和使用'。

推荐给个人自用的医疗器械的广告,应当显著标明'请仔细阅读产品说明书或者在医务人员的指导下购买和使用'。医疗器械产品注册证明文件中有禁忌内容、注意事项的,广告中应当显著标明'禁忌内容或者注意事项详见说明书'。"

由于每个人所面临的病症不同、体质不同,所以在进行医疗或使用药品时的效果也就不同,如果经营者在宣传广告中对上述产品功效、治愈率作出了明确保证,无疑是非常不客观的。

(二)销售保健食品时应遵循的宣传规则

《广告法》第18条规定:"保健食品广告不得含有下列内容:(一)表示功效、安全性的断言或者保证;(二)涉及疾病预防、治疗功能;(三)声称或者暗示广告商品为保障健康所必需;(四)与药品、其他保健食品进行比较;(五)利用广告代言人作推荐、证明;(六)法律、行政法规规定禁止其他内容。保健食品广告应当显著标明'本品不能代替药物'。"保健食品毕竟不是药品,不能达到治疗疾病的作用,仅起着辅助加强身体健康的作用。若保健食品的经营者在宣传广告中明确表示该产品具有治疗某种疾病的疗效,但该保健品实际却并不具备相应功能时,无疑就属于虚假宣传。

(三)销售农药、兽药、饲料和饲料添加剂时应遵循的规则

《广告法》第21条规定:"农药、兽药、饲料和饲料添加剂广告不得含有下列内容:(一)表示功效、安全性的断言或者保证;(二)利用科研单位、学术机构、技术推广机构、行业协会或者专业人士、用户的名义或者形象作推荐、证明;(三)说明有效率;(四)违反安全使用规程的文字、语言或者画面;(五)法律、行政法规规定禁止的其他内容。"对于这类产品而言,同样会存在宣传的功效与实际功效严重不符的情况,所以法律直接禁止经营者用"保证功效"类字眼宣传这类产品。因此,电子商务经营者在宣传这类产品时,要严格遵守法律的规定。

三、是否对服务的内容、形式、允诺作不切实际的宣传

除了对产品进行虚假宣传会受到法律规制以外，经营者若对所提供服务的内容、形式、允诺作不切实际的宣传，同样也有可能被认定为虚假宣传。例如，通过电子商务平台开展酒店预订业务的经营者，在宣传过程中明知道自己不具有五星级酒店的资质，而向消费者宣传说是五星级酒店，能提供五星级服务，便属于虚假宣传。另外，对于一些特殊类别的服务提供者，法律也规定了相应的宣传广告规则，电子商务经营者在提供这类服务时，应严守法律规定。具体如下。

（一）提供教育、培训服务的宣传广告规则

《广告法》第24条规定："教育、培训广告不得含有下列内容：（一）对升学、通过考试、获得学位学历或者合格证书，或者对教育、培训的效果作出明示或者暗示的保证性承诺；（二）明示或者暗示有相关考试机构或者其工作人员、考试命题人员参与教育、培训；（三）利用科研单位、学术机构、教育机构、行业协会、专业人士、受益者的名义或者形象作推荐、证明。"

教育、培训机构虽然对于提高他人的成绩有一定的促进作用，但对教育、培训的效果作出保证性承诺，明显违反了客观规律，教育、培训机构的相关承诺很容易变成不切实际的话语。例如，某经营者在网上发布培训广告，宣称"5年输送7400多名学员成功考进银行""英国杜伦大学、帝国理工、香港大学、北京大学等全球各地的学子纷纷而来"等无法证实的内容；宣称"包过""一次拿证""学信教师考编，包你入编"等对教育、培训的效果作出明示或者暗示的保证性承诺内容，并使用部分学员的名义和形象对培训项目作推荐、证明；广告中使用国家机关和国家机关工作人员的形象和名义进行宣传，并宣称"最强能力训练平台""最受欢迎的银行面试班级""银行面试第一品牌"等内容。江苏省工商行政管理局认为该经营者的广告发布行为违反了《广告法》，遂责令当事人停止发布违法广告，并处以罚款20万元。[1]

---

[1] 江苏省市场监督管理局公布典型虚假违法广告案例！重点涉及金融、医疗、教育培训等行业[EB/OL].（2018-12-27）[2021-08-20].http：//news.sina.com.cn/o/2018-12-27/doc-ihqfskcn1789132.shtml.

（二）招商等有投资回报预期的商品或者服务广告规则

《广告法》第25条规定："招商等有投资回报预期的商品或者服务广告，应当对可能存在的风险以及风险责任承担有合理提示或者警示，并不得含有下列内容：（一）对未来效果、收益或者与其相关的情况作出保证性承诺，明示或者暗示保本、无风险或者保收益等，国家另有规定的除外；（二）利用学术机构、行业协会、专业人士、受益者的名义或者形象作推荐、证明。"

（三）提供房地产服务的广告规则

《广告法》第26条规定："房地产广告，房源信息应当真实，面积应当表明为建筑面积或者套内建筑面积，并不得含有下列内容：（一）升值或者投资回报的承诺；（二）以项目到达某一具体参照物的所需时间表示项目位置；（三）违反国家有关价格管理的规定；（四）对规划或者建设中的交通、商业、文化教育设施以及其他市政条件作误导宣传。"

《房地产广告发布规定》第3条："房地产广告必须真实、合法、科学、准确，不得欺骗、误导消费者。"第4条："房地产广告，房源信息应当真实，面积应当表明为建筑面积或者套内建筑面积，并不得含有下列内容：（一）升值或者投资回报的承诺；（二）以项目到达某一具体参照物的所需时间表示项目位置；（三）违反国家有关价格管理的规定；（四）对规划或者建设中的交通、商业、文化教育设施以及其他市政条件作误导宣传。"

房地产广告内容一定要真实，而且要详细。2020年9月，深圳市卓某新城实业有限公司为宣传其开发的房地产项目"卓弘星辰花园"，在其微信公众号发布"大运圈地铁口约81～138m² 阔景美宅 T.0755/89890888 地址：龙岗·3号线永湖站A2出口"等广告内容，当事人发布未表明为建筑面积或者套内建筑面积的房地产广告的行为违反《广告法》第26条的规定。执法人员责令当事人立即改正违法行为，在相应范围内消除影响，处罚款100 000元。❶

---

❶ 少了几个字被罚10万元一点也不冤！深圳这些楼盘被立案查处！[EB/OL].（2023-06-15）[2023-11-16]. https://weibo.com/3096706037N5rhnICYC./641620928?utm id=0.

四、加以宣传的商品或服务是否存在

一般而言，经营者对商品或服务进行宣传的目的就是希望消费者能消费，但若经营者实施了对商品或服务进行宣传的行为，但实际却没有商品或服务提供给消费者，这无疑符合虚假广告的特征。《广告法》第 28 条第 2 款第（一）项规定，广告中宣传的商品或者服务不存在的为虚假广告。为此，电子商务经营者在宣传过程中，要坚决禁止实际经营的是此产品或服务，而实际宣传的却是彼产品或服务。

五、是否使用虚假或伪造的证明信息对商品或服务进行宣传

若某一项产品或者服务受到权威机构的认可，或者系某类科研产品，那么大概率其可以获得良好的市场认可度和广阔的市场前景。但是，若某一项产品或服务本身并没有相关的资质证书，也不属于科研成果，经营者却公然宣传该产品获得某一权威机构的认可，或者宣传该产品为经国家认可的专利产品，那么便存在虚假宣传的情况。《广告法》第 28 条第 2 款第（三）项规定，使用虚构、伪造或者无法验证的科研成果、统计资料、调查结果、文摘、引用语等信息作证明材料进行宣传的，系虚假宣传。例如，某美容店通过微信公众号推送"扬州地区，每天在这里祛斑的就有上百人，相当于 10 个斑友就有 7 人在这里祛斑"等未有任何依据且无法验证的广告内容，被市场监督管理局认定为虚假广告。[1] 为此，电子商务经营者要切合实际、实事求是地进行宣传，不能杜撰科研成果等证明材料，也不能借用不属于自身产品或服务属性的证明材料，如有发生，应及时进行整改。

六、是否对商品或者服务作语意含糊、容易令人产生误解的宣传

除了正面的、虚假的宣传会直接使消费者产生错误认识以外，语意含糊的、表意不清的宣传广告同样有可能会使消费者产生错误认识。容易令人产生误解的广告一般具有如下表现：使用的图案和文字极度夸张，与商品内容

---

[1] 江苏省扬州市市场监管局公布一批典型互联网虚假广告案例 [EB/OL].（2020-06-19）[2021-08-16]. http：//cxyz.yangzhou.gov.cn/detail.do?contentId=6c7516481da84a7589866d9eb382f1ca.

严重不符，导致消费者产生错误联想或类推心理；在广告中使用一些模糊的语言和概念，容易让人产生歧义；利用名人的知名度和影响力，博取消费者的信赖。电子商务经营者所采取的宣传广告的内容，应尽量明确、清晰表达产品或服务，不能使用易让人产生多种理解的用语，如果采用，则应附注具体说明，以消除他人的误解。

七、所宣传的商品或服务的价格是否与实际价格不符

商品或服务的价格是由多种因素决定的，有许多成本相似的商品或服务，但其价格却千差万别。所宣传的商品或服务的价格是否与实际价格不符，不是指产品或服务过分高于其成本价格，以及由此存在的价格虚高情况，而是指经营者在宣传广告上明确表示该商品或服务是此价格，但在消费者实际购买商品或服务时，经营者却又表示其实商品或服务是彼价格，出现消费者心理确信价格与经营者实际销售价格不符的情况。之所以对这种情况进行禁止，是因为若经营者对外宣传低价，但实际销售商品或提供服务时却提高价格，会严重破坏消费者的信赖和损害消费者的利益。但是，若宣传商品或服务时标识的是高价，但最终售出时却为低价，此种情况并没有损害消费者利益，所以不能认为存在虚假宣传。为此，当电商经营者在宣传广告中对商品或服务的价格进行了明确标识，在实际销售商品或提供服务时，就不能出现高于所宣传的价格的情况。另外，对于通过虚构价格方式来展开促销的行为，也可能被认定为虚假宣传。例如，西安一大型超市以 4.38 元 / 斤（略低于城市均价）的定价出售蛋类，并要求消费者每人每次限购 15 个鲜鸡蛋（约 1 公斤），由此造成千人排队抢购。西安市物价局立即派检测工作人员赶赴现场展开全面检查。检查中发现，该大型超市曾在卖场内标明鸡蛋"原价 6.8 元 / 公斤，现价 4.38 元 / 公斤"，而在此次市场促销前一天确实销售价为 4.98 元 / 公斤，"原价 6.8 元 / 公斤"的定价均属虚拟原价，形成了定价欺诈。根据相关法规，西安市物价局决定对该大型超市处罚 10 万元，并予以公开通报。❶

---

❶ 国家发改委通报六起价格串通等违法行为案例 [EB/OL].（2007-08-28）[2021-08-28].https ://news.sina.com.cn/o/2007-08-28/105712463942s.shtml.

八、是否过分夸大产品的销售状况或虚构曾获荣誉，使他人产生误解

为扩大市场占有率，经营者往往会通过采用"某产品销售状况非常好，广受大众喜爱，某商品或服务曾获得多少荣誉，非常值得信赖"这样的宣传语言，来达到引起广大消费者重视的目的。在此种宣传方式中，若经营者所宣传的内容符合实际情况，那么毫无疑问属于正常的宣传手段；若经营者明知不存在广告中所宣传的情况，为吸引消费者眼球而故意编造虚假信息，并加以宣传，则应认定为虚假广告。例如，某经营者在网络上发表了其自行编造和制作的包含"瘦客辣妈减肥品牌短短数年时期国内现已有几百家瘦客辣妈减肥专门店遍布全国上百个大中城市，培训了上千名专职纤体师，有数万名消费者在瘦客辣妈减肥成功"等虚假信息，以及宣称拥有"全球减肥美体产业协会理事""国内全球减肥大会强势推介名牌""全球肥胖症病科学研讨会特邀嘉宾""国内减肥纤体产业智库名人堂""二零一七年度最具建设意义国家文化名牌、影响国家社会信用模范公司""中国全球减肥产业优秀品牌""质量检验标准优秀商品"等虚假荣誉称号的广告宣传信息，后由市场质量监督主管部门责令其立即停止发布违法广告，在相应范围内消除影响，并处罚款 25 000 元。❶ 因此，电商经营者切莫以身犯法，编造不曾有的数据进行宣传。

九、是否存在虚构使用商品或者接受服务的效果的行为

对于大多数实用性产品或疗效型服务来说，其实际使用的效果是吸引消费者消费的一大亮点。特别是对于某些美容产品或服务项目，若经营者介绍其美容产品或服务项目具有相当好的效果，消费者自然就会更倾向于购买。但是，若消费者在购买并实际使用相应的产品或接受相应的服务之后，却并没有得到经营者当初在广告中所宣传的效果，那么便存在虚假宣传的情况。《广告法》第 28 条第 2 款第（四）项规定，广告中虚构使用商品或者接受服

---

❶ 沈阳市市场监督管理局公布十起典型食品药品等虚假违法广告案例 [EB/OL].（2019-10-23）[2021-08-06].https://www.sohu.com/a/348903501_777543.

务的效果的，为虚假广告。例如，欧莱雅（中国）有限公司在重庆某百货公司一专柜发布印刷品广告，其内容含有"法国碧欧泉 8 天、肌肤犹如新生愈颜、弹润、透亮源自活源精粹的愈颜力、奇迹水肌底精华露、无论年龄，无论肌肤状态、8 天肌肤犹如新生、明星达人挚爱之选、众人见证 8 天奇迹、肌肤问题一并解决、68 800 人已经见证奇迹水带来的肌肤新生……"等用语，后被市场监督管理局责令停止违法行为，并处罚款 20 万元。❶ 电商经营者应从这一案例中吸取教训，不要对产品的使用效果过度宣传。

十、面对他人举报广告内容虚假时，是否及时整改

在虚假广告罪的构成要件中，广告发布者是否具备发布虚假广告的主观故意，是认定其是否构成虚假广告罪的一个要件。当判断行为人是否存在虚假宣传的行为时，必须考虑多方面的原因。比如，当消费者发现某一生产经营者出现虚假宣传行为后，向经营者内部相关部门进行举报，或者市场监督管理部门在发现经营者存在虚假宣传行为后，责令经营者加以改正。但经营者对于相关举报或处理决定置之不理，仍执意继续进行虚假宣传，则明显具有虚假宣传的主观故意。因而，当有消费者以广告内容存在虚假为由进行投诉时，电商经营者应积极进行审核，若属实的话，要及时加以整改。

十一、面对消费者的退换货要求，是否及时处理

经营者若通过虚假宣传的方式经营商品，那么消费者在购买相应商品之后，极有可能联系商家进行退换货，以弥补自身的损失。如果经营者确实存在经营的商品与广告宣传不符，在面对消费者提出的退换货要求时却不积极处理，无法弥补给消费者造成的损失，长此以往，自然会受到市场监管部门的关注，并会由此面临行政处罚或者刑事处罚。为防止此类情况的发生，电商经营者要广泛听取消费者退换货的理由，妥善处理消费者退换货的要求，对现存的未及时处理退换货的行为加以整改。

---

❶ 欧莱雅"虚构使用商品效果"遭处罚并被列入十大虚假违法广告案例 [EB/OL].(2019-11-29)[2021-09-01].https : //www.sohu.com/a/357260269_120432810.

十二、是否造成他人人身伤残

有一些产品或者服务，如药品和医疗服务，对人身健康具有极大的影响，如果经营者对这类产品或服务项目作虚假的广告宣传，那么极有可能使得他人不能得到及时、良好的救治，从而损害他人身体健康。2010年5月7日，《最高人民检察院、公安部关于公安机关管辖的刑事案件立案追诉标准的规定（二）》第67条规定："广告主、广告经营者、广告发布者违反国家规定，利用广告对商品或服务作虚假宣传，涉嫌下列情形之一的，应予立案追诉……（五）造成人身伤残的。"因此，对于关系人身健康的产品或者服务，电商经营者一定要严格把控广告内容，不得实施虚假宣传行为，否则必会受到法律严惩。例如，2005年5月，由杨某秀、杨某坤、杨某其等人联合投资，以香港国际类风湿病研究院的身份承包了私营合伙企业杭州华夏医院风湿科，由杨某其等人承担业务的经营，并聘请曾在漯河市某诊所教学过一段时间的专家王某义来该院负责实施"免疫平衡调节术"诊治类风湿性关节炎、强直性肌肉炎。2005年6月29日至9月，被告人杨某其等人以杭州华夏医院名义多次在杭州市报纸、电视台等媒体上发布医疗广告。在华夏医疗的虚假广告公布之后，全国共有杜某生等38例类风湿性关节炎、强直性脊柱炎的病人，于2005年7月至11月在该诊所进行了免疫平衡检查和微创心脏手术（或介入微创定位）的治疗，所涉33位病人中不但没有达到广告中所称的治疗目标，而且还不同程度地发生了声音嘶哑的情况。经确认，共计朱某珍等14人伤残等级达到九级。最终，相关行为人被法院认定构成虚假广告罪。[1]

十三、是否为达到非法集资目的而对相关商品或服务作虚假宣传

经营者除为增加营业额会进行虚假宣传之外，还会为达到自身非法集资的目的，通过对商品或服务进行虚假宣传，实际上并不展开经营，即实施吸收公众资金的行为。《最高人民法院关于审理非法集资刑事案件具体应用法

---

[1] 浙江：发布虚假医疗广告致人伤残4人获刑[EB/OL].（2007-11-10）[2021-09-01]. http://news.sohu.com/20071110/n253172218.shtml.

律若干问题的解释》第 12 条规定:"广告经营者、广告发布者违反国家规定,利用广告为非法集资活动相关的商品或者服务作虚假宣传,具有下列情形之一的,依照刑法第二百二十二条的规定,以虚假广告罪定罪处罚:

(一)违法所得数额在 10 万元以上的;

(二)造成严重危害后果或者恶劣社会影响的;

(三)二年内利用广告作虚假宣传,受过行政处罚二次以上的;

(四)其他情节严重的情形。"

电商经营者要注意,不能脱离经营范围,也不能脱离销售商品或提供服务的业务而从事一些非法集资的行为。

十四、是否假借预防、控制突发事件的名义,进行虚假宣传,使人上当受骗

在一些突发性事件来临时,由于影响性和对社会带来的威胁性都比较大,所以会引起人们的极度关注,尤其是有关人体健康和人身安危的突发性事件,人们很容易产生恐慌情绪。而利用人们这种恐慌情绪对产品或服务进行虚假宣传的行为,对于突发性事件的防控不仅起不到帮助作用,反而容易加剧社会混乱。也基于此,法律对于假借预防、控制突发事件的名义,进行虚假宣传的行为进行大力打击。《最高人民法院、最高人民检察院关于办理妨害预防、控制突发传染病疫情等灾害的刑事案件具体应用法律若干问题的解释》第 5 条规定:"广告主、广告经营者、广告发布者违反国家规定,假借预防、控制突发传染病疫情等灾害的名义,利用广告对所推销的商品或者服务作虚假宣传,致使多人上当受骗,违法所得数额较大或者有其他严重情节的,依照刑法第二百二十二条的规定,以虚假广告罪定罪处罚。"例如,2020年 1 月,新型冠状病毒感染疫情在中国暴发。2020 年 1 月 26 日,在抗击新型冠状病毒感染疫情时,某母婴用品店为促进销售乳铁蛋白产品,在微信朋友圈中发布"乳铁蛋白可以有效抑制 SARS 冠状病毒感染,有科学研究报告为证""武汉的病毒真的很厉害,家里有乳铁蛋白得加量吃"的广告宣传信息,事实上,该母婴用品店根本提供不了其广告宣传信息的科学结论、权威报告等合法依据。因该母婴用品店利用疫情虚假宣传,当地市场监督管理部门已对其立案调查。❶ 电商经营者要切记不可为了一时利益之得失，触碰法律底线。

结合上述十四点内容，电商经营者在选择商品或服务的信息进行广告宣传时，要对商品的性能、产地、用途、品质、规格、成分、价格、生产者、有效期限、销售情况、曾获荣誉等，对服务项目的内容、提供者、形式、质量、价格、销售情况、曾获荣誉等，以及与商品或服务项目相关的允诺性信息，进行实质性的了解和把控，仔细审查是否存在与实际情况不符的情况，对于有关产品或服务存在虚假宣传的投诉要及时进行反馈，对于消费者的退换货要求要及时进行处理。同时，电商经营者切不可为了一时利益而冒险做欺骗消费者的行为。

第五节　司法实务案例展示与评析

一、案例展示

（一）案情❷

被告人王某刚于2016年8月19日在新郑市工商行政管理局注册成立河南中商联袂电子商务有限公司（以下简称"中商联袂公司"），王某刚任法定代表人。王某刚于2016年9月3日在郑州市上街区工商管理和质量技术监督局注册成立郑州市上街区七日云购购物中心（以下简称"七日云购"）。2016年10月，王某刚与郑州市五彩文化传播有限公司签订房屋租赁协议，租赁上街区汝南路与中心路交叉口南150米路西（艺术宫楼下）的门面房，租赁期9年。王某刚于2016年10月1日至2017年5月31日在艺术宫楼下门面房经营七日云购。经营期内，王某刚违反了相关法律法规，采取摆摊位、悬挂条幅、发微信、在电子屏幕播放、口口相传等广告方式，虚假宣传"你消费

---

❶ 母婴店宣称所售卖产品能抑制冠状病毒感染,市场监管：利用疫情虚假宣传[EB/OL].（2020-01-29）[2021-09-10].http：//byne.nmgzf.gov.cn/yasf/2020-03-16/5036.html.

❷ （2019）豫0106刑初41号一审刑事判决书。

我全返""本店所有商品可享受 100% 全额返还""凡在本店消费，均可参与七日云购 100% 全额返还"，对公众宣称持七日云购的充值卡可在中商联袂公司签约的 73 家联盟商家购物消费，消费后享受 100% 返还。被害人刘某 2、朱某、姚某等消费者在该虚假广告宣传的诱导下，在七日云购办理会员卡充值。2017 年 6 月 1 日，七日云购张贴公告"因房租到期和超市手续需要完善，超市须暂停营业"。七日云购停业，致使部分会员消费后没有得到"全额返利"、部分会员不能正常消费，给会员造成重大经济损失，引发会员集体信访投诉，造成恶劣社会影响。

2017 年 11 月 29 日，郑州市上街区工商管理和质量技术监督局作出郑上工商质检处字（2017）120 号行政处罚决定书，以王某刚以虚假的还本销售方式销售商品，责令王某刚停止违法行为，消除影响，罚款人民币 19 万元。至庭审时，王某刚未缴纳该 19 万元罚款。

2018 年 9 月 25 日，河南誉信会计师事务所对七日云购经营期间的专项审计结果是：涉案人数 3614 人，总收入数为 30 338 394.11 元，违法所得金额 2 454 483.44 元。

（二）公诉意见

被告人王某刚违反国家规定，用虚假广告形式对其经营活动做虚假宣传，情节严重，其行为已经触犯了《中华人民共和国刑法》第二百二十二条之规定，应当以虚假广告罪追究其刑事责任。

（三）法院认为

被告人王某刚违反国家规定，利用广告做虚假宣传，情节严重，其行为已构成虚假广告罪，判处有期徒刑十一个月，并处罚金人民币 100 000 元。

二、案例评析及启示

（一）案例评析

该案虽然不是电子商务企业利用互联网实施的虚假宣传行为，但作为电子商务公司，不严格依照法律规定，通过虚假宣传"你消费我全返""本店所有商品可享受 100% 全额返还""凡在本店消费，均可参与七日云购 100% 全额返还"等内容，吸引消费者进行消费，同样也是应受刑法规制的行为。同时，涉案的电子商务公司虽然是在线下开展的虚假宣传行为，但在这一过程中，难免会利用其线上平台进行宣传，从而也会给其线上经营带来法律风险。

（二）案例启示

电子商务企业无论是在线下还是线上经营项目，都应注重防范虚假广告罪的刑事法律风险，既要避免利用线上渠道对线下的经营项目进行虚假宣传，又要保证不让线下的虚假宣传行为波及线上的经营业务。经营者在日常经营中还是应进行切合实际的宣传，否则既有可能得不到任何的经济利益，又使自身面临牢狱之灾。还需要注意的是，有些电商经营者之所以陷入虚假宣传泥潭，很大一部分原因是缺乏对有关法律规定的了解，导致无法区分所进行的虚假宣传行为是否涉及违法犯罪。为此，建议电商经营者要多了解与自身产品或服务经营相关的法律规定，准确把握法律边界，若实在难以判断时，可以请教法律专业人士，确保广告宣传行为不突破法律底线。

第九章　生产、销售假冒伪劣产品罪构成要件、风险识别与合规

生产、销售伪劣产品罪的犯罪行为是生产、销售行为。该罪生产者、销售者违反的法律、法规范围还是较广的。这些法律法规一般是指违反《中华人民共和国产品质量法》《中华人民共和国标准化法》《中华人民共和国计量法》及有关省、自治区、直辖市制定的关于产品质量的地方性法规、规章，有关行业的标准规则等。伪劣产品的界定标准，在这些产品质量法规中有规定。

第一节　生产、销售假冒伪劣产品罪概念及特征

生产、销售伪劣产品罪是企业在生产、销售产品过程中比较容易触及的罪名。有的企业在生产产品中以假充真、以次充好、以不合格产品冒充合格产品，不仅损害了购买方的利益，也损害了社会公共利益，因而触及该罪名被启动刑事责任追究。生产、销售伪劣产品罪主要规定在《刑法》第140条，《最高人民法院、最高人民检察院关于办理生产、销售伪劣商品刑事案件具体应用法律若干问题的解释》（以下简称《伪劣商品法律解释》）也作了相应规定。

一、概念

生产、销售伪劣产品罪，是指生产者掺杂、掺假，销售者在产品中以假充真，以次充好或者以不合格产品冒充合格产品，销售金额达五万元以上的行为。

二、特征

（一）生产、销售

生产、销售是指加工、制造产品并将产品卖出，实现商品化的过程性行为。产品指的是经过加工、制作用于销售的物品，既包括工业用品，也包括生活用品。

（二）假冒伪劣产品

伪劣产品包括伪产品和劣产品，其中伪产品是指以假充真的产品，劣产品是指生产者掺杂、掺假、以次充好或者冒充合格产品的不合格产品。

第二节 生产、销售假冒伪劣产品罪构成要件

一、客体要件

生产、销售伪劣产品罪侵犯的客体是国家对产品质量的监督管理制度、市场管理制度和广大消费者的合法权益。本罪生产、销售的对象是伪劣产品。

二、客观要件

客观方面表现为生产者、销售者违反国家产品质量管理法律、法规，生产、销售伪劣产品的行为。

（一）生产销售的是伪劣产品

《中华人民共和国产品质量法》（以下简称《产品质量法》）第2条规定："本法所称产品是指经过加工、制作，用于销售的产品。"工业产品、农业产品、生活用品、生产资料等，不论产品是否危害人身、财产安全，都包括在本罪的伪劣产品之中。值得注意的是，《产品质量法》中明确排除了建设工程属于产品，因此生产、销售不合格的建设工程的行为不能以本罪名追究刑

事责任。❶

（二）行为表现

本罪的行为表现具体包括以下四类：①掺杂、掺假。根据《伪劣商品法律解释》的规定："'在产品中掺杂、掺假'，是指在产品中掺入杂质或者异物，致使产品质量不符合国家法律、法规或者产品明示质量标准规定的质量要求，降低、失去应有使用性能的行为。"②以假充真。是指以不具有某种使用性能的产品冒充具有该种使用性能的产品的行为。③以次充好。是指以低等级、低档次产品冒充高等级、高档次产品，或者以残次、废旧零配件组合、拼装后冒充正品或者新产品的行为。④以不合格货物假冒合格产品。是指不符合《产品质量法》第 26 条第 2 款规定的质量要求的产品。我国的产品质量标准分为国际标准、国家标准、行业标准、地方标准和企业标准。凡不符合上述质量标准要求的产品就是不合格产品。

（三）数额较大

构成本罪要求的涉案数额较大，即销售金额达到五万元。《伪劣商品法律解释》第 2 条规定，销售金额是指生产者、销售者出售伪劣产品后所得和应得的全部违法收入。这里并不扣除成本。该条第 2 款规定："伪劣产品尚未销售，货值金额达到刑法第一百四十条规定的销售金额三倍以上的，以生产、销售伪劣产品罪（未遂）定罪处罚。"这里做此规定有扩大打击面之嫌，因为如果"伪劣产品尚未销售"，那么就不属于构成要件中的销售行为，同时伪劣产品尚未进入市场，没有破坏市场竞争秩序，也没有损害消费者合法权益。❷

货值金额以违法生产、销售的伪劣产品的标价计算；没有标价的，按照同类合格产品的市场中间价格计算。货值金额难以确定的，按照《扣押、追缴、没收物品估价管理办法》的规定，委托指定的估价机构确定。多次实施生产、销售伪劣产品行为，未经处理的，伪劣产品的销售金额或者货值金额累计计算。《最高人民法院、最高人民检察院关于办理非法生产、销售烟草专卖品等刑事案件具体应用法律若干问题的解释》第 2 条第 3 款规定："查获

---

❶ 徐强. 认定生产、销售伪劣产品罪的几个问题 [EB/OL].（2017-07-19）[2021-09-15].https://www.spp.gov.cn/llyj/201707/t20170719_196042.shtml.

❷ 张明楷. 刑法学 [M].5 版. 北京：法律出版社，2016：737.

的未销售的伪劣卷烟、雪茄烟,能够查清销售价格的,按照实际销售价格计算。无法查清实际销售价格,有品牌的,按照该品牌卷烟、雪茄烟的查获地省级烟草专卖行政主管部门出具的零售价格计算;无品牌的,按照查获地省级烟草专卖行政主管部门出具的上年度卷烟平均零售价格计算。"

销售数额是量刑的直接标准,《刑法》第140条规定:"生产者、销售者在产品中掺杂、掺假,以假充真,以次充好或者以不合格产品冒充合格产品,销售金额五万元以上不满二十万元的,处二年以下有期徒刑或者拘役,并处或者单处销售金额百分之五十以上二倍以下罚金;销售金额二十万元以上不满五十万元的,处二年以上七年以下有期徒刑,并处销售金额百分之五十以上二倍以下罚金;销售金额五十万元以上不满二百万元的,处七年以上有期徒刑,并处销售金额百分之五十以上二倍以下罚金;销售金额二百万元以上的,处十五年有期徒刑或者无期徒刑,并处销售金额百分之五十以上二倍以下罚金或者没收财产。"

三、主体要件

本罪的犯罪主体为一般主体,包括个人和单位,主要是产品的生产者和销售者。生产者、销售者是否具有合法的生产许可证或者营业执照不影响本罪的成立。

四、主观要件

本罪要求行为人在主观上必须出于故意,是否以获取非法利润为目的不影响本罪的成立。

第三节 生产、销售假冒伪劣产品罪实务常见争议焦点

一、伪劣产品的认定

根据《最高人民法院关于审理生产、销售伪劣商品刑事案件有关鉴定

问题的通知》的规定，生产、销售的产品是否属于"以假充真""以次充好""以不合格产品冒充合格产品"难以确定的，由公诉机关委托法律、行政法规规定的产品质量检验机构进行鉴定。"人民法院受理的生产、销售假药犯罪案件和生产、销售不符合卫生标准的食品犯罪案件，均需有'省级以上药品监督管理部门设置或者确定的药品检验机构'和'省级以上卫生行政部门确定的机构'出具的鉴定结论。"在产品的鉴定中，如果程序不合法、操作不规范，样本有被污染的可能，鉴定结果就不能作为定案依据。

如果销售的产品伪而不劣，则不能认定为伪劣产品，不能以销售伪劣产品罪论处。

二、销售数额的认定

本罪的客观要件要求假冒伪劣商品的销售金额较大，即在5万元以上。

销售金额是指生产者、销售者出售伪劣产品后所得和应得的全部违法收入。目前，在"应得的违法收入"的界定上常有争议。行为人已经实际掌控伪劣产品，并订立买卖合同，那么这部分合同金额可计入应得，但如果仅有口头约定、金额难以认定，那么该销售金额就不能纳入。实务中有判决将行为人储存中的伪劣产品直接依照实际售价计入应得收入，存在扩大打击的情况。❶ 此外，如果行为人将合格产品与伪劣产品混杂在一起销售，该金额不能区分开来，也应视为销售伪劣产品的金额。因为行为人故意将合格产品与伪劣产品混杂在一起，导致金额不可分割，法院认定这属于销售者自身的责任，合格产品实际上成为欺诈他人的工具。❷

三、主观故意

构成本罪需要行为人故意，要求行为人对其生产、销售的伪劣商品在主观上必须是出于明知，即行为人在主观上已经确实知道生产、销售的物品属于伪劣商品，或者根据客观证据证明行为人确实可能知道其所生产、销售的物品是伪劣商品。行为人主观认识因素和意志因素上必须都有故意，方可认

---

❶ （2019）粤2071刑初776号一审刑事判决书。
❷ （2019）川1421刑初362号一审刑事判决书。

为其主观上具有故意。

一方面，认识因素上需要明知自己生产、销售伪劣产品的行为会发生危害社会的后果，知道行为对象是伪劣产品，知道自己是在实施生产、销售伪劣产品的行为，知道此行为会危害社会。如果现有证据不能充分、确实地证明行为人知道自己生产、销售的是伪劣产品，其主观上不具有生产、销售伪劣产品的故意，也就不构成生产、销售伪劣产品罪。行为人应当知道伪劣产品，但实际不知道的，也不构成本罪。❶

不能依据库存产品的检测结果认定以前销售出去的产品也是不合格产品。理由是一个企业的生产、销售是动态过程，其前期生产、销售的是伪劣产品，但出于法律意识的增强、生产技术的改善等各方面的原因，企业决定放弃以前的做法，改为生产、销售合格产品的情形也是存在的。同样的道理，一个企业之前生产、销售的是合格产品，但出于某段时期购进的原料不合格、生产线出现故障等各方面原因，生产出不合格产品并投放到市场上这种情形也是存在的。此外，不能根据产品售价认定行为人知道自己生产、销售的是伪劣产品。因其可能存在薄利多销的经营理念，把更多的利润让给客户，以拓展市场。❷

另一方面，意志因素上需要行为人有冒充的故意。如果生产者、销售者把商品质量缺陷的事实告诉了购买者，这就是一种自愿、正当的交易行为。因此，认定掺杂、掺假行为也要求行为人具备冒充的意思。❸ 如果消费者明知其购买的是伪劣产品，则行为人不构成冒充。

第四节 生产、销售伪劣产品罪风险识别

生产、销售伪劣商品罪规定在我国《刑法》第140条，它规制的范围是指除药品、食品、医用器材、农药、兽药、化肥、种子、化妆品、涉及人身

---

❶ 张明楷.刑法学[M].5版.北京：法律出版社，2016：738.

❷ 王如僧.吴某进涉嫌生产、销售伪劣产品罪辩护词[EB/OL].(2015-10-27)[2021-09-20].http://www.jylawyer.com/sfws/qitaws/20151027/8408.html.

❸ 人民法院报.生产、销售不合格产品罪与生产、销售伪劣产品罪如何区分？[EB/OL].(2017-05-03)[2021-10-01].https://www.sohu.com/a/138021193_170817.

和财产安全的电器等产品以外的普通类产品。

一、是否有"掺杂、掺假"的情况

在达到一定产品质量要求的商品中添加污物及异物，大大降低了产品的实际使用性能，是比较明显和典型的生产、销售伪劣产品行为。行为人在原来没有问题的物品中添加了杂质和异物，从而造成产品质量低于法律、法规或者企业明示质量标准规定的品质条件，从而降低、失去产品应有使用性能。由于生产、销售伪劣商品罪体现的是故意犯罪，表现为行为人以牟取利益为目的，追求或放任某种危害结果的发生。因此，行为人表现为直接的主观故意。

二、是否有"以假充真""以次充好"的行为发生

如果行为人用不具备某种使用性能的商品假冒具备这种使用性能的产品，以低品级、低品位的商品假冒高等级、高档次商品，或以残次、废弃零部件复合、重新拼装后假冒正品或全新商品的行为，则容易有犯该罪的风险。例如，2020年春节期间暴发疫情，一时间全国各地急需要生产口罩等防护用品。口罩是由几层无纺布组成的，无纺布需符合卫生、通透等产品质量要求，由于一时需求量太大，一些企业来不及大量加工和生产，有的企业就打起了主意，将原老旧库存及不符合质量要求的无纺布也加入原材料生产之列，结果生产出来的产品不符合国家质量要求。已经订货的采购商要求退货也被拒，产生纠纷，情节严重的甚至可能涉嫌犯罪。

三、是否出现"以不合格产品假冒合格产品"

此项指行为人将不符合《产品质量法》第26条第2款规定的质量要求的产品冒充合格的产品进行销售。但是，对有以上行为的产品在质量方面难以确定的，则必须委托法律、行政法规所要求的产品质检部门进行鉴定。

第九章 生产、销售假冒伪劣产品罪构成要件、风险识别与合规

四、是否有明知而帮助的情形

《伪劣商品案件解释》第9条规定:"知道或者应当知道他人实施生产、销售伪劣商品犯罪,而为其提供贷款、资金、账号、发票、证明、许可证件,或者提供生产、经营场所或者运输、仓储、保管、邮寄等便利条件,或者提供制假生产技术的,以生产、销售伪劣商品犯罪的共犯论处。"第10条规定:"实施生产、销售伪劣商品犯罪,同时构成侵犯知识产权、非法经营等其他犯罪的,依照处罚较重的规定定罪处罚。"

五、在数量上是否达到入罪条件

生产者、销售者在产品中掺杂、掺假,以假充真,以次充好或者以不合格产品冒充合格产品,涉嫌下列情形之一的,应予立案追诉。①伪劣产品销售金额五万元以上的。销售金额不满五万元的制售伪劣产品的行为一般属违法行为,可由工商行政管理部门依法给予行政处罚。②伪劣产品尚未销售,货值金额十五万元以上的。对于实践中发生的仅仅查处伪劣产品本身,而难以甚至根本无法查清伪劣产品的销售金额的案件,根据《伪劣商品案件解释》第2条的规定,若伪劣产品尚未销售,货值金额达到《刑法》规定的销售金额三倍以上的,以生产、销售伪劣产品罪(未遂)定罪处罚。

第五节 微商、直播带货、跨境电商经营合规

电商经营模式涉嫌生产、销售伪劣商品罪主要集中在微商、直播带货、跨境电领域。由于一些传统型企业大都运用了微商销售模式,在成功搭建微商模式或直播平台后,多是因为业绩越来越大而成本投入跟不上出现生产、销售伪劣产品行为。

一、严禁掺杂、掺假行为的发生

《伪劣商品案件解释》对于在产品中掺杂、掺假,以假充真,以次充好

或者以不合格产品冒充合格产品进行了明确界定。其中，在产品中掺杂、掺假对产品中掺入的杂质或者异物有数量要求，需要达到造成"产品质量不符合国家法律、法规或者产品明示质量标准规定的质量要求，降低或失去应有使用性能的程度"。

例如，某直播带货个体屠宰主运用远程电商平台向城镇提供土猪肉，但行为人有对生猪注水后进行屠宰、销售的行为。案件发生后，虽然公安机关介入侦查时行为人已将注水生猪全部屠宰售出，未能查获涉案注水猪肉和注射用水，不能对被告人生产、销售的注水猪肉水分含量进行检测。依照《生猪屠宰管理条例》第20条的规定："严禁生猪定点屠宰厂（场）以及其他任何单位和个人对生猪、生猪产品注水或者注入其他物质。严禁生猪定点屠宰厂（场）屠宰注水或者注入其他物质的生猪。"不论注水造成猪肉中水分含量是否符合国家规定的猪肉水分限量标准，任何生猪注水、屠宰注水生猪都属于国家法规明令禁止的违法生产行为，都会降低猪肉应有的使用性能。屠宰注水生猪为猪肉产品则属于法定的违反国家法律规定质量标准在产品中掺杂的行为，无需质量检验机构的鉴定报告可直接将其认定为生产、销售伪劣商品罪中"在产品中掺杂掺假"的情形。

这个案例中行为人就表现为知道往生猪中注水是违法和违规的，在主观明知下仍然违之，为了追逐暴利抱着侥幸心理。但是，在刑法上对此类违法犯罪是零容忍的，特别是在食品安全领域。因此，作为经营者，运用电商销售模式在业绩做大后，也不能有如上的违法行为。

二、严禁在主观明知下销售伪劣的产品

销售者主观上是明知销售伪劣产品的，才认定本罪。例如，某公司在订购一批能量糖货物后，公司负责人谢某怀疑能量糖中被加入有毒、有害食品原料，谢某自己不放心，决定抽样能量糖送去检测，经检测得出他的怀疑是正确的。原生产商在糖果中加入了达拉非成分，属于有毒、有害的物质。谢某担心自己不进行销售公司就承担亏损，在明知受托生产的食品为有毒、有害食品的情况下，仍然销售发货给第三方公司。这样，谢某就涉嫌出售明知掺有有毒、有害的非食品原料食品的情形，从而构成销售有毒、有害食品行为。

第九章　生产、销售假冒伪劣产品罪构成要件、风险识别与合规

一般来说，食品安全法律中对食品生产经营从业人员规定的食品安全保障义务要高于一般人。因此，生产经营人员更应严格把好质量关。

三、严禁以假充真、以次充好行为的发生

在微商销售平台上，有的商家过于吹嘘产品的使用性能及效果，而销售的产品却存在以次充好的情况。在直播带货中，由于买卖双方是通过线上完成交易，没有线下的沟通和验货过程，卖方即便是存在以次充好的情况，买方自己也很难发现。这其中卖方存在欺诈行为，卖方抱着侥幸心理认为买方不能发现，自己可以赚取暴利。

例如，李某是从事直播带货的药品公司的销售者，为了赚取更多的销售提成，冒充"神医"线上问诊，将不具有防病、治病功能的保健品吹嘘成能医好痛症、帕金森病等疑难杂症的产品销售给他人。李某认为买卖双方自由，销售的保健品之价格是公司规定的市场价，自己仅赚取销售提成，且该药品公司具有合法经营的许可证，前期一系列吹嘘产品功效的行为属于虚假宣传，顶多是民事欺诈，不能构成犯罪。但是，李某为了赚取更多的利益，冒充"神医"把脉问诊，甚至将不具有治疗功能的某药品公司保健品夸大其词为能医好疑难杂症等病症。李某等人真正的目的是获得更多的销售量，从而提高业绩，故进行不计后果式的吹嘘，将保健品吹成药品的功效，从而销售给患者用于治疗疾病，属在保健品或其他食品中未添加国家禁用药物，但宣称具有药物功效的行为，可以销售假药罪进行定罪处罚。

以上三种是比较常见的生产、销售伪劣产品罪的行为表现。主要是行为人主观上明知而故犯，如果行为人主观上明知后不实施行为，是可以有效防范的。实务中，还有一种情形就是行为人实施了以次充好、以假充真的情形，但行为人认为自己以次充好只是置放产品中不合格原料含量成分程度而已，并没有涉嫌犯罪，如果有也是民事纠纷，或以行政处罚即可，不必上升到犯罪的程度。这里，就要注意一点了，行为人是将含量较低的不合格原材料置放至产品中是否委托有关资质鉴定机构进行鉴定。如果没有鉴定，那么很容易就被认为主观上存在故意；如果有鉴定机构，非权威也会充满争议。从慎重考虑和企业稳健长远起见，笔者认为，企业在成本上要舍得投入，同

时注重研发，以质量和声誉取信于消费者和市场，尽量避免踏入刑事的法律风险区。

第六节　司法实务案例展示与评析

一、案例展示

（一）案情 [1]

2019年10月至2021年5月，被告人王某伙同陈某某在某电商平台上注册8家店铺，销售从他人处购买及自己生产的假冒注册商标的"冷火"牌、"玉龙"牌灭火器。在共同经营过程中，被告人王某负责假冒灭火器的进货、销售、财务等日常管理工作，被告人陈某某负责装货发货等工作。其中，2019年10月9日至2020年8月31日，被告人王某从他人处购买并销售假冒注册商标的"冷火"牌、"玉龙"牌灭火器，销售金额336万余元；被告人陈某某于2020年4月开始参与销售，销售金额为311万余元。2020年9月1日至2021年5月4日，被告人王某伙同陈某某租赁厂房，组织工人通过灌装滑石粉的方式加工生产假冒注册商标的"冷火"牌、"玉龙"牌灭火器并销售，销售金额为1070万余元。经检验，涉案灭火器为不合格产品。

（二）公诉意见

检察机关受理案件后，重点开展了以下工作。一是依法准确定性。经综合分析行为人的主观动机、涉案金额等因素，检察机关认定，该案王某、陈某某的行为既构成假冒注册商标罪，也构成生产、销售伪劣产品罪，应择一重处，以处罚更重的生产、销售伪劣产品罪对王某、陈某某二人提起公诉。二是准确认定犯罪数额。王某等在电商平台开设8家店铺，后台销售数据达数十万余条，检察机关经审查梳理，将王某等用于退换货的正品灭火器金额

---

[1] 检察机关依法惩治制造伪劣商品犯罪典型案例[EB/OL].（2023-03-14）[2024-03-05].https://www.spp.gov.cn/xwfbh/wsfbt/202303/t20230314_608405.shtml#2.

及已退单数据剔除,最终认定涉案金额。三是依法追诉漏犯。针对为王某等提供假冒注册商标标识的人员可能涉嫌犯罪的情况,检察机关提出监督意见,追诉漏犯4人,目前该4人均已判刑。

(三)辩护意见

辩护人提出,本案中检测的灭火器系从下游买家手中提取,不能确定就是王某销售的产品;不能根据检测报告认定涉案灭火器为不合格产品。

(四)法院认为

法院经审理,采纳了全部指控意见和量刑建议。2022年10月26日,临沂经济技术开发区人民法院以生产、销售伪劣产品罪判处王某有期徒刑十五年,并处罚金人民币七百零五万元;判处陈某某有期徒刑十一年,并处罚金人民币五百万元。一审宣判后,王某、陈某某提出上诉。同年12月17日,临沂市中级人民法院裁定驳回上诉、维持原判。

二、案例评析与启示

(一)案例评析

生产、销售伪劣产品罪,打击的是在产品中掺杂、掺假,以假充真,以次充好或者以不合格产品冒充合格产品,销售金额较大的行为。在该案中,被告人出售的灭火器经具有省质量技术监督局授予检测资质的检测机构,对所扣押的产品进行检测后发现多项指标不符合灭火器国家标准,结合在案证据证实灭火器中灌装的是滑石粉而非磷酸氢二铵,属于不合格产品,且被告人销售金额超过5万元,其行为构成生产、销售伪劣产品罪。此外,该案被告人还销售从他人处购买及自己生产的假冒注册商标的"冷火"牌、"玉龙"牌灭火器,构成生产、销售伪劣产品罪与假冒注册商标罪的竞合。

《最高人民法院、最高人民检察院、公安部关于办理侵犯知识产权刑事案件适用法律若干问题的意见》第16条对侵犯知识产权犯罪竞合的处理进行了规定:"行为人实施侵犯知识产权犯罪,同时构成生产、销售伪劣商品犯罪的,依照侵犯知识产权犯罪与生产、销售伪劣商品犯罪中处罚较重的规定定罪处罚。"假冒注册商标罪的量刑标准是三年以下有期徒刑，并处或者单处罚金；情节特别严重的，处三年以上十年以下有期徒刑，并处罚金。而生产、销售伪劣商品罪的量刑标准，销售金额二百万元以上的，处十五年有期徒刑或者无期徒刑，并处销售金额50%以上二倍以下罚金或者没收财产。生产、销售伪劣商品罪的量刑重于假冒注册商标罪，因此该案被告人以生产、销售伪劣商品罪定罪处罚。

（二）案例启示

网络不是法外之地，无论是在线下实体销售还是在网络上销售，产品质量与品质都是经营者销量与业绩的决定性因素。在电商网络高速发展的今天，消费者们对于产品质量的要求也会越来越高。电子商务经营者应该严选优质供应商，严格产品质量监控，真实展示产品，提供良好的售后服务，才能获得更多消费者的信赖与认可。切不可认为网络交易消费者不能接触实物，就以次充好、以假充真，长此以往，导致滑向犯罪的边缘。

第十章　侵犯公民个人信息罪构成要件、风险识别与合规

公民个人信息是指以电子或者其他方式记录的能够单独或者与其他信息结合识别特定自然人身份，或者反映特定自然人活动情况的各种信息，包括姓名、身份证件号码、通信方式、住址、账号密码、财产状况、行踪轨迹等。侵犯公民个人信息罪是指向他人出售或者提供公民个人信息，情节严重的行为，或者是将在履行职责或者提供服务过程中获得的公民个人信息，出售或者提供给他人的行为。公民个人信息保护在网络时代显得尤为重要。随着电子商务的迅猛发展，电商企业收集、储存和运营公民个人信息的情况日益增加。一些电商平台不依法运用公民个人信息，而用于出售或不正当提供给第三方使用，从而侵犯了公民的正当权益，涉及刑事犯罪。

第一节　侵犯公民个人信息罪的概念

侵犯公民个人信息罪的法律规定主要有《刑法》第253条之一，以及《最高人民法院、最高人民检察院关于办理侵犯公民个人信息刑事案件适用法律若干问题的解释》。

侵犯公民个人信息罪是指违反国家有关规定，向他人出售或者提供公民个人信息，情节严重的行为。《刑法》第253条之一规定："违反国家有关规定，向他人出售或者提供公民个人信息，情节严重的，处三年以下有期徒刑或者拘役，并处或者单处罚金；情节特别严重的，处三年以上七年以下有期徒刑，并处罚金。违反国家有关规定，将在履行职责或者提供服务过程中获得的公民个人信息，出售或者提供给他人的，依照前款的规定从重处罚。窃

取或者以其他方法非法获取公民个人信息的，依照第一款的规定处罚。单位犯前三款罪的，对单位判处罚金，并对其直接负责的主管人员和其他直接责任人员，依照各该款的规定处罚。"

第二节　侵犯公民个人信息罪构成要件

一、客体要件

侵犯公民个人信息罪的客体要件是公民个人身份信息的安全和公民身份管理秩序。互联网信息技术的迅速发展使信息资料变成一项有价值的商业资源，个人信息泄漏风险也越来越大。近年来，我国侵害公民个人信息的犯罪行为越来越频发，保护公民个人信息逐渐被司法机关重视起来并加大打击力度。但是，侵犯公民个人信息罪有着严格的入罪要求，因此在实务中也存在着较高的不起诉率。

二、客观要件

本罪在客观上表现为违反国家有关规定，向他人出售或者提供公民个人信息，情节严重的行为。

（一）违反国家有关规定

《刑法》第96条规定："本法所称违反国家规定，是指违反全国人民代表大会及其常务委员会制定的法律和决定，国务院制定的行政法规、规定的行政措施、发布的决定和命令。"也即"国家规定"的发布主体限于人大及其常委会与国务院。但是，《最高人民法院、最高人民检察院关于办理侵犯公民个人信息刑事案件适用法律若干问题的解释》第2条"法律、行政法规、部门规章有关公民个人信息保护的规定"，将部门规章也纳入了"国家有关规定"的范围。

（二）向他人出售或者提供公民个人信息

① 非法出售、提供公民个人信息。不经个人信息被收集者允许，采用特定的对价方式与他人进行信息的交换，应当认定为非法出售公民个人信息。《最高人民法院、最高人民检察院关于办理侵犯公民个人信息刑事案件适用法律若干问题的解释》第3条规定："向特定人提供公民个人信息，以及通过信息网络或者其他途径发布公民个人信息的，应当认定为刑法第二百五十三条之一规定的提供公民个人信息。""未经被收集者同意，将合法收集的公民个人信息向他人提供的，属于刑法第二百五十三条之一规定的提供公民个人信息，但是经过处理无法识别特定个人且不能复原的除外。"综上，凡使他人可以知悉公民个人信息的行为，均属于提供。

根据《检察机关办理侵犯公民个人信息案件指引》的规定，以下内容构成证明出售、提供行为的证据："远程勘验笔录及QQ、微信等即时通信工具聊天记录、论坛、贴吧、电子邮件、手机短信记录等电子数据，证明犯罪嫌疑人通过上述途径向他人出售、提供、交换公民个人信息的情况。公民个人信息贩卖者、提供者、担保交易人及购买者、收受者的证言或供述，相关银行账户明细、第三方支付平台账户明细，证明出售公民个人信息违法所得情况。此外，如果犯罪嫌疑人系通过信息网络发布方式提供公民个人信息，证明该行为的证据还包括远程勘验笔录、扣押笔录、扣押物品清单、对手机、电脑存储介质、云盘、FTP等的司法鉴定意见等。"

② 非法获取公民个人信息。违反国家有关规定，通过购买、收受、交换等方式获取公民个人信息，或者在履行职责、提供服务过程中收集公民个人信息的，属于"以其他方法非法获取公民个人信息"。通过窃取、购买、收受、交换等方式非法获取公民个人信息的主要证据与上述以出售、提供方式侵犯公民个人信息行为的证据基本相同。针对窃取的方式，如通过技术手段非法获取公民个人信息的行为，需证明犯罪嫌疑人实施上述行为，除被害人陈述、犯罪嫌疑人供述和辩解外，还包括侦查机关从被害人公司数据库中发现入侵电脑IP地址情况、从犯罪嫌疑人电脑中提取的侵入被害人公司数据的痕迹等现场勘验检查笔录，以及涉案程序（木马）的司法鉴定意见等。

③ 设立用于实施非法获取、出售或者提供公民个人信息违法犯罪活动的

网站、通信群组，情节严重的，以非法利用信息网络罪定罪处罚。同时构成侵犯公民个人信息罪的，依照侵犯公民个人信息罪定罪处罚。

（三）情节严重

侵犯公民个人信息罪要求必须达到"情节严重"的条件，这是认定罪与非罪的标准。

① 对于侵犯公民个人信息犯罪的定罪，应当综合考虑犯罪的危害程度、犯罪的违法所得数额及被告人的前科情况、认罪悔罪态度等。具体而言，《最高人民法院、最高人民检察院关于办理侵犯公民个人信息刑事案件适用法律若干问题的解释》第5条规定："非法获取、出售或者提供公民个人信息，具有下列情形之一的，应当认定为刑法第二百五十三条之一规定的'情节严重'：

（一）出售或者提供行踪轨迹信息，被他人用于犯罪的；

（二）知道或者应当知道他人利用公民个人信息实施犯罪，向其出售或者提供的；

（三）非法获取、出售或者提供行踪轨迹信息、通信内容、征信信息、财产信息五十条以上的；

（四）非法获取、出售或者提供住宿信息、通信记录、健康生理信息、交易信息等其他可能影响人身、财产安全的公民个人信息五百条以上的；

（五）非法获取、出售或者提供第三项、第四项规定以外的公民个人信息五千条以上的；

（六）数量未达到第三项至第五项规定标准，但是按相应比例合计达到有关数量标准的；

（七）违法所得五千元以上的；

（八）将在履行职责或者提供服务过程中获得的公民个人信息出售或者提供给他人，数量或者数额达到第三项至第七项规定标准一半以上的；

（九）曾因侵犯公民个人信息受过刑事处罚或者二年内受过行政处罚，又非法获取、出售或者提供公民个人信息的；

（十）其他情节严重的情形。

实施前款规定的行为，具有下列情形之一的，应当认定为刑法第二百五十三条之一第一款规定的'情节特别严重'：
　　（一）造成被害人死亡、重伤、精神失常或者被绑架等严重后果的；
　　（二）造成重大经济损失或者恶劣社会影响的；
　　（三）数量或者数额达到前款第三项至第八项规定标准十倍以上的；
　　（四）其他情节特别严重的情形。"
　　② 根据《检察机关办理侵犯公民个人信息案件指引》第4条，以下证据构成"情节严重"或"情节特别严重"的证明：
　　"（一）公民个人信息购买者或收受者的证言或供述。
　　（二）公民个人信息购买、收受公司工作人员利用公民个人信息进行电话或短信推销、商务调查等经营性活动后出具的证言或供述。
　　（三）公民个人信息购买者或者收受者利用所获信息从事违法犯罪活动后出具的证言或供述。
　　（四）远程勘验笔录、电子数据司法鉴定意见书、最高人民检察院或公安部指定的机构对电子数据涉及的专门性问题出具的报告、公民个人信息资料等。证明犯罪嫌疑人通过即时通讯工具、电子邮箱、论坛、贴吧、手机等向他人出售、提供、购买、交换、收受公民个人信息的情况。
　　（五）银行账户明细、第三方支付平台账户明细。
　　（六）死亡证明、伤情鉴定意见、医院诊断记录、经济损失鉴定意见、相关案件起诉书、判决书等。"

三、主体要件

　　侵犯公民个人信息罪的主体是一般主体，包括一切具有刑事责任能力的自然人，单位也可以是侵犯公民个人信息罪的犯罪主体。

四、主观要件

　　侵犯公民个人信息罪的主观要件是故意。可从以下两点来判断行为人是否有实施侵犯公民个人信息行为的故意。①证明犯罪嫌疑人明知没有获取、提供公民个人信息的法律依据或资格的主要证据包括：犯罪嫌疑人的身份证明、犯罪嫌疑人关于所从事职业的供述、其所在公司的工商资料和营业范围、公司关于犯罪嫌疑人的职责范围说明、公司主要负责人的证人证言等。②证明犯罪嫌疑人积极实施窃取、出售、提供、购买、交换、收受公民个人信息的行为，主要证据除了证人证言、犯罪嫌疑人供述和辩解外，还包括远程勘验笔录、手机短信记录、即时通信工具聊天记录、电子数据司法鉴定意见、银行账户明细、第三方支付平台账户明细等。

第三节 侵犯公民个人信息罪实务常见争议焦点

一、公民个人信息的认定

侵犯公民个人信息罪最首要的判断标准是判断涉案的信息是否属于刑法规定的"公民个人信息"，这在司法实践中也常常作为案件的重要争议焦点。首先，《最高人民法院、最高人民检察院关于办理侵犯公民个人信息刑事案件适用法律若干问题的解释》第1条规定："'公民个人信息'，是指以电子或者其他方式记录的能够单独或者与其他信息结合识别特定自然人身份或者反映特定自然人活动情况的各种信息，包括姓名、身份证件号码、通信通讯联系方式、住址、账号密码、财产状况、行踪轨迹等。""公民"指的是自然人，不限于本国公民，所以侵犯外国人的个人信息，也在本罪的范围之内。

其次，关于信息性质的区分。公民个人信息包括三类：①行踪轨迹信息、通信内容、征信信息、财产信息，此类信息与公民人身、财产安全直接相关；②住宿信息、通信记录、健康生理信息、交易信息等可能影响公民人身、财产安全的信息；③除上述两类信息以外的其他公民个人信息。这三类公民个人信息的可识别性与敏感程度依次递减，入罪条件依次递增。区分每种个人信息对本罪的定罪量刑有重要影响。

最后，关于企业信息的定性。实务中有判决认为，即使是企业主动公开，在法无明文规定的情况下，仍不能认定其为刑法保护的例外。虽说系企业主动公开，任何人均可基于此种公开而收集获取，并加以合理利用，但不

第十章 侵犯公民个人信息罪构成要件、风险识别与合规

得非法出售，牟取非法利益。❶《检察机关办理侵犯公民个人信息案件指引》规定，对于企业工商登记等信息中所包含的手机、电话号码等信息，应当明确该号码的用途。对由公司购买、使用的手机、电话号码等信息，不属于个人信息的范畴，从而严格区分"手机、电话号码等由公司购买，归公司使用"与"公司经办人在工商登记等活动中登记个人电话、手机号码"两种不同情形。

二、信息数量的认定

侵犯公民个人信息数量的认定，应当扣除无效信息和重复信息。不同信息类型有不同的入罪数量要求：①行踪轨迹信息、通信内容、征信信息、财产信息与公民人身、财产安全直接相关，数量标准为五十条以上，且仅限于上述四类信息，不允许扩大范围。对于财产信息，既包括银行、第三方支付平台、证券期货等金融服务账户的身份认证信息（一组确认用户操作权限的数据，包括账号、口令、密码、数字证书等），也包括存款、房产、车辆等财产状况信息。②住宿信息、通信记录、健康生理信息、交易信息等可能影响公民人身、财产安全的信息，数量标准为五百条以上。此类信息也与人身、财产安全直接相关，但重要程度要弱于行踪轨迹信息、通信内容、征信信息、财产信息。对"其他可能影响人身、财产安全的公民个人信息"的把握，应当确保所适用的公民个人信息涉及人身、财产安全，且与住宿信息、通信记录、健康生理信息、交易信息在重要程度上具有相当性。③除上述两类信息以外的其他公民个人信息，数量标准为五千条以上。

根据《检察机关办理侵犯公民个人信息案件指引》的规定，以下构成证明涉案公民个人信息真实性的证据："被害人陈述、被害人提供的原始信息资料、公安机关或相关单位出具的涉案公民个人信息与权威数据库内信息同一性的比对说明。"非法获取公民个人信息后又出售或者提供的，公民个人信息的条数不重复计算。向不同单位或者个人分别出售、提供同一公民个人信息的，公民个人信息的条数累计计算。对批量公民个人信息的条数，根据查获的数量直接认定，但有证据证明信息不真实或者重复的除外。这一规定

---

❶ （2018）湘 3127 刑初 105 号一审刑事判决书。

219

给行为人提出相反证据反驳的空间。此外，涉及同一主体的多项信息为一条信息。

三、合法经营获利的认定

《最高人民法院、最高人民检察院关于办理侵犯公民个人信息刑事案件适用法律若干问题的解释》第6条对合法经营者作出了从宽处理条款，即需要达到"（一）利用非法购买、收受的公民个人信息获利五万元以上的；（二）曾因侵犯公民个人信息受过刑事处罚或者二年内受过行政处罚，又非法购买、收受公民个人信息的；（三）其他情节严重的情形"这三种情况才构成情节严重。但是，需要注意的是，行为人非法购买、收受的信息是行踪轨迹信息、通信内容、征信信息、财产信息、住宿信息、通信记录、健康生理信息、交易信息等其他可能影响人身、财产安全的公民个人信息以外的个人信息。此外"非法购买、收受的公民个人信息"与"合法经营获利"需要有因果关系，这里的"获利"是指正常的经营收入。

四、违法所得数额的认定

对于违法所得，可直接以犯罪嫌疑人出售公民个人信息的收入予以认定，不必扣减其购买信息的犯罪成本。同时，在审查认定违法所得数额过程中，应当以查获的银行交易记录、第三方支付平台交易记录、聊天记录、犯罪嫌疑人供述、证人证言综合认定。犯罪嫌疑人用于专门实施侵犯公民个人信息犯罪的银行账户或第三方支付平台账户内资金收入，无法说明合法来源的，可综合全案证据认定为违法所得。

五、非法获取的认定

侵犯公民个人信息的犯罪手段，除了"窃取"之外，购买是最常见的非法手段。在网络诈骗案件中，诈骗分子通过网络购买公民的个人信息用于实施诈骗，或者将公民个人信息转发给其他犯罪团伙进行诈骗。房屋中介、物业管理公司、保险公司、担保公司的业务员通过网络传输公民个人信息的这种交换行为也属于非法获取行为。此外，履行职责、提供服务的相关工作人员违反国家有关规定，未经他人同意收集公民个人信息，或者收集与提供的服务无关的公民个人信息的，也属于非法获取公民个人信息的行为。

如果获取公民个人信息是基于信息主体的自愿，那么可以认定其对该部分信息权利的放弃，只要信息的使用用途没有超出该信息主体的同意范围，则不宜认定构成侵犯公民个人信息罪。同时，对于信息主体自愿提供的个人信息，经整理后再次向他人提供，可以认定为存在信息主体的概括故意，即不再需要二次授权。

六、主客观相统一的认定

主客观相统一原则是刑法中的基础性原则，在实务中可能存在行为人主观上想获取少量公民个人信息，上家发送了大量的公民个人信息；或者行为人想获取不可识别的公民个人信息，上家发送了可识别的公民个人信息等情况。因此，行为人的罪与非罪需要在行为人主客观相统一的范围内认定。

七、社会危害性的认定

社会危害性也是本罪构成的一个重要因素，主要从犯罪动机、犯罪情节等方面予以考量。犯罪动机表明犯罪嫌疑人主观恶性，也能证明犯罪嫌疑人是否可能实施新的犯罪。犯罪情节则直接反映行为人的人身危险性。

《检察机关办理侵犯公民个人信息案件指引》规定："具有下列情节的侵犯公民个人信息犯罪，能够证实犯罪嫌疑人主观恶性和人身危险性较大，实施新的犯罪的可能性也较大，可以认为具有较大的社会危险性：一是犯罪持续时间较长、多次实施侵犯公民个人信息犯罪的；二是被侵犯的公民个人信息数量或违法所得巨大的；三是利用公民个人信息进行违法犯罪活动的；四是犯罪手段行为本身具有违法性或者破坏性，即犯罪手段恶劣的，如骗取、窃取公民个人信息，采取胁迫、植入木马程序侵入他人计算机系统等方式非法获取信息。""犯罪嫌疑人实施侵犯公民个人信息犯罪，不属于'情节特别严重'，系初犯，全部退赃，并确有悔罪表现的，可以认定社会危险性较小，没有逮捕必要。"

第四节　侵犯公民个人信息罪风险识别

《最高人民法院、最高人民检察院关于办理侵犯公民个人信息刑事案件适用法律若干问题的解释》第1条对"公民个人信息"有界定。根据该解释的内容，有四类信息极易导致个人信息处理者承担刑事责任，即行踪轨迹信息、通信信息、征信信息、财产信息。

2021年11月1日，开始实施《个人信息保护法》。《个人信息保护法》将个人信息分为三个类别。①极敏感个人信息：行踪轨迹信息、通信信息、征信信息、财产信息；②敏感个人信息：生物识别、宗教信仰、特定身份、医疗健康信息；③一般个人信息：除上述极敏感个人信息和敏感个人信息外的其他个人信息。除上述分类外，《中华人民共和国民法典》第1034条第2款规定："个人信息是以电子或者其他方式记录的能够单独或者与其他信息结合识别特定自然人的各种信息，包括自然人的姓名、出生日期、身份证件号码、生物识别信息、住址、电话号码、电子邮箱、健康信息、行踪信息等。"

公民个人信息是十分广泛的，涉及人们出生、学习、工作和生活的方方面面。而电子商务经营是运用公民个人信息最为集中和普遍的领域。电子商务企业经营者在应用公民个人信息时，要注意保护公民个人信息，不能不正当利用，更不能以提供或销售进行牟利，否则涉及违法与犯罪还全然不知。

侵犯公民个人信息罪主要规制和打击的对象是行为人违反国家有关规定，将在履行职责或者提供服务过程中获得的公民个人信息出售或者提供给他人的。单位也可以构成犯罪。《最高人民法院、最高人民检察院关于办理侵犯公民个人信息刑事案件适用法律若干问题的解释》第5条规定："非法获取、出售或者提供公民个人信息，具有下列情形之一的，应当认定为刑法第二百五十三条之一规定的'情节严重'：（一）出售或者提供行踪轨迹信息，被他人用于犯罪的；（二）知道或者应当知道他人利用公民个人信息实施犯罪，向其出售或者提供的；（三）非法获取、出售或者提供行踪轨迹信息、通信内容、征信信息、财产信息五十条以上的；（四）非法获取、出售或者提供住宿信息、通信记录、健康生理信息、交易信息等其他可能影响人身、财产安全的公民个人信息五百条以上的;(五)非法获取、出售或者提供第三项、第四项规定以外的公民个人信息五千条以上的;(六)数量未达到第三项至第五项规定标准,但是按相应比例合计达到有关数量标准的;(七)违法所得五千元以上的;(八)将在履行职责或者提供服务过程中获得的公民个人信息出售或者提供给他人,数量或者数额达到第三项至第七项规定标准一半以上的;(九)曾因侵犯公民个人信息受过刑事处罚或者二年内受过行政处罚,又非法获取、出售或者提供公民个人信息的;(十)其他情节严重的情形。"

同时,第6条规定:"为合法经营活动而非法购买、收受本解释第五条第一款第三项、第四项规定以外的公民个人信息,具有下列情形之一的,应当认定为刑法第二百五十三条之一规定的'情节严重':(一)利用非法购买、收受的公民个人信息获利五万元以上的;(二)曾因侵犯公民个人信息受过刑事处罚或者二年内受过行政处罚,又非法购买、收受公民个人信息的;(三)其他情节严重的情形。"

由上述规定可知,我国法律对于提供或出售信息用于犯罪的实施零容忍,只要主观明知还实施提供或出售即可入罪;而对于行踪轨迹信息、通信内容、征信信息、财产信息等其他信息,提供或出售达到一定数量即可入罪。因此,电子商务平台或信息运用者在收集到客户的信息后,必须依法依规使用及保守信息秘密。

第五节　微商、社交电商、直播带货、跨境电商经营合规

由于电子商务经营是通过网络下单、处理信息和交往,收集及处理客户信息是企业经营必不可少的环节,因此,为了经营合规,社交电商、微商、直播带货、跨境电商等均需保护公民个人信息。电商经营如何保护公民个人信息及防范法律风险,笔者认为可以从以下几个方面进行。

一、对公民个人信息进行分类管理

只有对个人信息进行详尽分类,才能充分了解和分析自己企业需要哪部分信息及客户信息级别,从而采取更加合理有效的信息管理和保护制度。

可依据《个人信息保护法》的规定,将公民个人信息分为极敏感个人信息、敏感个人信息,一般个人信息三类进行管理。

《个人信息保护法》规定,只有在具有特定的目的和充分的必要性,并采取严格保护措施的情形下,个人信息处理者方可处理敏感个人信息,且依法应当取得个人的单独同意或书面同意。

二、信息安全保障措施做到位

根据《个人信息保护法》第9条的规定,个人信息处理者负有"采取必要措施保障所处理的个人信息安全"的义务;第51条规定,个人信息处理者应当根据比例原则,采取"相应的加密、去标识化等安全技术措施"等各种措施,防止未经授权的访问及个人信息泄露、篡改、丢失;第55条规定:"个人信息处理者应当事前进行个人信息保护影响评估,并对处理情况进行记录。"因此,企业负有对信息进行保护的义务,尤其在公民敏感个人信息的处理上,企业更应采取严格的保护措施。

公司内部可通过互联网的基础安全控制措施,利用密码、去标识化等基础安全控制技术,合理分配个人信息管理的使用权限,避免未经许可访问信息,以及员工信息被泄漏、修改、损失等。

三、对信息利用及保护进行影响评估

《个人信息保护法》第55条规定,个人信息处理者实施处理敏感个人信息;利用个人信息进行自动化决策;委托处理个人信息、向其他个人信息处理者提供个人信息、公开个人信息;向境外提供个人信息;对个人权益有重大影响的个人信息处理活动时,应当事前进行个人信息保护影响评估,并对处理情况进行记录。

个人信息保护效果评价法对信息保护工作有着防患于未然的重要意义,

即根据个人信息处理行为，通过考察其法律规范水平，评估其对信息主体正当权益产生危害的各种可能性，以及评估用于保护个人信息主体的各项措施的有效性的方法。

作为企业，在利用信息之前对影响程度进行评估，也是有效管理信息的体现。按法律要求对处理情况进行记录和保存，属于企业尽到应有注意法律义务的体现。这样，也有助于企业建立合规机制，降低违法违规的风险，整体上减少个人信息管理和合规的成本。

四、对信息利用和实施有应急预案

《个人信息保护法》第 1 条明确表示根据宪法制定该法，因此，保护个人信息体现出尊重和保障人权的宪法精神。

企业在用工关系上需要了解和掌握员工大量的个人信息，因此，更要注重对劳动者个人信息的保护。由于企业管理制度上的不足或人为因素、硬软件的缺失等，导致大量的个人信息泄露给社会造成负面影响的，企业应承担完全责任。因此，企业应有一套对个人信息进行保护的应急预案。

电商平台或运用电商模式的企业在应用客户信息时，也应做到合法合规，有配套的信息外泄应急预案。《个人信息保护法》第 21 条规定："个人信息处理者委托处理个人信息的，应当与受托人约定委托处理的目的、期限、处理方式、个人信息的种类、保护措施以及双方的权利和义务等，并对受托人的个人信息处理活动进行监督。"可见，《个人信息保护法》不仅对个人信息委托协议内容具体事项进行了规定，还对委托人的监督责任予以明确，体现了法律对于个人信息保护的严肃性及规范性要求。

除此外，《个人信息保护法》第 52 条规定："处理个人信息达到国家网信部门规定数量的个人信息处理者应当指定个人信息保护负责人，负责对个人信息处理活动以及采取的保护措施等进行监督。"因此，企业还可以聘请外部独立机构对企业运用个人信息合规能力及履约情况进行监督。

综上，电商企业应落实个人信息保护的部门和职责，建立健全个人信息保护合规制度体系，梳理企业合规风险，并定期对有效性进行评估，从而降低和避免合规风险，切实做好对个人信息安全保护的义务，从而有效防范企业法律风险。

第六节　司法实务案例展示与评析

一、案例展示

（一）案情 ❶

上饶市牧某电子商务有限公司（以下简称"牧某公司"）于 2020 年 11 月 13 日在上饶市信州区万达广场注册成立，主要经营京东电商入驻及运营业务，股东是杨某 3、左某某、熊某（未归案）、周某某（未归案）四人，法定代表人周某某，杨某 3、左某某各占三成股份，熊某、周某某占两成股份，左某某、杨某 3 是该公司的实际管理人。江西数某腾科技有限公司（以下简称"数某公司"）于 2020 年 12 月成立，公司注册地址是上饶市信州区万达广场奎文座，牧某公司占股 60%，夏某某（未归案）占股 40%，法定代表人周某某。数某公司主要经营"大数据获客"业务，于 2021 年 5 月左右注销。

2021 年 2 月起，在数某公司存续期间，被告人杨某 3、左某某等人利用该公司的名义，向全国各地的客户售卖公民的手机号码、运营商、所属地区及访问 App 名称等公民个人信息，在数某公司注销后，继续用牧某公司的名义从事该业务。被告人杨某 3 是该业务的主要负责人，被告人左某某负责公司所有的财务进出。被告人刘某 3、祝某某、李某某、杨某 1 是销售人员，负责与下家沟通所要购买的公民个人信息的具体要求和价格，一般是以 0.8～1.0 元/条的价格向下家的客户出售，谈妥后将数据的具体要求发送给被告人杨某 3。被告人杨某 3 负责与上家"小黑"（暂未查实真实身份）沟通并以 0.5 元/条不等的进价向上家"小黑"购买下家所需的公民个人信息。

---

❶ 杨某 3、左某某等侵犯公民个人信息罪、侵犯公民个人信息罪刑事一审刑事案[EB/OL].(2023-10-16)[2023-11-20].https://wenshu.faxin.cn/wenshu/v2/#/detail?uniqid=1dac9bdf-322f-426f-a5d9-aec500cfef6a&data=20231129&token=onK10kvDzuT9%252fMrOsjK4W6%252fugh8ZvGvf8dnzs6SDx0%252fvUoXQl2FgeSAVeDj8gw7HL%252bpA4rGZVwmZikUQxxoumLUWxnhY2TKAnFSxBxZXCbORrCMPsbbX3Y0HBrMeLulsZWwJoo6nn7u6cjvJVsZiAv9BSHsXXHJWkNsGGvhz9TkbCoiFsvcYGYsnkCzvh&tokenType=jtoken&from=cpws.

"小黑"将公民个人信息发送给被告人杨某3后，被告人杨某3将个人信息进行归类、建模后发送给被告人刘某3、祝某某、李某某、杨某1，由该四人将收到的公民个人信息以文档的形式发给相应的下家。被告人左某某负责向上家付款和收取下家的转账，以及向销售人员发工资。

自2021年2月至2021年7月22日，被告人杨某3、左某某等人共售卖手机号码等公民个人信息100余万条，被全国各地的"客户"用于教育、贷款、售房等领域；六名被告人的违法所得共计人民币23万元左右，被告人左某某、杨某3违法所得各7万元。被告人刘某3销售了70万条左右，工资及提成共违法所得4万元左右；被告人祝某某销售了50万条左右，工资及提成共违法所得3万元左右；被告人李某某销售了13万余条，违法所得3000余元。被告人杨某1于2021年7月6日入职，至2021年7月22日案发共上班18天，销售公民个人信息1万条并已收款，其中成功发送给客户1000条，另9000条尚未发送给客户，未获得任何工资及提成。

（二）公诉意见

为证明上述犯罪事实，公诉机关当庭出示并宣读了常住人口信息，归案情况说明，刘某3与"客户"的聊天记录，"客户"向刘某3、祝某某的多笔支付宝、微信、银行转账记录，写字楼租赁合同，牧某公司相关信息，扣押到的公司电脑内电话号码的文件夹，祝某某的支付宝，微信聊天记录，九江银行卡信息，杨某1出售的1万条数据的详细清单，夏某某九江银行卡（5316）转入金额，六人认罪认罚相关材料，刑事判决书等书证，被告人左某某、杨某3、祝某某、杨某1、刘某3、李某某的供述与辩解，电子数据检查工作记录等相关证据。

（三）辩护意见

被告人杨某3对指控的事实、罪名及量刑建议无异议，自愿认罪认罚并签字具结，在开庭审理过程中亦无异议，并希望能够从轻处罚。被告人杨某3当庭对公诉机关调整的量刑建议没有异议。

被告人杨某3的辩护人对起诉书指控被告人杨某3构成侵犯公民个人信息罪不持异议，提出如下辩护意见：第一，鉴于侦查机关电子数据检查工作记录合法提取了涉案四台电脑主机内的个人信息数据，对提取的数据中包括的个人信息数据予以认可。第二，量刑方面，被告人所交易的公民个人信息仅是手机号码，且适用于合法的金融活动，并非用于其他的犯罪活动，危害性比较轻微。被告人杨某3主动退赃退赔，归案后认罪认罚且有坦白情节，没有任何犯罪前科，系初犯、偶犯。综上，恳请对被告人杨某3从轻处罚，在三年到四年之间量刑。

被告人左某某对起诉书指控的罪名及量刑建议无异议，自愿认罪认罚并签字具结，庭审中对公诉机关调整的量刑建议没有异议，仅对部分事实有异议。第一，做"大数据"的公司不是牧某公司，而是数某公司，是牧某公司下面占股的公司；第二，其没有联系过"小黑"，"大数据"主要是杨某3做的，其主要负责转账、收款、发员工工资。希望从轻处罚。

被告人左某某的辩护人对起诉书指控被告人左某某构成侵犯公民个人信息罪不持异议，提出以下辩护意见：第一，左某某的犯罪地位及作用应低于第二被告人杨某3，本案中以数某公司的名义实施犯罪的时间占大部分，数某公司大股东是夏某某，左某某既不是数某公司的大股东，也不是犯罪行为的主要实施者，其犯罪地位和作用力远低于夏某某和杨某3。大数据业务是杨某3提出和负责的，左某某自身而言也只是参与了犯罪行为的辅助性工作，系犯罪所得的转收账及事后的分赃。即使左某某构成了本案的主犯，其犯罪的作用和地位也应当次于第二被告人杨某3。第二，左某某归案后各阶段均认罪认罚，悔罪态度好。第三，如实供述犯罪事实，本次庭审中也不存在翻供、串供，依法构成坦白情节。第四，审查起诉阶段积极退赔了赃款7万元，在审判阶段主动缴纳了公益诉讼诉请的赔偿款7万元。第五，本案社会危害性相对其他同种类案件较小，本案涉及的公民个人信息被用于教育、贷款、售房等合法经营用途。综上，建议判处被告人左某某有期徒刑三年八个月并处罚金七万元。

被告人刘某3、李某某、杨某1对指控的事实、罪名及量刑建议无异议，自愿认罪认罚并签字具结，在开庭审理过程中亦无异议，并希望能够从轻处罚。被告人祝某某对罪名、量刑建议无异议，自愿认罪认罚并签字具结，在开庭审理过程中亦无异议，仅对违法所得的认定数额有异议，提出实际收到就是2万，并希望能够从轻处罚。被告人杨某1补充说明当时销售了1万条个人信息,已收款,发送了一千条,另外九千条不是未发送,而是还未从上家获取,卖出的号码很多是空号,社会危害性不是很大。被告人刘某3当庭对公诉机关调整的量刑建议没有异议。

被告人刘某3的辩护人提出本案是单位犯罪,认为本案应当在认定牧某公司构成侵犯公民个人信息的单位犯罪的前提下,对单位的主要责任人进行处罚,对被告人刘某3作出罪责刑相适应的判决。

(四)法院认为

针对被告人左某某当庭对事实提出的两点意见,经查,做大数据业务的公司一开始的确是数某公司,直至该公司注销,但是各被告人也用过牧某公司的名义对外做大数据业务。被告人左某某称其没有联系过"小黑","大数据"主要是杨某3做的,其主要负责转账、收款、发员工工资,与事实相符,本院予以采纳。被告人左某某的辩护人提出被告人左某某的犯罪地位和作用应当次于被告人杨某3,经查,被告人杨某3是大数据业务的主要负责人,且负责从上家购入所需的公民个人信息,招进销售人员李某某和杨某1,被告人左某某负责大数据业务的收款和出账及员工工资发放,也参与分工。综合考虑,被告人杨某3、左某某在共同犯罪中均系主犯,被告人左某某的作用较次于被告人杨某3,但是被告人左某某有犯罪前科,具有酌定从重处罚情节。故对于辩护人提出被告人左某某犯罪地位和作用应当次于被告人杨某3的辩护意见,本院予以采纳,但是建议对被告人左某某判处有期徒刑三年八个月并处罚金七万元的辩护意见,本院不予采纳。对于被告人刘某3的辩护人提出本案系单位犯罪的辩护意见,经查,各被告人在犯罪期间内大部分时间是以"数某公司"对外做大数据业务,"数某公司"系被告人为了做"大数据拓客"业务而成立的公司,公司设立后以实施犯罪为主要活动,应不以单位犯罪论处。被告人虽使用了"牧某公司"对外做"大数据拓客"业务,但是犯罪所得均是用被告人刘某3、祝某某的微信、支付宝等个人私人账户进行收支,但是现有证据仅能证明本案违法所得被用于"数某公司"运营、分发员工工资、个人私分及其他犯罪成本等,故对于辩护人该辩护意见,本院不予采纳。

本院认为,被告人杨某3、左某某、刘某3、祝某某、李某某违反国家有关规定，向他人出售公民个人信息，情节特别严重，其行为触犯刑法，构成侵犯公民个人信息罪。被告人杨某1伙同他人违反国家有关规定，向他人出售公民个人信息，情节严重，其行为触犯刑法，构成侵犯公民个人信息罪。公诉机关指控的罪名成立，本院予以支持。本案系共同犯罪，被告人杨某3、左某某在共同犯罪中均起主要作用，系主犯，被告人左某某的作用较次于被告人杨某3。被告人刘某3、祝某某、李某某、杨某1在共同犯罪中起次要作用，系从犯，应当从轻、减轻处罚。被告人杨某3、左某某、刘某3、祝某某、李某某、杨某1归案后如实供述自己的罪行，系坦白，并愿意接受处罚，依法可以从轻处罚。被告人杨某3、左某某退缴全部违法所得，积极上交赔偿款，可酌情从轻处罚。被告人刘某3退缴全部违法所得，可酌情从轻处罚。被告人左某某有犯罪前科，酌定从重处罚。公诉机关的量刑建议及调整的量刑建议适当，本院予以采纳。

法院最终宣判：

一、被告人杨某3犯侵犯公民个人信息罪，判处有期徒刑四年，并处罚金人民币七万元；

二、被告人左某某犯侵犯公民个人信息罪，判处有期徒刑四年，并处罚金人民币七万元；

三、被告人刘某3犯侵犯公民个人信息罪，判处有期徒刑一年七个月，并处罚金人民币四万元；

四、被告人祝某某犯侵犯公民个人信息罪，判处有期徒刑一年十一个月，并处罚金人民币四万元；

五、被告人李某某犯侵犯公民个人信息罪，判处有期徒刑一年六个月，缓刑二年，并处罚金人民币三千元；

六、被告人杨某1犯侵犯公民个人信息罪，判处拘役三个月，缓刑六个月，并处罚金人民币二千元；

七、被告人杨某3已上缴的违法所得人民币七万元予以没收，上缴国库；被告人左某某已上缴的违法所得人民币七万元予以没收，上缴国库；被告人刘某3已上缴的违法所得人民币四万元予以没收，上缴国库；依法追缴被告人祝某某违法所得人民币三万元，上缴国库；依法追缴被告人李某某违法所得人民币三千元，上缴国库；

八、判令被告人杨某3、左某某、刘某3、祝某某、李某某、杨某1在省级新闻媒体上对其侵犯公民个人信息的行为公开赔礼道歉；

九、判令被告人杨某3、左某某、刘某3、祝某某、李某某、杨某1删除尚留存在涉案电脑主机内的案涉公民个人信息；

十、判令被告人杨某3、左某某各承担损害赔偿金人民币七万元（均已预缴）。

十一、依法扣押的作案工具电脑四台予以没收，由扣押机关依法处置。

二、案例评析及启示

（一）案例评析

手机号码、运营商、所属地区等公民个人信息应属于公民的隐私，不属于主动公开的信息。该案件的多名被告成立公司，主营"大数据获客"业务，实际上就是将公民的手机号码等个人信息买进来再加价卖给需要的人。个人信息包括手机号、归属地、运营商名称、来源App等内容，被全国各地的"客户"用于教育、贷款、售房等领域。其主观上存有牟利的目的，客观上实施了出售公民个人信息的行为并通过该行为获得了非法利益，因此构成侵犯公民个人信息罪。

（二）案例启示

侵犯公民个人信息罪案件的发生，与技术手段的进步密切相关。近年来频频发生的侵犯公民个人信息罪案件，不仅严重侵犯了公民的个人信息安全和隐私权，同时也严重损害了社会的公共利益和秩序。电商网络平台经营者尤其应该重视对平台用户信息的保护，加强网络安全技术防护，防止黑客攻击、网络诈骗等技术手段对公民个人信息的非法获取和利用。

第十一章　跨境电商涉走私犯罪的构成、风险防范与合规

第一节　跨境电商走私犯罪构成要件的规范评析

近年来，受新型冠状病毒疫情的影响，我国的经济模式发生了极大的变化，尤其是2019年《电子商务法》的出台和国家提倡大力发展跨境电商的政策推动，跨境电商领域蓬勃发展，成为我国经济新的增长点。2019年，通过海关跨境电商管理平台进出口达1862.1亿元，相比上一年增长38.3%。2020年上半年，受疫情影响，我国一般贸易进出口下降2.6%，加工贸易进出口下降8%，但跨境电商进出口却增长了26.2%。❶2021年，我国跨境电商进出口1.98万亿元，同比增长15%，展现了跨境电商强大的发展后劲。❷跨境电商的发展带动整个产业链条发生变化，以跨境电商为代表的贸易数字化转型给产业带来深远的影响。

一、跨境电商走私犯罪的概念及特征

（一）概念

跨境电商走私犯罪是指利用国家税收优惠政策，采取伪报贸易方式、瞒

---

❶ 去年我国通过海关跨境电商管理平台进出口增长38.3%[EB/OL].（2020-01-14）[2021-09-18]. https://baijiahao.baidu.com/s?id=1655681778604593578&wfr=spider&for=pc.

❷ 2022中国跨境电商交易会即将重启[EB/OL].（2022-05-26）[2021-09-18]. https://baijiahao.baidu.com/s?id=1733883836193374224&wfr=spider&for=pc.

报数量、低报价格等进行走私。

从上述跨境电商的监管条件可以看出,跨境电商零售进口本质上是国家针对特定主体所给予的一种税收优惠。为了使特定主体能够享受这种税收优惠,国家有关部门采取了有别于一般贸易的特殊监管条件,比如一定的年度税收额度、"三单"比对要相符、禁止二次销售等。如果脱离上述监管条件,致使非特定主体享受了不该享有的税收优惠,则属于偷逃国家税款,构成走私犯罪。

司法实践中的绝大多数跨境电商走私犯罪案件,均为不该享有跨境电商零售进口税收优惠的主体,通过伪造"三单",利用跨境电商零售进口的渠道,偷逃国家税款,涉嫌走私普通货物罪。

(二)特征

经济基础决定上层建筑,作为上层建筑的法律政策必定会滞后于经济。跨境电商的政策监管跟不上行业迅猛发展的速度,而作为新的业态,跨境电商的经营模式也在不断推陈出新。因此,监管的滞后必定会滋生逃避监管的违法行为。

《中华人民共和国海关法》(以下简称《海关法》)第82条、第83条和《中华人民共和国海关行政处罚实施条例》第7条、第8条规定了走私行为的几种情形,基本囊括了走私可能采取的方式和手段。而跨境电商因其全球化、电子化、高频次等特征,展现出来的走私犯罪行为的特点也与传统走私犯罪有很大不同,主要包括以下几点。

① 案件涉及的走私对象主要是普通货物,尤其集中在日用品、食品、电子设备、化妆品、服装配饰等。

② 以通关走私为主,即行为人通过海关进出境,采取伪报、瞒报、低报、伪装、藏匿等手段走私,绕关走私、后续走私、间接走私的情况较少。

③ 走私方式呈现多样化。随着跨境电商的不断发展、商业模式的不断创新,也出现了许多新的走私方式,如"刷单"走私、"推单"走私等。

④ 走私犯罪链条长,参与主体较多。跨境电商走私相较于传统的贸易走私,犯罪链条更长,参与的主体更多。跨境电商进口业务参与主体分为跨境电商企业、跨境电商平台、物流公司、支付公司、境内消费者等类。各参与

主体如果主观上明知，又有客观帮助行为，符合走私犯罪的构成要件，就会被认定为走私的共犯，很可能涉嫌走私犯罪。

二、跨境电商走私犯罪的构成要件

走私犯罪是典型的行政犯，认定某种行为构成走私犯罪必然意味着该行为违反了海关在该领域的行政监管规定。因此，厘清有关跨境电商的监管要求，尤其是相关规定中对走私行为的判定标准尤为重要。2011年5月1日施行的《刑法修正案（八）》对原有的走私犯罪规范进行了修改，即走私货物、物品偷逃应缴税额较大或者一年内曾因走私被给予二次行政处罚后又走私的，处三年以下有期徒刑或者拘役，并处偷逃应缴税额一倍以上五倍以下罚金。一些走私分子为逃避法律制裁，充当"水客"，采取"化整为零""蚂蚁搬家"式的小额多次走私方式来逃避法律监管。因此，将"走私货物、物品偷逃应缴税额较大或者一年内曾因走私被给予二次行政处罚后又走私的"行为纳入刑法打击范围，就是针对跨境零售电商小额走私行为频发而进行的修改。

《电子商务法》第26条规定："电子商务经营者从事跨境电子商务，应当遵守进出口监督管理的法律、行政法规和国家有关规定。"在跨境电商零售进口领域，目前尚未有法律、行政法规、部门规章等高位阶的法律法规，最重要的几份监管规定是《财政部、海关总署、国家税务总局关于跨境电子商务零售进口税收政策的通知》《194号公告》和《486号通知》。其中，涉及走私行为的最新监管规定为《486号通知》第四（五）5条："海关对违反本通知规定参与制造或传输虚假'三单'信息、为二次销售提供便利、未尽责审核订购人身份信息真实性等，导致出现个人身份信息或年度购买额度被盗用、进行二次销售及其他违反海关监管规定情况的企业依法进行处罚。对涉嫌走私或违规的，由海关依法处理；构成犯罪的，依法追究刑事责任。"《194号公告》第八（二十九）条规定："海关对违反本公告，参与制造或传输虚假交易、支付、物流'三单'信息、为二次销售提供便利、未尽责审核消费者（订购人）身份信息真实性等，导致出现个人身份信息或年度购买额度被盗用、进行二次销售及其他违反海关监管规定情况的企业依法进行

第十一章 跨境电商涉走私犯罪的构成、风险防范与合规

处。对涉嫌走私或违规的，由海关依法处理；构成犯罪的，依法追究刑事责任。"

跨境电商虽然与传统贸易在经营模式上存在较大差异，革新了传统的商业模式，但其走私犯罪的构成要件与我国刑法中的相关规定一致，走私行为的判断标准仍应以海关法、刑法等相关法律法规中走私罪的构成要件为依据。

（一）客体要件

跨境电商走私犯罪侵犯的客体是国家对外贸易管制，这种管制的目的是通过对进出口货物的监督、管理与控制，防止偷逃关税及阻止或限制不该进出口的物资进出口。跨境电商零售进口走私犯罪中涉及的企业及个人，采取各种方式走私，大多是为了利用国家对跨境电商的优惠税收政策实现少缴税款、获得高额利润的目的。

（二）客观要件

《海关法》第82条规定："违反本法及有关法律、行政法规，逃避海关监管、偷逃应纳税款、逃避国家有关进出境的禁止性或者限制性管理，有下列情形之一的，是走私行为：（一）运输、携带、邮寄国家禁止或者限制进出境货物、物品或者依法应当缴纳税款的货物、物品进出境的；（二）未经海关许可并且未缴纳应纳税款、交验有关许可证件，擅自将保税货物、特定减免税货物以及其他海关监管货物、物品、进境的境外运输工具，在境内销售的；（三）有逃避海关监管，构成走私的其他行为的。"

上述法条列举了走私行为的外在表现形式，如运输、携带、邮寄、擅自销售等，同时也给上述表现形式附加了内在条件，即"逃避海关监管"。走私行为的定义说明了走私行为是实行行为，对该行为的违法性评价要作实质性评价，否则就会出现定性错误。[1]

综上，跨境电商走私的本质依然是"逃避海关监管，偷逃应纳税款、逃避国家有关进出境的禁止性或限制性管理"，只不过这种走私方式加入了电

---

[1] 孙国东.从海关法角度对走私行为构成条件进行实质性评价——走私犯罪构成要件系列文章（二）[EB/OL].（2023-04-25）[2023-07-10].https：//www.customslawyer.cn/index.php/portal/lssf/detail/id/65400.html.

子商务的元素。与跨境电商碎片化、高频次、低货值等商业模式相对应，跨境电商走私主要为利用税收优惠政策，采取伪报、瞒报方式或雇佣"水客"的手段，偷逃应纳税款。具体走私方式主要有以下四种：①从未设立海关的地点通过互联网进行交易，运输或携带国家禁止进出境的货物、物品，或者限制进出境的货物、物品，或者依法应当缴纳税款的货物、物品进出境；②经过设立海关的地点，通过互联网进行交易，以藏匿、伪报、瞒报等手段逃避海关监管，运输或携带国家禁止进出境的物品，或者限制进出境的货物、物品，或者依法应当缴纳税款的货物、物品进出境，通过降低单次货物价格或者更改货物参数信息以偷逃关税、消费税、增值税等税收。③未经海关许可并补缴关税，通过互联网交易进行交易，擅自出售特定减税或者免税进口用于特定企业、特定用途的货物，或者将特定减免税进口用于特定地区的货物运往境内其他地区；④虚构交易，刷单走私。通过伪造或非法获取公民身份证件信息，以虚构交易订单的方式低税进（出）口商品，最后高价转售牟利。

（三）主体要件

跨境电商走私犯罪的主体是一般主体，即达到刑事责任年龄且具有刑事责任能力的自然人均能构成本罪。单位亦能成为犯罪主体。

（四）主观要件

跨境电商走私犯罪的行为人必须是具有主观故意，如果行为人没有走私的故意，则不属于走私行为，不构成走私犯罪。走私犯罪的主观故意在理论上并不难理解。在司法实践中，由于走私犯罪一般涉及国际贸易和跨境物流运输，境外取证难度大，不少走私犯罪分子会以其对海关行政法律法规的无知为借口否认其走私的主观心理，侦查人员很难获取有效证明行为人犯罪心态的确凿证据。因此，走私犯罪行为人主观故意认定是跨境电商走私犯罪成立的关键。

《最高人民法院、最高人民检察院、海关总署关于办理走私刑事案件适用法律若干问题的意见》第5条规定："行为人明知自己的行为违反国家法律法规，逃避海关监管，偷运进出境货物、物品的应缴税额，或者逃避国家有关进出境的禁止性管理，并且希望或者放任危害结果发生的，应认定为具有走私的主观故意。"上述关于"主观故意"的表述，包含了"直接故意"与

"间接故意"两层含义，只要行为人明确认识到自己的行为会导致"逃避海关监管、偷逃税款"的结果必然发生或可能发生，无论其是积极追求危害结果的发生，还是对可能发生的危害结果持放任态度，都属于具有"主观故意"。在司法实践中，对于行为人是否具有主观故意，不能仅凭行为人的阐述认定，必须结合行为人的行为和取得的各种证据综合分析认定。

第二节　跨境电商走私的行为方式

跨境电商走私犯罪案件大多涉及的罪名为"走私普通货物、物品罪"，目前的行为方式主要有伪报市场价格、伪报品名、伪报贸易性质、"推单"和其他方式。

一、伪报市场价格

伪报市场价格是指进出口企业向海关申报货物价格时，故意将实际成交价格报低，以达到偷逃税款的目的。在伪报市场价格的走私方式中，买家的订单是真实的，个人信息也是真实的，走私单位根据其他电商平台真实订单中的个人买家身份信息、收件地址、货品名称、数量，在虚假平台上生成虚拟"订单"，并自行制定低报价格，再由支付企业进行收付款，由此形成了虚假支付信息。在低报手段上，常见做法不仅有传统的伪造合同、发票等交易单证，贴着限值价格申报，还包括利用技术手段自销自买，后再二次加价卖出。

二、伪报品名

伪报品名是指当事人在进出口货物时，为了达到偷逃应缴税款或逃避国家贸易管制的目的，故意将某一种品名申报成另一种品名的行为。2016年3月24日，《财政部、海关总署、国家税务总局关于跨境电子商务零售进口税收政策的通知》明确自2016年4月8日起跨境电子商务零售进口税收政策适用于从其他国家或地区进口的、《跨境电子商务零售进口商品清单》范围内商品。该商品清单自出台以来共经过四次调整，2022年1月调整后清单商品数达1476个。

跨境电商相较于一般贸易有政策上的优势。根据国家跨境电商进出口相关规定，进口人选择跨境电商方式进口商品主要有监管和税收两方面的政策优势。对于跨境电商零售进口商品按照个人自用进境物品监管，不执行有关商品首次进口许可批件、注册或备案要求。跨境电商零售进口商品单次交易金额在人民币5000元以内，个人年度交易限值在人民币26 000元以内的，关税为零；进口环节增值税和消费税按法定应纳税额的70%征收。就进口环节增值税，目前大部分跨境电商零售商品适用的税率为13%。适用上述政策后，进口环节增值税按照9.1%（13%×70%）税率征收。目前，只有列入《跨境电子商务零售进口商品清单》的商品能享受跨境电商零售进口的新税收政策。

如果商家将清单外商品伪报为清单内商品，目的是利用不同商品间税率的差异偷逃税款。如果行为人的行为具备主观故意，则该行为构成走私犯罪。

三、伪报贸易性质

伪报贸易性质是指将本应通过一般贸易方式进口的商品伪报成跨境电商零售进口，偷逃国家税款。《486号通知》明确规定跨境电商零售进口商品的境内购买人必须是消费者而非商家，购买的商品仅限个人自用，不得再次销售。同时，该通知明确对跨境电商零售进口商品按个人自用进境物品监管，不执行首次进口许可批件、注册或备案要求。

其中，最典型的伪报贸易性质的手法是"刷单"。"刷单"是利用跨境电商平台走私的一种新的犯罪手法，是以伪造单证方式，盗用或者冒用消费者个人信息进行限额内刷单，将本应以一般贸易方式进口的货物"化整为零"进口。具体方式是涉案企业或个人非法收集他人的真实身份信息，编造收件地址和电话号码，然后搭建虚假跨境电商平台，制作虚假订单，并利用快递行业的监管漏洞，制作虚假快递单，最后利用支付机构的监管漏洞，使用自有资金支付虚假订单，伪造支付单。❶由此，"三单"信息伪造完成，行为人

---

❶ 蔡岩红.刷单成跨境电商新型走私手法[EB/OL].（2019-07-27）[2023-07-14]. https://law.southcn.com/node_143ee9a88a/ed3eb8c33f.shtml.

将虚假的"三单"推送给海关，待海关对相关订单完成进口通关放行和征税手续后，电商平台便将所涉商品发往涉案企业收货仓库，继而在其他电商平台上销售。

四、"推单"

（一）"推单"的行为方式

跨境电商的"推单"在业内被称为"引流"，指的是未在海关备案的跨境电商企业在接到国内消费者下单后，将相关交易、物流、支付等信息导入与海关联网的跨境电商平台或者物流企业，向海关推送"三单"并通过跨境电商贸易方式申报进口的行为。具体方式是未备案的企业或平台接单后，将真实订单中的个人买家身份信息、收件地址、货物品名、数量等真实信息，推送给与海关系统对接的平台，生成一个虚拟订单，支付企业按照订单进行付款，物流企业再按照订单的收件地址进行派送。

"推单"与"刷单"最大的区别在于，"刷单"是通过购买消费者个人信息，虚构订单、物流单和支付单的方式，即"三单"都是造假，而"推单"中的消费者信息和物流信息都是真实的。

（二）"推单"的合法性

关于"推单"是否合法，司法实践中存在着不同的理解。有观点认为，"推单"行为中消费者、消费信息、收货地址等都是真实存在的，交易行为也是真实的，只是由于接单的跨境电商经营企业未与海关联网，才将订单"转推"给与海关对接的平台来进行报关，因此"推单"不同于"刷单"，只要期间没有低报商品价格、数量的行为，商品进口后不会进行二次销售，则"推单"仅是在申报形式上有瑕疵，并未上升到走私犯罪的程度。

也有观点认为，"推单"行为中接单的跨境电商企业是委托与海关联网的平台推单，并不是在平台网络上产生的真实订单。因此，接单企业在清关过程中，将原本应该以一般贸易方式申报的商品，申报成跨境电商零售进口商品，所以构成伪报贸易方式的走私行为。

还有观点认为，"推单"交易中为了实现"三单"推送，接单企业与报关平台录入订单、运输单，并伪造支付单向海关推送，将本应以个人邮递物品方式进口的商品，以跨境电商方式进口，属于伪报贸易方式走私。因跨境电商优惠税率与"行邮税"税率之间差额而少缴的税款，应当认定为走私犯罪的偷逃税款。

那么我国法律对"推单"行为是否有具体的规定呢？《486号通知》规定："未通过与海关联网的电子商务交易平台交易，但进出境快件运营人、邮政企业能够接受相关电商企业、支付企业的委托，承诺承担相应法律责任，向海关传输交易、支付等电子信息。"《194号公告》规定："直购进口模式下，邮政企业、进出境快件运营人可以接受跨境电子商务平台企业或跨境电子商务企业境内代理人、支付企业的委托，在承诺承担相应法律责任的前提下，向海关传输交易、支付等电子信息。"从上述两个文件可知，进出境快件运营人、邮政企业若能接受相关企业委托，并承诺承担相应法律责任，则可以具备"推单"的功能。因此，并不能简单地认为推单一定是走私犯罪。

（三）"推单"的法律风险

"推单"行为虽然不能简单定性为走私犯罪，但此行为本身是具备一定法律风险的，稍有不慎行为人就会被追以走私罪的刑事责任。一方面，受托代为"推单"的企业必须保证订单情况为真实有效的。如果委托企业并未如实告知商品价格，由"推单"企业低价申报，或者"推单"企业明知商品真实价格仍低价申报，则可能构成走私罪。另一方面，上述两个相关文件提到的可以接受委托的企业，仅指进出境快件营运人和邮政企业，但实践中，往往接受"推单"的企业并不仅限于上述两类，因此，实际"推单"行为与现行规定不一致，也会给该行为带来法律风险。

五、其他方式

除了上述四种方式，跨境电商走私的常见方式还有退货截单，指的是消费者在电商平台下单，平台将订单推给海关审核并扣税，但在此过程中消费者由于种种原因取消了订单。按照严格操作，平台应该将货物退回监管中心并办理退税，但由于此手续费用可能大于货物本身的价格，平台往往自行将货款退给消费者,并将货物留在境内仓库,进行货物的二次销售,这是相关政策明令禁止的。

第三节　跨境电商领域走私犯罪蔓延发展的原因

跨境电商领域走私犯罪之所以日益猖獗,除了与传统走私犯罪存在"关税制度原因""国内外商品差价大"及"贸易限制"等普遍性成因之外,还有其特殊性。

一、监管存在不足之处

近期,跨境电商涉嫌违规或走私的案件逐渐增多。在大多数案件中,跨境电商交易平台企业及支付企业被认定为涉案主体,后经调查,它们大多不是违法主体,真正违法的主体是入驻跨境电商交易平台的商家或企业。目前,仍存在入驻跨境电商交易平台的商家未按照相关规定向海关进行备案的情况,导致海关通过日常监管手段从备案、数据、仓储账册等查询、管理的企业,为跨境电商交易平台企业、支付企业及物流企业等,然而对真正从事跨境电商的商家,缺少了解与监管,从而造成管理失真、失效,存在局限性,没有触及问题的根源。[1]

实务中,海关部门很难通过跨境电商交易平台监管每一个入驻商户的交易信息及商业动向。其中的原因比较复杂,主要有以下三点。

① 跨境电商平台不会对外共享其商业数据。随着互联网技术的快速发展,以及大数据、人工智能等技术的不断进步,信息数据的经济价值越来越高,而企业所拥有的客户信息及与之相关联的商业交易记录中所包含的商业价值也越来越重要。因此,在高度竞争的情况下,跨境电商平台在面对政府的要求时,经常会以涉及商业秘密为由,对政府提出的要求进行敷衍处理,以获得更多的市场份额,并以此来规避政府的要求。

---

[1] 马方,王玉龙.跨境电商领域走私犯罪风险及其防治对策[J].中国刑警学院学报,2020,153(1):62-68.

② 跨境电商平台对入驻商家的监督机制还不够完善。由于目前大多数跨境电商平台并没有制定出一套行之有效的监管方式，也没有统一的管理标准，因此，对于入驻商家的货物出入境单据、交易记录、转账流水及货物流经地信息等，要么不能及时地提取出来，要么不能长期地保存下来。还有一些跨境电商交易平台为了扩大自己的市场份额，提升行业竞争力，一直都在降低电商入驻标准，这就形成了跨境电商经营者们普遍法律素养不高的现状。因此，即便跨境电商平台愿意配合海关稽查，也很难提供具有较高侦查价值的证据材料。此外，如果海关缉私部门每查处一个利用跨境电商交易平台通过实施违法犯罪行为的案件都要通过平台来调取、收集证据，那将会大大降低工作效率，而且实务中稽查部门每查处一个案件都要遵循这样繁杂的工作流程和审批手续，也会给涉案单位（人员）及时删除网上交易记录、更改或隐匿报关单据和串供等带来了便利。

③ 部分地区（自贸试验区）海关监管机构把跨境电商经营企业的监管权力"下放"给电商交易平台，但电商交易平台却因缺少行政强制力和行业标准无法有效监管进入平台的电商企业。此外，实务中还存在跨境电商交易平台与入驻的商家串通合谋进行走私活动的情况，对该领域的走私犯罪打击造成了负面影响。

二、不同国家机关、部门之间跨境贸易信息掌握程度不同

海关和市场监管部门之间的信息掌握程度不同也是导致我国跨境贸易监管力度不足的一个重要原因。一方面，政府各职能部门之间"各自为政"；另一方面，政府不同职能部门间的信息没有完全实现共享。尽管近年来公安部在突破情报壁垒，推动全国各地公安系统间的情报共享方面作出了很多努力，并发起了"金盾工程"，但在实际操作过程中，由于技术手段的限制，"各省市公安系统、犯罪数据系统中的犯罪信息仍具有滞后、单一的特征"，与"大数据"相比仍有很大的距离。这就造成了海关缉私部门能够获得的跨境电商交易信息及走私情报十分有限，限制了跨境电商走私案件的侦查。

三、公民个人信息保护力度不足

由已经查处的走私案件分析得知,不法分子违法犯罪的手段一般是通过非法收集他人姓名、身份证号等身份信息后,集中在跨境电商交易平台多次、反复地下单,将原本应该作为一般贸易的商品,通过网上购物的形式,以虚假的贸易方式走私,偷逃国家的关税、增值税等税款。这与我国对公民身份信息等隐私保护机制的不完善,以及对侵犯公民身份信息等隐私行为的惩治力度不够都有很大的关系。因此,加强对个人身份信息的保护,加大对非法获取公民身份信息,侵害公民隐私权行为的惩处力度,可以从源头上遏制跨境电商领域"刷单"走私行为的蔓延趋势。

四、"三单"对碰机制存在缺陷

在跨境电商进口业务流程中涉及"三单对碰",按海关总署 2014 年第 12 号、第 57 号公告的要求,订单信息、支付信息、物流信息在消费者下单后由不同类型主体的企业分别推送到海关系统。海关将信息进行比对,对碰一致才能放行。这个规定的设想是,海关通过信息比对来校验每一笔交易订单信息和消费者信息的真实性,以此来杜绝"刷单"行为的出现。但是,实际上结果并不理想。在海关的数据中,订单信息、支付信息和物流信息应该是不能对齐的。在实际操作过程中,"三单"的信息都有可能作假。交易信息可以通过收集网上的身份证信息"刷单"来造假;物流信息通过向快递公司购买假的运单号造假;支付信息则往往由支付公司通过代客支付的方式造假。可见,当前的"三单"对碰机制很难杜绝"刷单"走私行为的蔓延。

第四节 跨境电商领域走私犯罪防治对策

一、破除数据壁垒,推进大数据平台的建设

早在 2011 年召开的全国海关关长会议,就预见性地提出了建设"广泛搜

集、专业研判、科学处置、共享联动"的海关大情报体系的缉私工作目标。海关"十三五"规划也明确指出，要运用大数据技术提升海关管理智能化水平。大数据等现代网络信息技术的飞速发展，对完善缉私情报系统提出了更高的要求。但是，目前我国不同地区的海关监管部门与市场监管部门等对其所掌握的犯罪信息和商业信息并没有实现共享，而且各部门之间掌握的信息也存在很大的差别。为此，必须打破目前各地区海关监管部门之间、海关监管和市场监管之间的数据壁垒，并积极推动大数据技术的研究和应用，从而提升走私风险的预测能力。

破除数据壁垒，推进缉私查私大数据库的建设，可以从以下三个方面入手。①利用大数据技术与人工智能、区块链技术的紧密融合，建立一个多方数据共享、互联互通的海关大数据平台，将全国的走私犯罪信息整合上传，各地区海关缉私部门都可以在大数据中查询走私犯罪的信息；②在报关单、舱单等数据上要广泛收集情报，为风险分析提供数据池，使系统能够自动感知、识别走私犯罪风险；③加强海关监管部门与跨境电商交易平台、第三方支付公司、快递物流公司等之间的数据合作，提高海关监管部门对跨境电商交易活动的监管能力，全面提升走私犯罪预测和打击力度。

二、加强跨境电商平台责任，促进行业交易规则的完善

在跨境电商交易活动中，电商平台是交易的核心环节，也是第一责任人，需要承担主体责任。跨境电商平台应对入驻商家、企业进行经营资格审查，明确平台和商家在商品质量和服务等方面的权利和义务。跨境电商平台应建立和完善平台的管理制度，强化对商家交易行为的监控力度，保证交易信息的真实性和可追溯性，严格防范构成走私犯罪的法律风险。

此外，还应该完善跨境电商交易规则，增强各交易平台及入驻平台的电商企业的行业自律，以实现跨境电商行业的长期健康发展。一方面，国家应严格按照《中华人民共和国海关注册登记和备案企业信用管理办法》对跨境电商经营企业进行信用评级，针对不同等级的企业适用不同的管理措施。另一方面，应该强化对各个电商主体的法制宣传教育，引导他们合法合规经营。

第五节　跨境电商企业的合规方案指引

跨境电商走私频发的原因有市场原因，也有监管的原因。从消费者的角度来看，走私产品只要是保真的、质量好的，他们往往不会追溯商品的来源，不会在意是否从合法途径进口而来。走私正品对于消费者而言可谓"物美价廉"，自然有充分的市场空间。上述为市场原因。而从监管角度看，跨境电商零售的商品多数货值较低，单笔走私逃税金额往往达不到起刑点，相关部门可能仅会要求商品补税或退运，最多给予行政处罚，这也是涉罪企业或者个人甘冒风险的原因之一。

根据《中华人民共和国海关企业信用管理办法》的相关规定，有走私犯罪或者走私行为的企业将被海关认定为失信企业，适用较为严苛的监管措施，同时还将受到国家有关部门实施的失信联合惩戒措施，企业的日常经营很难正常开展。因此，有效防范走私风险是跨境电商企业和跨境电商平台的"必修课"。

从事跨境电商经营企业的合规，笔者认为应该从以下两个方面着手。

一、应严格按照商品品名进行申报，不得伪报品名申报

根据国家相关规定，跨境电子商务零售进口税收政策适用于从其他国家或地区进口的、《跨境电子商务零售进口商品清单》范围内商品，即只有在清单范围内的商品才能享受国家进口的税收政策。跨境电商企业或平台如果为了逃避税款，将不在清单范围内的商品伪报清单内商品的品名进行申报，则构成走私犯罪。因此，从事跨境电商运营的企业或平台应遵守法律规定，严格按照商品品名进行申报，避免涉及走私犯罪的刑事法律风险。

二、应严格按照商品实际价格和数量进行申报，不得低价申报

依据监管规定，跨境电商进口向海关申报的应是包括商品零售价格、运费、保险费的商品的实际交易价格，如果申报价格故意低于实际交易价格，

即为低报价格。低报商品价格和数量也会涉及走私犯罪。

（一）进口商品不得进行二次销售

跨境电商进口商品税收优惠仅限于境内消费者个人自用商品，即跨境电商进口企业的销售对象是购买后自用或馈赠亲属的境内消费者，而非进行二次销售的商家。例如，跨境电商企业用个人的身份信息批量购进跨境电商商品在线下门店展示或零售，明显违反"禁止二次销售"，属于违规或走私行为。

（二）主动合规，防范刑事法律风险于未然

跨境电商企业应该加强内控管理与合规体系建设，注重贸易流程和模式的设计。主动开展内部合规培训，增强企业负责人和员工的合规意识。企业在运营过程中，一定要合理选择商业模式，在自营模式下控制好供应链管理，同时保证所控制的物流企业的关务合规。如果平台有第三方商家入驻，对入驻商家的资质一定要进行审查，保证交易的真实性和可追溯性。跨境电商平台还可以通过建立筛查体系的方式来监管商家的交易，对于消费者姓名、身份证号、收货地址等信息进行登记和筛查。若发现同一购买人、同一支付账户、同一收货地址出现多次异常交易行为，应立即固定证据，及时向海关部门披露并配合调查等，避免被认定为走私共犯。

第六节　司法实务案例展示与评析

一、案例展示

（一）案情 [1]

被告单位天某供应链公司于 2016 年决定开展跨境电商业务。在进行前期调研及商谈之后，2017 年 1 月，被告人綦某某作为天某供应链公司总经理，

---

[1] (2019) 粤 01 刑初 167 号一审刑事判决书。

第十一章 跨境电商涉走私犯罪的构成、风险防范与合规

代表公司与广东卓某跨境电商供应链服务有限公司（以下简称"卓某公司"）签订《e通关委托服务协议》，委托卓某公司为其提供跨境电商贸易进口申报、保税仓储、物流等服务。之后，天某供应链公司从香港特别行政区、澳门特别行政区购买港版美素佳儿、雅培等品牌的奶粉、营养粉等货物，由卓某公司代理进口并存放于广州南沙保税仓。同时，被告人綦某某代表天某供应链公司与被告人梁某某签订《乐某购平台跨境电商订单推送服务合同》，委托被告人梁某某实际控制的惠某公司为天某供应链公司推送跨境电商订单及支付单，惠某公司收取推送订单金额1%的费用。被告人张某作为天某供应链公司运营部负责人，负责收集天某供应链公司在京东、淘宝等多个平台产生的跨境电商订单，按照被告单位惠某公司提供的模板编辑整理成表格，发送给被告人梁某某指定的其本人及公司员工的邮箱，通过被告单位惠某公司的乐某购跨境电商平台将实际未在该平台产生的订单信息推送给海关。为解决上述未在乐某购平台实际产生的跨境电商订单的支付问题，被告人梁某某代表惠某公司先后与易某支付有限公司（以下简称"易某公司"）、通联支付网络服务股份有限公司浙江分公司（以下简称"通联公司"）达成协议，先通过易某公司循环支付，后改为通过通联公司虚拟支付，实际没有真实的资金交易，在满足跨境电商交易订单信息与支付信息一致的要求后，再将订单和支付单推送给海关。卓某公司匹配物流信息后，以跨境电商贸易方式向海关申报进口并代缴税款。海关系统审核通过后，卓某公司将货物交由圆通速递公司安排送货。在此期间，被告人綦某某授意被告人张某将搜集到的线上订单信息调低销售价格后整理成表格发送给被告单位惠某公司，由惠某公司按上述流程推送订单。同时，被告人綦某某指使被告人张某联系同案人纪某1（另案处理）、黄某1青等线下母婴店货主，通过搜集不同的身份证信息，将本应以一般贸易方式申报进口的奶粉、营养粉等货物以跨境电商贸易方式向海关申报进口，同样交由被告人梁某某控制的被告单位惠某公司推单，货物从保税仓出仓并发送给纪某1、黄某1青等货主，再由其自行销售给客户。

经统计，2017年1月至9月，被告单位天某公司、惠某公司采取低报价格手法，以跨境电商贸易方式走私进口奶粉共505 553罐；采取低报价格手法，将本应以一般贸易方式进口的奶粉伪报成跨境电商贸易方式销售给纪某1共84 477罐、销售给黄某1青共40 695罐。经海关关税部门核定，上述三

部分偷逃应缴税额共计 6 491 369.66 元人民币。

（二）公诉意见

公诉机关向本院提交了涉案合同、协议、被告人供述、证人证言、海关核定证明书等证据，并据此认为，被告单位天某供应链公司、惠某公司，被告人綦某某、梁某某作为单位直接负责的主管人员，被告人张某作为单位其他直接责任人员，逃避海关监管，走私货物入境，情节特别严重，其行为均触犯了《中华人民共和国刑法》第一百五十三条第二款的规定，犯罪事实清楚、证据确实、充分，应当以走私普通货物罪追究其刑事责任。惠某公司相对于天某供应链公司来说，地位次要；被告人张某、梁某某在共同犯罪中起次要作用，是从犯。提请本院依法判处。

（三）辩护意见

天某供应链公司的诉讼代表人对起诉书指控内容无异议。

天某供应链公司的辩护人提出的辩护意见是：

1. 如果认定天某供应链公司有走私的主观故意，其主观恶意程度也是较低的。该公司开展跨境电商业务时，国家对跨境电商的监管尚属试行阶段，配套规定非常匮乏，跨境电商企业客观上尚未获得充分的正面引导和反面警示教育。天某供应链公司低报价格的直接原因是受人误导，开展线下买卖只是为了冲销售量，并非偷逃税款。

2. 客观方面，天某供应链公司并无恶劣手段，造成的国家税款流失并没有表面数字那么严重。税款计核的方法不符合"罪刑相适应"原则。

3. 惠某公司对天某供应链公司存在误导、纵容，提供平台并从中获利，建议法庭合理分配两公司的责任，降低天某供应链公司的责任比例。

4. 天某供应链公司自觉停止危害，积极配合办案、补缴税款、认罪认罚，属初犯、偶犯，现该公司已因本案而经营困难，希望法庭能从宽处罚。

综上，希望能对天某供应链公司在法定的罚金范围以下判处罚金。天某供应链公司的辩护人提交了天某（香港）国际贸易有限公司的《公司报告及财务报表》、天某供应链公司补缴税款的证据，以支持自己的意见。

惠某公司的诉讼代表人对起诉书指控内容无异议，称已将违法所得

第十一章 跨境电商涉走私犯罪的构成、风险防范与合规

上交。

惠某公司的辩护人提出的辩护意见是：

1. 天某供应链公司是整个走私链条的发起者，惠某公司只是本案的一个环节；惠某公司没有低报价格的动机，仅收取合理的手续费。所以对天某供应链公司和惠某公司的责任要合理划分。

2. 惠某公司在共同犯罪中属从犯；仅根据提供的服务收取相应的合理费用，未从走私行为中获取非法利益，没有参与走私非法利益的分配；认罪认罚，主动退缴违法所得；是初犯、偶犯。

综上，恳请法庭对惠某公司从宽处理。惠某公司的辩护人提交了该公司退缴违法所得的证据，以支持自己的意见。

被告人綦某某对起诉书指控的罪名没有意见，对指控的事实提出如下意见：

1. 涉案的跨境电商业务是由天某公司董事会决定的，不是由其决定，其不是公司的法定代表人，也不是董事会成员，其没有决策权。

2. 与惠某公司签署的涉案协议，其并没有签署的资格，只是负责审批流程而已。

3. 关于申报的价格，申报价格是卓某公司提供的，其不懂跨境电商，以为申报价格是符合规定的。

綦某某的辩护人1提出的辩护意见是：

1. 綦某某自愿认罪，如实供述，依据认罪认罚从宽制度，应从轻处罚。

2. 綦某某在天某供应链公司不是股东，也不是法人代表，在公司不占支配地位，受天某供应链公司及母公司指派才参与本案，在犯罪过程中居于从属地位，是从犯。

3. 天某供应链公司已积极退赃，主动消除违法行为的危害后果，对綦某某应予以从轻处罚。

4. 天某供应链公司及綦某某违法的主要原因是过于信任和依赖跨境电商业务服务商，在卓某公司的误导下触犯法律，綦某某本人的主观恶性较小。

5. 綦某某系初犯，社会表现一贯良好，家庭负担较重，恳请法庭对其从轻处罚。

綦某某的辩护人2提出的辩护意见是：

1. 綦某某对指控罪名无异议，认罪认罚，应予从宽处理。

2. 低报价格由惠某公司确认并向海关申报，支付信息由惠某公司制作，天某供应链公司是在惠某的误导下触犯法律，綦某某在本案中属从犯。

3. 伪报贸易方式是张某自主决定的，綦某某不知情也未指使。

4. 綦某某只是一名职业经理人，并无决策权，只是按照天某集团的决策执行。

5. 天某供应链公司已积极退赃，綦某某能够如实供述，系初犯，家庭困难，可以对其从轻处罚。

被告人张某对起诉书指控的事实和罪名无异议。

张某的辩护人提出的辩护意见是：

1. 张某未参与涉案走私活动的核心环节，在涉案活动中的地位较低、作用较小。

2. 对于涉案的走私方式，张某并非领导和决策者，其行为仅为执行公司上级领导的决策和安排。关于低报价格部分，张某只是按照公司决定的价格进行推单；关于伪报贸易方式部分，线下客户自行提供了部分身份证信息，重复使用线下客户提供的身份证信息是綦某某安排的，且经线下客户同意，使用公司员工的身份证信息进行推单是綦某某安排的。

3. 张某对涉案走私活动参与度不深，犯罪情节较轻，属从犯、初犯、偶犯，认罪态度好，可以从轻或减轻处罚。

被告人梁某某提出的自辩意见是：

1. 其在本案中应该被认定为从犯。

2. 其在涉案业务过程中不知道天某供应链公司是低报价格，直到2017年8月份海关发文件要求其公司自查自纠，才知道天某供应链公司存在伪报贸易方式的进口，不应以天某供应链公司的全部逃税金额认定其犯罪金额，应从其知道天某公司低报价格后开始计算其逃税金额。

梁某某的辩护人提出的辩护意见是：

1. 梁某某在全案犯罪行为中处于从属地位，系从犯，应予从轻、减轻或免除处罚。其对天某供应链公司的走私行为不知情，也未从中获得不正当利益。

2. 梁某某并无偷逃税款的直接故意，主观恶性较小。

3. 梁某某不具备低报价格走私的故意，仅应对伪报贸易方式走私部分承担责任,对该部分,应以梁某某 2017 年 8 月与张某的沟通时间点为起算点,仅对 8、9 两月的走私负责。

4. 梁某某系初犯、偶犯,无刑事犯罪记录,如实供述案件事实,深刻悔罪,已安排惠某公司退缴违法所得 71 170 元。

综上,请求对梁某某从宽处理,判处缓刑。梁某某的辩护人提交了梁某某使用的 QQ 邮箱的内容,以支持自己的辩护意见。

(四)法院认为

被告单位天某供应链公司逃避海关监管,走私货物入境,情节特别严重,其行为已构成走私普通货物罪。天某供应链公司已补交涉案税款,可从轻处罚。

被告单位惠某公司协助其他公司逃避海关监管,走私货物入境,情节特别严重,其行为已构成走私普通货物罪。惠某公司已上交部分违法所得,可从轻处罚;在与天某供应链公司共同实施的犯罪行为中,惠某公司的地位相对次要,本院在量刑时予以考虑。

被告人綦某某作为被告单位天某供应链公司对涉案行为直接负责的主管人员,已构成走私普通货物罪。被告单位天某供应链公司已补交涉案税款,对綦某某可予从轻处罚;綦某某作为单位工作人员参与本案,本院在量刑时予以考虑。

被告人张某作为被告单位天某供应链公司参与涉案行为的直接责任人员,已构成走私普通货物罪。被告单位天某供应链公司已补交涉案税款,对张某可予从轻处罚;张某在共同犯罪中起次要作用,是从犯,可以减轻处罚;张某如实供述罪行,可以从轻处罚;张某作为单位工作人员参与本案,本院在量刑时予以考虑。

被告人梁某某作为被告单位惠某公司对涉案行为直接负责的主管人员,已构成走私普通货物罪。被告单位惠某公司已上交部分违法所得,对梁某某可予从轻处罚;梁某某在共同犯罪中起次要作用,是从犯,可以减轻处罚。

最后,被告单位天某供应链公司犯走私普通货物罪,判处罚金 550 万元;被告单位惠某公司犯走私普通货物罪,判处罚金人民币 100 万元;被告人綦某某犯走私普通货物罪,判处有期徒刑十年;被告人张某犯走私普通货物罪，判处有期徒刑三年，缓刑四年；被告人梁某某犯走私普通货物罪，判处有期徒刑三年，缓刑三年六个月。

（五）裁判要点

该案中天某公司通过线下母婴店收集消费者身份信息进行推单申报，通过虚构交易订单的方式低税进口商品，并进行二次销售牟利的行为，系将本应以一般贸易方式进口的商品伪报成跨境电商贸易方式进口，构成走私普通货物罪。对于其中天某公司将在京东、淘宝多个平台产生的跨境电商订单信息的价格调低后再整理给惠某公司进行推单的行为，系采取低报价格的方式走私进口商品，天某公司与惠某公司均构成走私普通货物罪。

二、案例评析及启示

（一）案例评析

跨境电商平台实施违反海关监管规定的"推单行为"究竟属于行政违乏、走私行为还是走私犯罪，这一点在理论和实务界存在争议。结合当前的司法裁判，根据不合规行为的轻重，可如下判断跨境电商平台的"推单"风险。

① 行政违法：跨境电商平台推送的订单数据符合跨境电商零售进口政策的标准，但存在一定的程序性违法，如推送主体瑕疵，该程序性违法仅构成行政违规，应当由《中华人民共和国海关行政处罚实施条例》进行处罚。

② 走私行为：跨境电商平台推送的订单数据不符合零售进口的实质要件，比如跨境商品构成二次销售、原始订单数据由境外平台生成，但偷逃应缴税款未达到刑事立案标准，此时的推单行为构成走私行为，但仍由《中华人民共和国海关行政处罚实施条例》进行处罚。

③ 走私犯罪：当跨境电商平台推送的订单数据不符合实质性要件且偷逃应缴税款达到刑事立案标准，该实质性违法将改变跨境电商零售进口本质，此时的推单行为构成走私犯罪，应当由《刑法》定罪处罚。

因此，跨境电商如果在"推单"过程中伴有信息造假、低报价格、二次销售等行为，并造成国家税款流失，极有可能被认定为走私行为甚至是刑事犯罪。

第十一章　跨境电商涉走私犯罪的构成、风险防范与合规

（二）案例启示

新经济模式的出现与发展必然会产生新的法律问题。跨境电商蓬勃发展，这既是新的经济增长点，又是新的经济活力，但也对走私犯罪的打击与防范提出了新的挑战。跨境电商领域中不法分子的违规经营行为具有复杂性、多变性，其行为方式也是层出不穷。不法分子利用跨境电商交易渠道所实施的各类违规行为游走在走私犯罪的边缘，加之法律法规更迭的滞后性，客观上增加了海关缉私部门对走私犯罪行为出入罪认定的困难。总之，跨境电商领域走私犯罪风险的防控是一项系统工程，随着该经济模式的不断发展，仍可能会出现新情况、新问题。因此，必须持续强化与此相关的各个部门的合作，多措并举才能对各种犯罪风险进行有效的预防，保证跨境电商的平稳、健康发展。

后　记

2015—2018年，笔者所在团队参与办理了较多的企业因借鉴电商模式涉嫌犯罪的案件。这些案件启发和激励笔者一定要编写成书，以服务和帮助借用电商模式的市场主体。

笔者办理过的案件有江西萍乡"云数贸""五行币"传销案、湖南郴州"云讯通"解冻资金代理案、广州"云联惠"消费返利案、广西玉林"斑某拉"化妆品涉传销第一案、广州"欧束"化妆品案、四川"趣码"社交电商大案、北京"康立"集团案、广州"美某客"案件等。这些案件大多被中央电视台报道、《人民日报》登载。作为案件的辩护人，通过深度阅卷，反复会见被告人，以及同涉案人员沟通，对这些被查处的企业及经营者触犯刑事犯罪之轻重，是真正故意犯罪，还是企业经营不慎跌入犯罪之中，笔者积累了些许经验。

虽然笔者对每起案件均不遗余力地辩护，全力维护当事人合法利益，大多数辩护取得较好的效果。但是，对于已经遭受查处的企业，负责人被刑事拘留、企业所有财产被查封和账户被冻结那一刻，企业基本处于瘫痪状态。当然，对违法和犯罪的经营者来说，这是应该承受的结果；但对于想要做好自己的事业，经营好企业以回馈社会，因为遭遇困难而转型借助电商网络不慎跌入犯罪的企业来说，则有些遗憾。

此外，我国法律对于一些市场经营行为是适用行政调查和处罚，还是直接适用刑法惩治，边界仍不清晰，存在缓冲交叉地带。如果企业被行政调查和处罚，不牵涉责任人的人身自由，还有整改与合规的机会；如果受到刑事惩罚，则是遭受毁灭性打击，企业毫无翻身机会。为此，笔者思考良久。最后，笔者结合办案经验，将企业借助电商网络模式经营可能涉及的刑法罪

后　记

名，每一罪名的内在构成要件，企业如何了解自己的行为及怎样防范违规写出来，期盼可让更多企业和个人受益。

笔者在写作过程中，得到了团队同事的大力支持。这里需要感谢自己带的实习生李晨飞、刘悦及团队成员周媛薇，他们收集了大量的素材。写作需要长期的历练，也要注意文章结构和论证技巧和论据。在写作技能上，笔者读取中国社会科学院法学博士课程班时的刑法指导老师陈泽宪教授给予一定点拨，北京师范大学刑事科学研究院的彭新林教授也指点笔者，并时常与笔者沟通。恩情难忘，在此均表示衷心的感谢！

律师办理案件花费了大量的时间和精力，写作时间寥寥无几。因此，笔者借鉴的素材和资料上有欠缺，论证参照依据也有限，书中错误在所难免，敬请读者批评指正。

张元龙
2024 年 1 月 20 日于广州

参考文献

[1] 高铭暄，马克昌. 刑法学 [M].4 版. 北京：北京大学出版社，1999.

[2] 张明楷. 刑法分则的解释原理 [M]. 北京：中国人民大学出版社，1999.

[3] 陈泽宪，柳华文. 人权领域的国际合作与中国视角 [M]. 北京：中国政法大学出版社，2017.

[4] 陈泽宪. 刑事法前沿（第八卷）[M]. 北京：社会科学文献出版社，2015.

[5] 孙宪忠. 中国物权法总论 [M].3 版. 北京：法律出版社，2014.

[6] 李明德. 知识产权法 [M].2 版. 北京：法律出版社，2014.

[7] 邵维国. 刑法总论 [M]. 北京：中国政法大学出版社，2017.

[8] 赵秉志，李希慧. 刑法各论 [M].3 版. 北京：中国人民大学出版社，2016.

[9] 张明楷. 诈骗罪与金融诈骗罪研究 [M]. 北京：清华大学出版社，2006.

[10] 毕志强，肖介清，汪海鹏. 个罪情节释解与适用 [M]. 北京：人民法院出版社，2006.

[11] 陈瑞华. 企业合规基本理论 [M]. 北京：法律出版社，2020.

[12] 刘宪权. 中国刑法学讲演录 [M]. 北京：人民出版社，2011.

[13] 张元龙. 经济犯罪有效辩护实务经验谈——公司辩护联盟中南刑辩论坛微信群讲座集 [M]. 北京：知识产权出版社，2018.

[14] 陈兴良，周光权，车浩副. 刑法各论精释（上）[M]. 北京：人民法院出版社，2017.

[15] 张远煌，向泽选. 企业家犯罪分析与刑事风险防控报告 2015—2016 卷 [M]. 北京：北京大学出版社，2017.

[16] 皮勇. 电子商务领域犯罪研究 [M]. 武汉：武汉大学出版社，2002.

[17] 白东蕊，岳云康. 电子商务概论 [M]. 北京：人民邮电出版社，2019.

[18] 居上游，王鹤翔. 电子商务——创新模式案例分析 [M].2 版. 北京：电子工业出版社，2022.

[19] 劳东. 电子商务 [M].7 版. 北京：中国人民大学出版社，2014.

[20] 李小斌．移动电子商务 [M]．2 版．北京：中国人民大学出版社，2022．

[21] 张元龙．组织、领导传销活动罪精准、有效辩护论 [M]．北京：知识产权出版社，2019．

[22] 陈兴良．组织、领导传销活动罪：性质与界限 [J]．政法论坛，2016，34：106-120．

[23] 张远煌，等．企业合规全球考察 [M]．北京：北京大学出版社，2021．